400일간의 김치버스 세계일주

400일간의 김치버스 세계일주

1판 1쇄 발행일 2013년 10월 1일
1판 3쇄 발행일 2016년 11월 21일
글·사진 | 류시형
펴낸이 | 임왕준
편집인 | 김문영
펴낸곳 | 이숲
등록 | 2008년 3월 28일 제301-2008-086호
주소 | 서울시 중구 장충단로 8가길 2-1(장충동 1가 38-70)
전화 | 2235-5580
팩스 | 6442-5581
홈페이지 | http://www.esoope.com
블로그 | http://blog.naver.com/esoope
Email | esoope@naver.com
ISBN | 978-89-94228-79-2 13980
ⓒ 류시형, 이숲, 2013, printed in Korea.

▶ 이 책은 저작권법에 의하여 국내에서 보호를 받는 저작물이므로 무단전재 및 복제를 금합니다.
▶ 이 도서의 국립중앙도서관 출판시도서목록(CIP)은 서지정보유통지원시스템 홈페이지(http://seoji.nl.go.kr)와 국가자료공동목록시스템(http://www.nl.go.kr/kolisnet)에서 이용하실 수 있습니다.(CIP제어번호: CIP2013016716)

400일간의
김치버스
세계일주

글·사진 류시형

이숲

Prologue

중학교 3학년 때부터 요리사가 꿈이었다.

맛있고 멋있는 요리를 만들어 사람들을 기분 좋게 해주는 직업. 직업이 꿈은 아니겠지만, 어린 시절 내게는 그게 그거였다. 그때부터 4년 동안 취미도 요리, 특기도 요리, 장래 희망도 요리사였다. 아주 어릴 때부터 부모님이 맞벌이로 일하며 집에 늦게 들어오셨기에 집에서 나는 혼자 요리할 기회가 많았다. '요리'라기보다는 대체로 단순한 조립 수준의 음식이었다. 냉동 피자가 있으면 데워 먹고, 날생선이 있으면 상추와 깻잎을 대충 뚝뚝 찢어 넣고 오이, 당근, 양파도 썰어 넣어 초장에 비벼 회덮밥을 만들어 먹고, 김밥을 할 만한 재료가 있으면 말아서 썰지도 않고 통째로 먹었다. 유부초밥, 떡볶이, 김치찌개, 김치볶음밥….

나는 책장만 펴도 잠이 쏟아지는 공부보다도, 체구가 작아 늘 친구들에게 밀리던 운동보다도, 요리를 정말 잘했고 좋아했다. 그렇게 요리만 하면서 평생 즐겁게 살 수 있을 것 같았다. 그것이 내 꿈이었고 장래 희망이었다.

그런데 사람 일은 알 수 없나 보다. 그토록 하고 싶었던 요리도 정작 꿈에 그리던 경희대학교 조리과학과에 입학하고 나니 약간 시들해졌다. 대학 시절에는 요리보다는 사진이 더 재미있었고, 사람을 사귀고, 여행하는 것이 더 즐거웠다.

아무 음식이나 가리지 않고 맛있게 잘 먹었으니, 섬세한 미각이 필요한 요리사가 되기에는 내게 소질이 부족했는지도 모르겠다.

'해야 하는 일'이 아니라 '좋아하는 일'을 하다 보니 어느새 내게는 '요리사'가 아니라 '여행 작가'라는 꼬리표가 붙었고, 또 '백수'라는 달갑지 않은 별칭도 따라붙었다. 여행하고 글을 써서 먹고살 정도의 돈을 버는 사람이 과연 몇이나 될까. 나 역시 그런 얼마 안 되는 사람 축에 끼지 못한다. 그렇다고 불행하다는 것은 아니다. 내겐 꿈이 있고, 그 꿈을 이루려고 노력했고, 또 몇 가지는 이뤘으니까.

누구나 꿈을 안고 산다.
하지만 꿈을 '안고 살기만' 한다. 꿈을 꾸기만 한다. 가지고만 있고, 꺼내려고 애쓰거나 실현하려고 노력하는 사람은 드물다. 아니, 자신을 옥죄는 현실 때문에 대부분 그러지 못한다. 나는 그런 식으로 꿈꾸고 싶지 않았다. 이것 때문에 할 수 없고, 저것 때문에 할 수 없으니 결국 꿈은 꿈으로 남을 수밖에 없다고 생각하고 싶지 않았다. 잘 모르는 사람들은 내가 넉넉하고 안락해서 여행이나 다니며 속 편하게 지낸다고 여긴다. 하지만 나는 가난하기 짝이 없고, 여행하기에 어떤 좋은 조건도 갖추지 못한 젊은이일 뿐이다.

꿈을 꾸고 노력하면 정말 이룰 수 있다는 것을 보여주고 싶었다. 2002년 대학입시가 그랬고, 2006년 세계무전여행이 그랬고, 2009년에 출간했던 첫 책 『26euro』가 그랬다. 입버릇처럼 말했던 사진전이 그랬고, 학교 앞 김밥장사가 그랬다. 어떤 일은 당장 시작하기도 했고, 어떤 일은 3년이라는 긴 준비를 거쳐서 이루기도 했다. 하나하나 이뤄갈수록 많은 선후배가 신기해했고 부러워했다.

'아, 저렇게 살 수도 있구나. 가진 것도 없고, 스펙이 대단하지 않아도 좋아하는 일을 하면서, 꿈을 꾸고 이룰 수도 있구나!'

그래서 난 떠났다.

김치버스는 내가 좋아하는 것들로만 이루어진 내 꿈의 하나였다. 여행하고, 요리하고, 낯선 사람들을 만나고, 멋진 순간을 사진으로 남기는 것…. 이보다 더 완벽한 꿈은 없었다. 김치버스를 타고 겁 없이 세계를 향해 뛰어들었던 때, 내 나이는 스물아홉이었다. 그리고 이제 3년이 흘렀다. 이제 내 나이 또래 주변 사람들은 현실에 잘 적응하여 결혼도 했고, 직장에 다니고 있다. 그들은 3년 전 내가 꿈꾸었던 400일간의 세계일주를, 그저 가슴에 품고 있는 이루지 못할 꿈으로만 여겼다. 하지만 나는 내 꿈이 마치 사랑을 이루지 못한 젊은 시절의 애인 사진처럼 가끔 꺼내보며 감회에 젖는 과거의 추억이 되게 할 수는 없었다.

내 꿈이 과거형이 아니라 현재진행형이 되어야 했기에, 다른 모든 이에게 꿈은 '간직하는 것'이 아니라 '이루는 것'이라는 사실을 알려주고 싶었기에 나는 떠나야 했다.

2013. 가을의 문턱에서
류시형

Prologue

Prologue
    나는 왜 떠나야 했나   5

제1부 지르니까 청춘이다

떠나기 위해 버려야 했던 것들   15
아무도 믿어주지 않았다   18
믿었던 팀원의 배신   22
빚을 지다   29
김치 종주 도시 광주 시와 인연을 맺다   34
김치버스를 사다   37
위기가 깊을수록 반전은 짜릿하다   41
생각지도 못했던 거창한 출발점, 광주세계김치문화축제   47
떠날 때까지는 완전히 떠난 것이 아니다   52

제2부 고난의 행군

김치버스의 좌절은 이제 시작일 뿐이다   59
하염없이 창밖만 바라본 일주일   64
가난한 여행자들의 쉼터, 카우치서핑   69
러시아 비자 덕분에 만난 동유럽의 보석, 빌뉴스   73
너희들 배낭여행 왔어?   78
러시아 최고의 조리학교, 28번 기술대학의 일일 강사   83
김치버스를 되찾다   88
선물로 국경을 무사통과하다   92
가족의 따스함을 느끼다   98
나도 너희들 따라가면 안 될까   103
태극기를 보고 달려온 미원 씨   107
크라쿠프의 한류스타   111
Happy New Year in Budapest   117
옛 친구를 다시 만나다   121
특명, 김연아에게 김치를 전달하라!   125

제3부 김치버스 르네상스

두 번째 장기 여행, 김치버스   135
부르면, 달려갑니다   138
삼 일, 세 번의 시련   142
요리에 대한 열정을 일깨워 준 한국의 셰프들   147
개처럼 아껴 정승처럼 먹어보자   154
우리가 잠시 잊고 있었던 위험   160
섭외의 달인   164
가이드북은 거짓말하지 않는다   168
폴 보퀴즈의 한국인 셰프 허찬   174
세상에서 가장 맛있는 피자   180
그는 여전히 오토바이 타는 경찰, 난 여전히 여행자   185
파리에서 CF 한 편 찍어봅시다   189
런던 신혼집을 습격하다   195
김치버스, 박지성 선수를 만나다   202
루앙에서 만난 귀인   209
3유로의 저녁식사와 300유로의 저녁식사   216
퀸스데이, 행사 안 할 거냐고!   225
스위스 방송의 다큐멘터리   231
천국   236
김치버스, 어디까지 가봤니   243
함부르크에서 독일인이 되다   249
카페 데 뮈제   254
굿바이, 유럽   261

제4부 새로운 도전, 북미

화려한 뉴욕생활? '빈대와 잉여'의 50일   271
미국에서 한국 번호판을 달고 달린 유일한 차량   277
지옥 같았던 2박 3일, 몽고메리로 향하다   286
전화위복, 시장님의 초대를 받다   292
오션씨티에서 쫓겨나다   296
프로비던스를 아시나요?   303
워싱턴 DC에서 만나자는 약속   309
나도 김치를 알아요!   314
열정을 일깨워준 시카고의 한 부부   319
요리에 미친 희문 형 함께한 4일간의 토론토   325
잠시만 관광객   330
같은 꿈을 꾸던 비빔밥 유랑단을 만나다   335
힐링 국립공원, 옐로스톤과 그랜드캐니언   340
김치버스를 한국으로 보내다   346
돌아오다   352

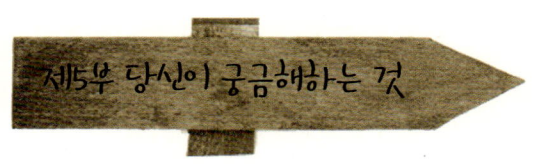

제5부 당신이 궁금해하는 것

김치버스 추천 레시피   357

Epilogue
　　김치버스는 내 인생의 큰 행운이었다   365
　　내 삶을 바꾸어놓은 김치버스   367

　　김치버스 루트맵   369

제1부 | 지르니까 청춘이다

내 나이 스물아홉, 많은 나이는 아니지만 적은 나이도 아니다.

'김치버스'를 준비하면서 가장 어려웠던 것 중 하나는 내 나이에 걸맞은 역할을 기대하는 주위 사람들에게서 느끼는 부담이었다. 한국에 살면서 그런 기대를 외면하기는 여간 어려운 일이 아니다. 가족, 친척, 대학 동기들, 어딜 가든 같은 지점에서 출발한 사람들은 나와 비교 대상이 된다. '네 친구는 지금 이만큼 성공했는데 지금 네 꼴은 어떠냐.'

누구든 똑같은 잣대로 재단하는 꽉 막힌 사회가 답답하게만 느껴졌다. 사춘기의 반항처럼 서른까지는 좋아하는 일만 하면서 살고 싶었다. 돈에 구애받지 않고, 없으면 없는 대로 버는 만큼만 쓰면서 현실의 기준에 억지로 나를 끼워 맞추지 않고 자유롭게 살고 싶었다. 그랬기에 다시 한 번 긴 여행을 떠나면서 가장 먼저 버린 것은 대한민국에서 사는 스물아홉 살 류시형이었다. 나는 그냥 류시형이고 싶었다. 나이도, 국적도 잊기로 했다. 누구와 비교하는 삶도 버리고, 누군가의 삶을 부러워할 필요도 없었다. 그냥 류시형.

역시 쉽지 않았다. 김치버스를 준비하던 중에 어머니가 돌아가셔서 아버지 홀로 남으셨다. 나보다 한 살 위인 누나는 이미 결혼해서 유치원에 다니는 아들까지 있었지만, 나는 대학을 졸업한 백수일 뿐이었다. 방송에 잠시 얼굴을 비치거나, 강연을 하거나, 요리를 하면서 그냥저냥 생활비를 벌어가며 근근이 버티고 있었다. 사회가 내게 기대하는 것을 충족시키지 못하는 삶.

    2006년 220일간 세계무전여행을 떠나기 일주일 전, 함께 가기로 했던 친구가 여행을 포기했다. 그 친구 아버지께서 '일 년을 그렇게 놀고 와서 뭘 할 거냐. 남들은 어학연수 가고 스펙 쌓아서 좋은 회사 들어가는데. 너는 재수해서 이미 일 년이 늦었는데, 또 일 년을 쉬겠다는 거냐?'라고 말씀하셔서 대답할 말을 찾지 못했다고 했다. 친구를 더는 설득할 수 없었다. 그러나 친구가 버리지 못했던 것을 나는 버리고 떠났다. 내가 한국을 떠나 있는 동안 친구는 국외 봉사활동을 다녀오고, 자격증도 여러 개 따고, 높은 토익 점수를 얻는 등 스펙을 차곡차곡 쌓았고, 지금은 나와 정반대의 삶을 살고 있다. 친구는 원했던 대로 대기업 직원이 되었고, 나는 자유로운 여행가가 되었다. 지금도 우리는 각자 그때의 선택을 후회하지 않고 살아가고 있다.

    '김치버스'라는 이름을 달고 한국을 떠나던 때는 그 시절에서 6년이라는 세월이 더 흘렀기에 훨씬 더 무거워진 주위의 기대를 저버려야 했다. 쉬운 일이 아니었다. 역마살이 끼어 있는 나조차도 나이가 들수록 안정적인 삶을 원했다. 결혼하고 가정을 꾸리는 꿈, 돈을 벌고 모아야 실현할 수 있는 현실적인 꿈. 그러나 김치버스는 돈과 무관하다. 400일간의 긴 여행을 마치고 돌아온다고 해도 보장된 돈도, 직업도, 미래도 없다. 더 커진 기대와 그 이상의 뭔가를 해내야 하는 부담은 늘지언정 얻는 것이라곤 경험과 사람뿐이다.

    220일간 세계무전여행을 떠날 때도 그랬다. 이 여행을 마칠 때쯤 '돌아가면 모든 것이 순탄하겠지, 다 이루어지겠지.'라고 많이 생각했다. 하지만 이루어진 것은 아무것도 없었다. 단지 무전여행을 다녀온 류시형의 새로운 시작만이 기다리고 있을 뿐이었다. 김치버스도 마찬가지다. 김치버스 여행을 했기에 뭔가가 이루어지기보다는 단지 서른한 살이 되어 뭔가를 새롭게 시작해야 할 것이다. 스물아홉 살보다는 더 무거워질 서른한 살의 내가 또 처음부터 새로 시작할 수 있을까? 두려움이 들기 시작했다.

하지만 언제나 대답은 하나였다. 서른까지는 그렇게 살기로 하지 않았던가. 또 그렇게 살아오지 않았던가. 다시 한 번 나를 믿어보자, 도전해보자.

그렇게 기대를 버리고, 스물아홉의 류시형을 버리기로 했다. 나이를 버리니 마음도 한결 가벼워졌다. 취업에 대한 스트레스도 사라졌고 결혼에 대한 압박감도 없었다. 하지만 떠나는 것이 나 혼자만의 문제는 아니었다. 이제 그만두기를 바라시는 아버지와 친척들의 기대를 저버리기도 어려웠지만, 오랜 친구들 역시 잊어야 했다. 내가 떠나 있는 동안 결혼할 예정이었던 친구들은 몹시 서운해했고, '그럼 그렇지, 네가 언제 한국에 있겠냐?'라며 불평하고 연락을 끊은 친구도 있었다. 으레 '걔는 항상 바빠.', '걔는 언제나 외국에 가 있어.'라고 생각하는 친구들이 많아지자 자연스럽게 나는 그런 사람이 되었고, 연락 오는 것도 뜸해졌다. 친구를 좋아하는 나로서는 그것도 참 못할 짓이었다. 이러다 보면 내 사정을 진정으로 이해해주는 친구만 남게 되겠지? 하는 생각을 위안으로 삼아야 했다.

막상 떠나려니 새로운 일도 많이 들어왔다. 졸업도 했고 나이도 있다 보니 같이 일하자는 제안도 있었고, 괜찮은 회사의 취업 제의도 있었다. 그러나 모든 제안과 제의뿐 아니라 기반을 다져놓은 블로그, 열심히 운영하던 여행카페도 모두 버려야 했다.

내 나이에 걸맞은 역할, 가족과 친척과 친구들의 기대, 그리고 떠나지만 않는다면 잡을 수 있었던 새로운 기회까지 모두 버려야만 떠날 수 있었다.

많은 사람이 떠나지 못하는 이유는 버리지 못하는 데 있다.

아무도 믿어주지 않았다

그들 눈에 우리는 그저 대학을 갓 졸업한 경험 없는 애송이일 뿐이었다.

실패를 거듭하다 보니 이골이 났다. 자신감은 점점 사라졌고 패배의식에 흠뻑 젖어 있었다. 그러다 보니 후원 문제로 기업에 찾아가 미팅할 때에도 뜬구름 잡는 식의 기획과 잦은 실패로 도무지 당당할 수 없었다. 그러니 될 일도 안 될 수밖에.

2011년 6월, 운 좋게도 김치버스 기사가 『매일경제신문』 사회면을 가득 메웠다. 주로 기업인들이 본다는 일간지였기에 혹시나 하고 기대했는데 역시나 많은 사람이 그 기사를 보았고 대기업 D에서 연락이 왔다.

"회장님께서 기사를 보시고 저희 실무 팀과 미팅을 해보라고 하셨습니다. 후원사는 확정되었나요?"

'오 마이 갓! 식품 관련 대기업 회장님이라니, 드디어 해 뜰 날이 오는 걸까?'

우리는 꿈에 부풀었다. 사실 그때 다른 식품 관련 대기업 C와 긴밀하게 진행하던 후원 문제가 난항을 겪고 있던 터였다. 해주는 것은 없으면서 해달라는 것은 많았고, 다른 스폰서들과의 관계를 불편하게 하는 이런저런 것을 요구해 그 기업이 달갑지 않던 참이었는데, 이런 소식이 들리니 기분이 날아갈 것만 같았다.

다음날, 먼저 협의하던 C기업과 미팅하면서 나는 조금 더 당당할 수 있었고, 내 그런 당당함이 담당자의 심기를 거슬렀나 보다. 그는 눈을 치켜뜨며 말했다.

"별로 마음이 내키지 않는 모양인데, 이번 일은 없던 걸로 하셔도 됩니다. 저희도 꼭 해야겠다는 생각이 없어요."

'어휴, 어쩌면 저렇게 예의 없이 말을 어떻게 막 내던질 수 있지?'

속에서는 욱! 하고 화가 치밀었지만, 일단 참았다. 내일만 지나봐라, D기업과 이야기가 잘되면 너희는 뺑! 차버릴 거다.

다음날, 우리는 회장님께서 신문기사를 유심히 보셨다는 D기업과 미팅했다. 우리가 먼저 제안한 것이 아니라, 제안을 받고 가게 된 최초의 기업에 들어가면서 우리는 자신감에 가득 차 있었다. 일은 성사된 것이나 다름없다고 믿었다.

'아무렴, 회장님께서 지시하신 일인데, 누가 말리겠어?'

하지만 우리 예상은 보기 좋게 빗나갔다.

"여기 제안서를 보니 스위스 에멘탈 치즈공장에 가서 행사를 한다고 되어 있더군요. 이건 확정된 계획인가요? 그리고 맨체스터에서 박지성 선수를 만난다고 했는데, 그건 결정된 사안인가요?"

당시 제안서에서 적힌 내용은 모두 예정일 뿐이었다. 미국, 스페인, 스위스 등 여러 나라 여러 도시에서 진행하기로 계획한 40회 행사가 완벽하게 확정되었을 리 없었다. 출발 예정일도 자꾸 연기되는 판에 어떤 행사가 확정되었겠는가.

"아니요…, 진행 중입니다."

"이 프로젝트에 확정된 스폰서가 있나요?"

"아니요…, A기업, B기업이 후원할 예정인데 이것도 진행 중입니다."

"촬영 예정인 방송국이나 프로덕션이 있나요?"

"아니요…, 그것도 몇 군데 다큐멘터리 팀에서 관심을 보이는데, 세부 사항을 협의 중입니다."

"그럼, 확정된 게 하나도 없네요? 가긴 가는 건가요, 시월에?"

이쯤 되면 회장님이든 회장 사모님이든 아무리 관심을 보여도 일을 진행하기 어려운 상황이었다. 우리는 우울한 기분으로 그 회사에서 나왔다. 생각해보겠다고는 하지만, 내가 담당자라도 보여준 것도 하나 없고, 제안도 구체적이지 않은 데다가, 별로 특별할 것도 없는 세 젊은이를 무조건 믿어줄 수는 없을 것 같았다.

후원사와 방송국은 묘한 관계이다. 방송국이나 프로덕션을 찾아가서 우리 계획을 다큐멘터리나 방송 프로그램으로 제작하자고 제안하면 대뜸 '후원사는 있어요?'라고 묻는다. 후원사가 있으면 자기네도 적극성을 보이겠다는 것이다. 그래서 후원사에 찾아가면 '방송국과 합의됐어요?'라며 방송에 노출된다면 후원하겠다고 한다. '닭이 먼저냐 달걀이 먼저냐'인 상황이다. 후원기업의 반응도 마찬가지다. '우리 기업 말고 후원해주는 다른 기업이 있어요? 그러면 우리도 생각해볼게요.'

아무도 우리를 믿어주지 않았다.

그러나 생각해보면 당연했다. 억대가 넘는 비용이 들어가는 프로젝트, 게다가 400일은 정말 긴 시간이다. 피드백이 바로바로 오기도 어려울뿐더러 실패할 확률도 높다. 여행 중에 누가 다치기라도 한다면? 누가 죽으면? 차가 말썽을 부리거나 사고가 나서 엉뚱한 곳에서 서버린다면? 갑자기 모든 게 귀찮아져서, 집에 가고 싶어서 그만둬버리면? 예측 불능의 이 모든 변수를 책임질 사람은 누구일까? 적어도 우리는 아니었나 보다. 그들은 김치버스를 우리가 감당할 수 없는 수준의 프로젝트라고 판단했을 것이다. 그래서 막상 후원이 진행되더라도 계약은 우리가 아니라 우리 프로젝트를 책임질 수 있는 주최사 혹은 주관사를 원했다. 후원사를 구하기도 하늘의 별 따기인데, 주최사를 찾기는 더욱 어려웠다. 전혀 이득도 없는 일에 누가 총대 메고 나서서 계약서에 서명해주고 모든 책임을 지겠는가? 가족이라면 모를까.

그야말로 첩첩산중이었다. 누구 말대로 400일이 아니라 한 달이라도, 외국이 아니라 국내에서라도 활동한 전례를 보여줬다거나, 그것이 이슈가 되었다거나, 다음 프로젝트의 가능성을 예측할 만한 결과물을 제시했다면 일이 조금 더 쉬웠을지도 모른다. 그야말로 아무것도 없이 첫술에 배부르기를 바랐던 우리의 프로젝트는 당연히 가시밭길일 수밖에 없었다.

믿었던 팀원의 배신

　못생기고, 뚱뚱하고, 왜소하다…. 외국에서 만난 사람들에게 우리 자신을 이렇게 소개하곤 했다. 승민이는 못생겼고, 석범이는 뚱뚱하고, 나는 키가 작다. 사실이기도 하지만, 그것을 과장했던 이유는 우리가 지극히 평범한 사람들임을 보여주기 위해서였다. '김치버스'라는 프로젝트를 진행하는데 우리에게 필요했던 것은 김치와 한식에 대한 깊은 이해나 유창한 영어 실력이나 능란한 차량정비 기술이 아니라 바로 '꿈'이었다. 희망, 가능성, 할 수 있다는 믿음이었다.

　사실 3년이라는 시간이 흐르면서 팀원이 몇 차례 바뀌었다. 처음에는 여행과 도전을 좋아했던 친구들과 함께 자동차 세계여행을 꿈꾸며 '김치버스'라는 이름을 만들었고, 두 번째 역시 여행을 좋아하고 블로그를 통해 사진과 글로 소통하는 이들과 함께 김치버스 프로젝트를 기획했다. 하지만 번번이 좌절을 맛보았다. 기업에서는 우리 계획을 거들떠보지도 않았고, 우리도 김치버스에 모든 것을 걸지 않았다. 그저 눈앞의 관심사였던 블로그와 여행에만 집중했고 김치버스는 그저 하나의 수단이었기에 우리가 가진 모든 것을 쏟아 붓지 않은 채 프로젝트는 흐지부지되었다.

　곰곰이 생각해보면 그들의 '꿈'과 내 '꿈'이 조금은 달랐던 듯싶다. 지향점은 같을 수 있었으나 꿈을 실현하는 방법이나 과정까지 함께하기에는 어려움이 있었다.

당장 이루기에는 너무 큰 꿈이었을까? 몇 번 실패한 후 나 역시 김치버스에 대한 꿈을 잠시 접어두었다. 그러고는 전처럼 여행을 주제로 강연하러 다니고, 후원받아 여행을 떠나고, 블로그를 운영하고 가끔 요리하면서 무난한 생활을 이어갔다.

그러던 어느 날, 강연 중에 날아든 관객의 질문, '그럼 지금은 뭘 하고 지내세요?'라는 물음에 나는 순간적으로 머릿속이 하얘지는 걸 느꼈다. 그 질문에 쉽게 대답할 수 없었다. 하는 일이야 무척 많았다. 하지만 왜 강연하고, 여행하고, 글을 쓰며 살고 있다고 당당하게 대답하지 못했을까. 청중에게 그렇게 대답하려는 순간, 진정으로 내 의지에 따라 내가 원하는 대로 살고 있는 게 아니라는 생각이 말문을 막았기 때문이었다. 젊은 청중에게 내 삶과 여행의 경험을 들려주면서 진정으로 좋아하는 일을 해야 하고, 청춘이라는 연료로 열정 있는 도전을 멈추지 말아야 한다고 떠든 나는 정작 어떤 삶을 살고 있었던가. 베풀어진 기회와 안정적인 기회만 붙잡고 있었던 것이 아니냐는 뼈아픈 자각이 가슴을 찔렀다.

그날로 나는 쉽게 얻은 모든 기회를 내려놓기로 했다. 그리고 내 의지대로, 내가 하고 싶어서 하는 일이 아닌 모든 것을 내려놓았다. 그리고 초심으로 돌아갔다. 세계를 여행하며 한국의 음식 '김치'를 나누는, 1년이 걸릴지 2년이 걸릴지는 모르지만 지구 한 바퀴를 우리나라 차를 타고 돌아다니며 문화를 나누는 김치버스 프로젝트를 반드시 실현하기로 마음먹었다. 마치 오랫동안 지키지 못한 약속처럼 처음 꿈꾸었던 것으로 돌아가면서 그렇게 모든 것이 다시 시작된 것이다.

후원을 얻지 못하더라도, 함께 떠날 친구들이 없더라도, 혼자서라도 떠나겠다고 결심했다. 내 머리와 가슴은 어떻게든 김치버스를 타고 세계를 누비겠다는 생각과 열망으로 가득 찼다. 처음부터 기획서를 다시 쓰고, 부족했던 부분을 채워나갔다. 그러던 중 '뚱뚱한' 동생, 석범이 나를 찾아왔다.

"형, 김치버스에 저도 참여하면 안 될까요? 형이 준비하는 걸 옆에서 계속 지켜봤고, 한식의 세계화에 관한 생각도 저랑 어느 정도 일치하고, 형이랑 함께 하면 재미있을 것 같아요."

사실 김치버스는 혼자서 실현하기에 엄두가 나지 않는 계획이었다. 하지만 그간의 과정을 돌이켜보면 쉽게 팀원을 받아들일 수도 없었다.

'함께 계획을 세우고 일을 진행하다가 어느 날 갑자기 떠나버린 친구들과 달리 석범이는 이 꿈을 나와 함께, 끝까지 이뤄낼 수 있을까?'

어떻게 해야 할지 한동안 고민했다. 하지만 김치버스 계획을 실현해 보겠다고 자기 나름 이것저것 알아보고 쫓아다니는 석범이를 받아들이기로 했다.

"우리, 잘해보자!"

그렇게 김치버스 팀은 한 명에서 두 명으로 늘었다. 혼자서 감당해야 했던 짐을 나눠 질 수 있다는 것이 정말 큰 힘이 되었다.

2010년 겨울, 석범이와 나는 바쁘게 움직였다. 우선, 기획서 작업부터 시작했다. 가야 하는 나라, 가고 싶은 나라의 목록을 작성하고 세계지도에서 방문할 지점들을 선으로 이어 지구 한 바퀴를 돌았다. 중국에서 시작하려 했으나 법적인 제약이 있어 러시아를 선택했다. 그곳에서 출발하여 중앙아시아, 유럽 전역, 그리고 미주까지. 2011년 여름에 떠나면 족히 1년 반은 걸릴 여정이었다. 2년까지도 생각했으니 그 정도면 충분하다는 생각이 들었다. 아주 긴 여행이어서 출발일을 더는 미룰 수는 없었다. 여름엔 무조건 떠나자!

다음은 예산. 거리를 실로 재어가며 불명확하지만 '킬로미터'를 재고, 그에 맞는 유류비, 체재비를 대충 정했다. 허술하기 그지없는, 디테일이 없는 기획서였다. 그렇게 기획서를 채워가던 중 정작 중요한 부분이 빠져 있음을 깨달았다. 외국인들에게 게릴라성 행사로 이곳저곳의 광장이나 학교 등지에서 김치를 알리겠다는 생각은 있었지만, 구체적인 '어떻게'가 없었다. 김치를 그냥 나눠줄 것인가? 그렇다면 어떤 김치를 나눠주어야 하나. 그 김치들은 어떻게 마련할 것인가. 직접 담글 것인가? 거부감을 줄이기 위한 요리를 할 것인가? 등 고민은 꼬리를 물고 길게 늘어졌다. 요리 경험도 부족하고 전문성도 떨어지는 우리는 경희대 조리과 선후배들에게 조언을 구했다.

그러던 중 평소 친하게 지내던 후배 영대와 이 문제를 상의하게 되었다. 영대는 자기가 레시피를 개발해서 우리에게 전해주기보다는 김치버스 계획에 참여해서 현지에서 직접 요리를 만들면 어떻겠냐고 제안했다. 신입생 시절부터 친하게 지낸 후배인 석범, 영대와 함께 김치버스 여행을 떠나게 된 걸까? 처음 생각대로 두 명보다는 세 명이 적당하지 않을까? 나는 영대의 제안을 거절할 이유가 없었다.

2011년 2월, 그렇게 김치버스 팀은 세 명이 되었다.

처음 세웠던 계획대로 7월 출발까지 남은 시간은 5개월. 모든 일의 시작은 사람을 얻는 데서부터 출발한다고 하지 않던가. 팀 구성원도 확정되었고 기획서도 완성되었다. 겁날 것이 없었다. 이미 마음은 러시아에 가 있었다.

하지만 현실은 그리 녹록지 않았다. 알음알음으로 소개받은 기업들은 결정을 망설였고, 출발일은 점점 다가왔다. 후원을 받아야 그 돈으로 김치버스도 사고, 장비도 사고, 출발 준비를 할 텐데 후원 협의만 계속된 채 6월이 되었다.

SBS에서는 국내를 돌며 김치를 알리고 김치버스 세계여행을 준비하는 우리를 촬영하여 방송했고, 『매일경제신문』에서도 우리 기사를 사회면에 크게 실어주었다. 김치버스가 7월에 떠난다, 9월에 떠난다는 보도가 이런저런 매체에 나갔지만, 정작 우리는 후원사조차 확정되지 않은 채 '김치버스'라고 이름 붙인 자동차조차 없는 상황에 놓여 있었다.

    나를 믿고 참여한 후배들에게 미안한 마음도 들었다. 칼을 뽑았으면 무라도 잘라야 하는데 일이 마음대로 풀리지 않으니 그 괴로움은 이루 말할 수 없었다. 함께 만나 회의할 때마다 나는 후배들에게 희망을 심어주려고 노력했고, 집으로 돌아와 혼자가 되었을 땐 눈물을 흘리기도 했다. 작은 희망과 큰 꿈을 부여잡고 힘들게 버티던 내게 필요했던 것은 팀원들의 믿음이었다. 하루는 석범이 이런 말을 했다.

    "형, 정 안 되면 청와대에라도 찾아갈까요?"

    매우 독특한 캐릭터인 석범이는 진담인지 농담인지 아리송하게 이런 말도

심영대   류시형   조석범

자주 했다.

'그래, 정말 청와대에 갈 수는 없겠지만, 우리가 할 수 있는 일들은 다 해봐야 하지 않을까.'

나는 다시 한 번 힘을 내기로 했다. 이렇게 우직하게 우리 계획을 믿고, 어떻게든 그것을 이루어내려는 후배들이 있는데, 내가 약한 모습을 보일 수는 없잖은가.

'안 되면 될 때까지 한다!'는 심정으로 해보자! 이제껏 실패한 것이 한두 번이 아닌데, 이 정도에서 물러날 수 없었다.

그러나 내 의지의 날개를 완전히 꺾어버리는 상황이 벌어졌다. 하루는 영대가 내게 말했다.

"형, 싱가포르에 있는 호텔에서 좋은 일자리 제의가 들어왔어. 아무래도 난 거기로 가야 할 것 같아. 미안해."

정말 청천벽력 같은 소리였다. 8년이나 알고 지낸 가장 친한 후배가 어떻게 이토록 무책임하게 떠날 수 있을까. 힘겹게 완성해가던 도미노를 누가 툭 건드려 한순간에 모든 것이 와르르 무너지듯이 그동안 쌓아왔던 것들이 꿈과 함께 내동댕이쳐진 기분이 들었다. 뭔가 대책을 세우기보다는 배신감이 나를 사로잡았고, 이제 포기하는 수밖에 없다는 절망의 그림자가 나를 뒤덮었다. 한편으로 후배의 꿈도 소중하니 존중해야 한다고 생각했지만, 그것이 말처럼 쉽지 않았다. 끝까지 함께할 수 없다면 아예 시작하지도 말았어야 했다는 원망도 있었다. 침몰하는 배에서 선원들이 모두 떠나고 홀로 남은 선장의 기분이랄까? 그러나 원망이나 슬픔은 아무런 도움이 되지 않았다.

'하고 싶은 일을 해라. 꿈을 실천해라. 각자 자신에게 맞는 개성 있는 삶을 살아라.'

이렇게 외치던 내가 어찌 보면 영대의 꿈을 포기하라고 강요했는지도 모르겠다. '배신'이라는 강한 단어를 사용하면서 꿈을 향해 가는 그의 결정을 부정했는지도 모르겠다. 지나고 보면 서로에게 잘 된 일이었지만, 그때는 정말 견뎌내기 힘겨웠다. 작은 희망을 품고 큰 꿈을 이루려는 그 시절에는 작은 것 하나하나가 큰 의미로 와 닿았고, 처절하게 괴롭기도 하고, 치열하게 기쁘기도 했다.

우리는 다음 날 만나 다른 팀원을 찾기로 했고, 승민이가 합류하게 되었다. 결과로 보면, 승민이는 김치버스에 없어서는 안 될 사람이었다. 최적의 팀원으로 함께 일을 시작하게 되었다.

하나에서 둘, 둘에서 셋, 다시 둘. 그리고 셋.

빚을 지다

    8월, 출발일이 하루하루 다가오고 있었다. 10월로 출발을 미룬 이유를 촬영 일정 때문이라고 둘러대고 다녔지만, 사실은 돈이 없었다. 후원도, 방송도, 출발 준비도 모두 돈을 중심으로 돌아가는 거지 같은 현실. 아니, 당연한 현실이다. 다른 것들이야 나중에 정해도 되었지만, 당장 출발 준비를 하려면 비자를 신청하고, 차량을 사서 개조하고, 필요한 조리도구도 사야 했다. 그뿐인가, 홈페이지, 홍보 브로슈어 제작에도 돈이 들어간다. 출발 직전에 돈이 충분히 들어온다 해도, 준비하는 일은 하루아침에 되는 것이 아니어서 답답하기만 했다.

    '출발을 더 미뤄야 하나?'

    '이러다가 결국 내년에나 떠나게 되는 건 아닐까?'

    생각대로 일이 풀리지 않으니 잡생각만 머릿속에 가득 들어찼다.

    그렇게 우물쭈물하는 사이에 데드라인이 다가왔다.

    우리에게 남은 선택은 둘 중 하나였다. 출발을 미루거나 어떻게든 돈을 구하거나. 간다, 간다 말했던 게 벌써 2년이 넘었다. 올해만 해도 6월에 간다고 했다가, 7월, 9월, 그리고 10월로 미뤄졌다. 이제 더는 미룰 수 없었다. 이러다가는 그나마 나를 믿어주던 사람들마저도 모두 등을 돌릴 판이었다.

1. 지르니까 청춘이다   2. 고난의 행군   3. 갈치버스 르네상스   4. 새로운 도전, 북미   5. 당신이 궁금해하는 것

'쟤들은 전혀 준비도 안 된 상태로 말만 떠들고 다니는 것 같아. 계속 출발을 미루는 걸 보니 아예 못 가는 거 아냐?'

사람들에게 이런 인상을 심어주고 싶지 않았다. 떠나야겠다고 결심하니 선택은 하나였다. 어떻게든 돈을 빌리자. 하지만 돈을 빌리는 것 역시 미봉책이긴 했다. 현대자동차에서 후원하겠다는 1억 5,000만 원이 들어온다는 확실한 믿음을 가지고 출발할 때까지 준비하는 데 필요한 자금을 잠시 빌렸다가 갚을 생각이었다. 위험한 도박이었다. 돈을 빌려 차를 사고 랩핑을 해서 출발 준비를 마쳤는데, 갑자기 후원 계약이 이루어지지 않으면 돌이킬 수 없는 빚을 지게 되는 것이다.

어쨌거나 돈을 빌리기로 했으니 지체할 수 없었다. 팀원 세 명이 각각 대충 1,000만 원 정도씩만 빌리면 어떻게 되지 않을까? 우선 당장은 3~4,000만 원만 빌리면 어떻게든 출발은 할 수 있겠다 싶었다. 차를 사서 개조하고, 조리도구도 사고, 브로슈어를 만들자…. 그러다 보면 출발할 때쯤에는 당연히 후원금이 들어오겠거니 하는 안일한 생각이었다. 그런데 누구에게 그 돈을 빌린단 말인가. 말이 1,000만 원이지, 선뜻 그 돈을 빌려줄 사람이 떠오르지 않았다.

석범이는 집에서 800만 원을 빌렸다. 승민이는 갑자기 떠나게 된 것이 미안했던지 집에다 돈을 빌려달라는 말조차 꺼내지 못한 것 같았다. 결국 3,000만 원이 넘는 돈을 나 혼자 해결해야 했다. 팀원들이 야속하기도 했다. 석범이에겐 '조금 더 빌릴 수 있지 않았을까?' 하는 생각에 야속했고, 승민이에겐 '못 빌리겠다면 그만인가.' 하는 생각에 야속했다. 하지만 내색할 수는 없었다. 돈은 민감한 문제여서 말도 꺼내지 못했다. 나도 막상 주변에 돈을 빌려달라고 전화하려니 차마 입이 떨어지지 않았다. 사실 우리 또래에 목돈을 가지고 있는 사람은 드물다. 갓 직장에 들어간 친구들은 월말이면 카드 사용액 메우느라 정신없었고, 친분 있는 선배들 역시 모아둔 돈이 많지 않았고, 또 선뜻 빌려주기도 쉽지 않았을 것이다.

가족이나 친척들도 빚이 없으면 다행이지 여윳돈이 없기는 매한가지였다.

어머니는 절대 빚지지 말라고 하셨다. 남에게 돈을 빌리는 것을 당연히 싫어하셨다. 그러나 돌아가시는 날까지 병원비를 걱정하며 힘겨워하셨다. 돈에 관해서는 한이 맺힌 듯 철저하셨다. 그래도 어머니가 살아계셨으면 아들이 하는 일, 어떻게든 도와주시려고 여기저기 아쉬운 소리 하며 돈을 빌리러 다니셨을 것만 같았다. 그러셨겠지…. 괜히 눈물이 고였다.

'후원이 확정되면 떠나기 전에, 아니 다음 달에라도 빌린 돈을 갚을 수 있을 거야.'라며 마음속으로 나 자신을 설득하기도 하고, 또 한편으로는 '그래, 자존심 지키겠다고 프로젝트를 포기할 수는 없잖아?'라며 오기를 부려보기도 했다. 결국, 나는 휴대전화의 전화번호부를 뒤져가며 도와줄 사람을 찾기 시작했다.

"돈을 빌려달라고? 너 후원사에서 지원받는 거 아니었어?"

"아, 지금은 좀 힘들 것 같은데? 개인적으로 준비하는 게 있어서…."

"큰돈은 없고 100만 원이라도 급하면 빌려줄게. 이달 말에는 돌려줄 수 있는 거지?"

"야, 나도 이제 몇 달 후면 결혼하잖아, 그래서 돈줄이 다 묶였어…."

"난 돈이 없지만, 정 급하면 말해, 친구들한테 빌려볼게."

제일 친한 사람들부터, 그리고 정해진 수입이 있는 사람들부터 한 사람 한 사람씩 차분히 상황을 설명해가며 금방 갚겠노라며 돈을 빌리기 시작했다. 적게는 100만 원, 많게는 1,000만 원을 빌려달라고 했다. 곤란하다는 사람도 많았고, 조금이라도 빌려주려고 애쓰는 사람도 많았다. 전화하면서 당당하게 말하고 싶었는데 한 번, 두 번 거절당할수록 자신감은 점점 더 줄어들었다.

'정말 갚을 수 있겠지? 이 돈으로 차도 사고 장비도 샀다가 후원이 안 되진 않겠지?'

쓸데없이 불안한 생각들로 혼란스럽기도 했다. 하지만 나는 이미 강을 건넜고 다리는 불태웠다. 어떻게 해서든지 돈을 구해야 한다는 생각에 다시 한 번 마음이 간절해졌다.

그렇게 며칠이 흘렀고 돈이 모였지만, 턱없이 부족했다. 더 많은 사람에게 전화해야 했다. 전화번호부를 뒤적이다 선배 형이 문득 떠올랐다. 평소 친하게 지내던 형인데, 모아둔 여윳돈이 있지 않을까? 하지만 결정은 내 몫이 아니었다. 나는 잠시 망설이다 통화버튼을 눌렀다.

"형 바빠요? 제가 할 말이 있어서 전화했는데…, 음…."

형은 자세한 설명도 듣지 않고 내게 말했다.

"그래서 얼마가 부족해?"

사실 그때 부족했던 돈은 1,700만 원이었지만, 1,000만 원 정도라고 얼버무렸다. 그래도 지금까지 3,000만 원 정도는 모았다고 말하고 싶은, 말도 안 되는 왜소한 자존심 때문이었다. 그러자 형이 말했다.

"그럼, 형이 지금 1,000만 원 보내줄 테니까 다른 사람들한테는 빌리지 말고, 또 나한테 빌렸다고 말하지도 마."

눈물이 났다. 고맙다는 말도 제대로 못 하고 종료버튼을 눌렀다. 미안함과 고마움, 형 앞에서 내세웠던 괜한 자존심에 대한 부끄러움이 뒤섞여 더는 말을 이을 수 없었다. 형은 원래 돈이 많은 사람도 아니고, 일하기 시작한 지 오래되지도 않았기에 그때까지 모은 전 재산을 내게 빌려주는 게 쉽지 않았을 것이다. 감동의 눈물이 멈추지 않았다. 그렇게 서울 역사박물관 앞 차도에 서서 한참을 울었다.

김치버스 프로젝트는 후원사도 정해지지 않았고 출발일도 불투명했다. 하지만 우리는 결국 4,000만 원 정도의 돈을 빌려 빚쟁이가 되었다. 약속했던 다음 달에 갚지 못했고 결국, 러시아에 들어간 11월에야 갚을 수 있었다.
나를 믿고 기다려준 그분들이 없었더라면? 후원이 이루어지지 않았더라면? 그런 상황은 정말 생각하고 싶지도 않다.

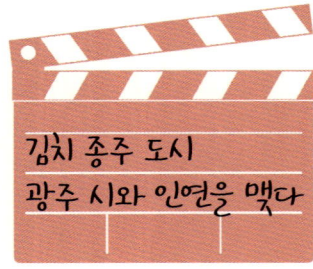

김치 종주 도시 광주 시와 인연을 맺다

여름비가 추적추적 내리는 8월 어느 날, 나는 반바지에 슬리퍼를 신고 물을 사방으로 튀기며 신도림 테크노마트를 향해 걸어가고 있었다.

'이렇게 비가 쏟아지는 날 꼭 만나야 하나? 어차피 날짜가 맞지 않아서 안 된다고 말했는데도 굳이 만나자는 건 무슨 고집이야?'

약속 장소는 바로 집 앞이었지만, 출발 준비로 분주한 마음과 궂은 날씨에 외출하기 싫은 귀차니즘으로 기분이 썩 좋지 않았다.

지하상가에 있는 작은 카페에 들어서자 등을 보이고 혼자 앉아 있는 남자가 보였다.

"안녕하세요. 제가 김치버스 팀장 류시형입니다."

조심스럽게 말을 건네자, 남자가 나를 향해 고개를 돌렸다. 얼굴이 희고 마른 청년. 첫인상이 왠지 가냘파 보였다. 차가워 보이는 인상과는 다르게 나를 반갑게 맞이하면서 나와줘서 고맙다고 하는데, 한편으로 미안하고 성의 없는 내 차림새가 마음에 걸렸다. 아무리 비 오는 여름이라도 미팅 자리에 나오면서 반바지에 슬리퍼 차림이라니. 후원사도, 돈도 제대로 구하지 못해 쩔쩔매는 프로젝트 팀장의 태도라고는 믿기 어려웠을 것이다.

그는 매년 광주에서 열리는 광주세계김치문화축제 대행사에서 근무하는 차백산 씨였다. 나보다 조금 어려 보이는 듯한 백산 씨는 김치축제에 대해 차근차근 설명하기 시작했고, 나는 출발일정 때문에 김치버스는 광주축제와 인연이 없는데 왜 찾아왔느냐는 의문스러운 표정으로 그를 주시했다.

차백산 씨는 300페이지는 되어 보이는 두꺼운 축제기획서를 펼쳐가면서 축제주최 측이 김치버스에 기대하는 역할에서부터 이를 계기로 김치버스가 기대할 수 있는 이점에 이르기까지 한참을 설명했다. 그의 질문에 퉁명스럽게 대답하던 나는 어느 순간부터 말투가 고분고분하게 바뀌어 있었고, 그의 이야기에 빠져들고 있었다. 대답은 이미 정해져 있었지만, 들으면 들을수록 그가 한 제안은 매력적이었다.

광주세계김치문화축제는 생각보다 대단한 행사였다. 그런 행사에서 우리를 원한다는 것은 나를 매료하기에 충분했다. '세계를 누빌 김치버스가 출발 전에 미각의 고향 전라도에서 축제에 참가하고 떠난다.'는 제안의 내용은 아무리 생각해도 명쾌했고, 우리가 축제의 주인공이 된다는 사실이 나를 흥분하게 했다. 나는 김치축제의 달콤한 유혹에 완전히 넘어가 버리고 말았다.

단 한 가지 걸리는 문제는 축제에 참가하면 출발을 또다시 미뤄야 한다는 점이었다. 축제 기간은 10월 15일부터 19일, 축제에 참가하고 출발하려면 10월 23일로 출발이 연기된다. 출발을 미루느냐, 축제를 포기하느냐. 만약 출발을 또 미룬다면 후원 합의가 진행 중인 기업들에도 양해를 구해야 한다. 처음 제안서에서 내용이 자꾸 수정되면 아무래도 신뢰를 잃을 테니 두렵기도 했다. 지금도 신뢰받지 못하는 마당에 아예 일이 틀어질지도 모른다는 생각이 들었다. 들뜬 마음을 숨긴 채 차백산 씨에게 조금 생각해보겠다고 말하고는 자리에서 일어섰다.

여전히 비가 내리고 있었다. 난 우산을 들고 물을 가르며 집으로 향했다. 걷는 내내 세계김치문화축제에 대해 곰곰이 생각했다. 하느냐 하지 않느냐가 아니라 머릿속에서는 이미 출발을 미룰 구실을 찾고 있었다.

　차백산 씨의 설득은 그토록 확고했던 내 결의를 무너뜨렸다. 나는 대체 무엇에 흔들렸을까. 축제에 참여해서 얻게 될 수익? 축제 주인공으로서 얻게 될 명성? 김치의 종주 도시 광주와 함께한다는 명분? 물론 그런 것들도 한몫했겠지만, 아마도 차백산 씨의 확신에 찬 믿음 때문이 아니었을까 싶다. 그를 보면서 축제에 참여했을 때 얻을 수 있는 것을 생각하기보다는 그저 아주 재미있을 것 같다는 생각이 들었다. 차백산 씨를 만나지 않았더라면, 우리는 광주에서 멋진 인연을 맺지 못했을 것이다.

　광주세계김치문화축제와 인연을 맺게 된 것은 우리에게 대단한 행운이었다. 축제 참가를 확정하고 관계자들과 만나면서 그런 확신이 들었다. 출발이 미뤄지긴 했지만, 오히려 후원사에 떳떳하게 노출 기회가 더 많아졌다고 말할 수 있었고, 주최 측에서는 기업들과 달리 원하는 것 없이 되도록 많은 도움을 주려고 했다. 젊은 사람들이 용감하게 어려운 일에 뛰어들었다고 생각하고 용기를 북돋워주었다. 어려운 시간을 보냈기에 그런 작은 호의가 더 크게 와 닿았던 것 같다. 그때 우리에게 필요했던 것은 채찍이 아닌 당근이었는지도 모른다.

김치버스를 사다

출발 일을 정하고 생긴 데드라인, 시간이 지날수록 우리가 해야 하는 일들은 체한 듯이 밀려왔다. 차근차근 해나가는 것이 맞겠지만 뭘 하려 하면 돈이 없고, 뭘 하려 하면 날짜가 정해지지 않고… 그런 식이었다. 김치축제까지 참여하기로 한 이상, 돈도 빌려 빚쟁이가 된 이상, 할 일들을 미룰 수 없었다. 그 첫 번째가 가장 중요한 차량 구매였다.

많은 사람이 현대자동차에서 후원했다고 하면 당연히 차량을 지원해주었을 것이라 생각하지만 실제는 달랐다. 현대자동차는 부서마다 하는 일들이 다 달랐고, 서로 공유하기보다는 각각의 유닛들처럼 따로 움직이고 있었다. 그래서 우리와 구두로 후원을 약속했던 해외커뮤니케이션 팀에서도 현금을 지원해주는 것이었지 차량을 지원해주는 것은 아니었다. 설사 그들이 마케팅에 현대자동차 차량이 필요하다고 하더라도 일반 구매와 똑같은 방법으로 차량을 사야 하는 시스템이었다. 글쎄 직원할인 정도는 해주려나? 어쨌거나 별개의 문제였기 때문에 우리가 풀어야 할 부분이었다.

현대자동차에서 생산되는 차량 중에 김치버스 프로젝트를 하기에 적합한 차량은 '카운티' 모델이었다. 일반 버스는 너무 커서 이동이 불편했고, 봉고차 정도의 벤은 400일간 생활을 하기에 너무 좁았다. 모두가 '마을버스'나 '학원 통학 차량' 정도로 알고 있는 미니버스 카운티는 기아자동차 '콤비'의 생산이 중단된 이후 한국 시장에서 독보적인 존재였다. 그 정도 크기의 차량은 국내에 '카운티' 하나뿐이었다. 그래서 신차를 주문해도 차량을 수령하는 데까지 걸리는 시간이 두세 달은 기본이었다. 시간에 여유가 없었다. 문제는 그뿐이 아니었다. 카운티를 당장 받는다고 하더라도 내부를 캠핑카로 개조해야 했고, 개조하는 데 걸리는 기간은 짧게 잡아도 한 달, 개조하기 위해 필요한 절차로 법적인 '구조변경승인'을 얻는 데는 최소 6개월이 걸린다는 사형선고 같은 정보를 찾는 순간 또 한 번 절망이 찾아왔다.

    돈이 있어도 할 수 없는 일. '시간'이 따르는 일이다.

    그 정보를 찾아내고는 온종일 방구석을 머리를 쥐어짜며 굴러다녔다. 후원사에 절대로 말할 수 없는 문제였다. '아니, 그것도 모르고 준비했단 말인가요? 그럼 진행할 수가 없겠네요?'라고 할 것이 틀림없었다. 겨우 잡은 기회인데 이렇게 허망하게 놓칠 수는 없었다. 현대자동차에서도 해결해줄 수 없는 문제였다. 대체 어떻게 해야 할까. 답은 이미 나와 있었지만 그 답을 실행하는 것이 머리가 아팠다. 정답은 이미 합법적으로 구조변경승인을 받은, 내부가 캠핑카로 개조된 '카운티'를 중고로 사면 되는 일이었다. 그리고 실행하는 데 따르는 문제는 그러한 조건에 맞는 '카운티' 차량은 국내를 통틀어 22대밖에 없다는 사실이었고, 누가 그 차량을 소유하고 있는지 알 수 없다는 점이었다.

    혼자 뒹굴면 무슨 소용이 있을까. SNS의 힘을 믿어보기로 했다. 당시 트위터 팔로워가 10만 명이었던 나는 타임라인에 '중고차 거래하는 사람을 찾는다. 내겐 카운티 캠핑카가 필요하다.'라는 글을 남겼고, 많은 사람의 호응 덕에 그 글이 퍼져나갔다. 실로 놀라웠다.

정확히 하루 뒤, 중고차 거래상 몇몇이 연락을 해왔다. 그 중 한 명이 무슨 일이 있어도 그에 맞는 차량을 찾아주겠노라고 약속했다.

'박영선.' 나와는 동갑내기인 그는 그 차량이 김치버스 프로젝트에 쓰인다는 것을 알고 내게 그런 약속을 했던 것이다. 자신이 일하는 곳에 일본사람이 있는데, 그는 김치가 일본 것이라고 우긴다며 그런 일이 없어지도록 꼭 돕고 싶다는 강력한 의사를 전해왔다. 일면식도 없는, 정확히 내 트위터 친구도 아니고 한 다리 거쳐서 알게 된 사람이 자기 일처럼 발 벗고 나서서 도와주는 것에 너무나도 고마움을 느꼈다. 그리고 또 하루 뒤, 그는 여러 캠핑 동호회 사이트에까지 가입하여 22대의 주인 중 하나를 찾았고, 차 주인을 설득해주었다.

며칠 뒤 함께 찾아간 천안. 우리에게 그 차량 외에 선택사항은 없었다. 1998

김치버스를 구매하고 학교로 돌아온 그날, 그때의 기쁨은 말로 다 할 수 없을 정도

년식이었고, 15만 킬로미터를 달린 중고 차량이었지만 그걸 사야만 했다. 다행히도 차량 내부는 주인아저씨의 자식사랑 덕분에 건강하고 아늑한 원목으로 만들어져 있었고, 샤워실이며 싱크대, 수납공간까지 거의 완벽한 구조를 갖추고 있었다. 불필요한 부분을 약간만 없애고 고치면 400일의 긴 여정을 떠나기에 충분한 우리 집이었다. 가격도 중고 차량이다 보니 2,800만 원으로, 새 차를 사서 개조했을 때보다 예산을 많이 줄일 수 있었다.

　항상 절망의 끝자락에서, 포기해야 할까 하는 고민이 들 즈음에 나타나는 도움의 손길들은 신기할 정도였다. 대한민국에서 22명만이 가진 차량을 찾아내고, 그 차량을 김치버스로 만들고…. 다시 생각해봐도 이건 불가능에 가까운 일이 아니었을까. 정말 보이지 않는 손이 있었을까.

깨끗했던 초기 김치버스의 내부

위기가 깊을수록
반전은 짜릿하다

　　세상 어디든 갑과 을이 있다. 힘없고 돈 없고 절실한 쪽이 을이다. 그래서 갑은 을에게 마음 놓고 무리하게 요구하고, 때로 횡포를 부리기도 한다. 우리는 언제나 을이었고, 묵묵히 갑의 전횡을 견뎌내야 했다.

　　늦은 봄, 기획서를 들고 처음 A기업을 찾아갔을 때가 생각난다. 남아공 월드컵 원정대에 참가했을 때 맺은 인연이 계기가 되어 A기업에 근무하는 분과 알게 되었고, 그분을 통해 김치버스 프로젝트 제안서를 제출할 부서를 소개받았다. 이렇게라도 접근하지 않으면 기업에서는 대부분 후원 요청을 거들떠보지도 않는다. 소개해주신 분의 체면도 생각했지만, 무엇보다도 우리 자신이 도움을 절실히 원했으니 충실하게 준비해서 미팅 자리에 나갔다. 석범이와 이전 팀원이었던 영대까지 대동했다.

　　무뚝뚝해 보이는 직원 세 명이 우리를 맞이했다.

　　"국내 홍보 쪽은 전혀 없네요?"

　　다른 팀을 연결해준 듯 보이는 팀장이 우리에게 물었다.

　　"우리는 국내 홍보와 관련 있을 것 같아서 불렀던 건데."

　　그렇게 말한 담당자는 기획서를 볼 필요도 없다는 듯 퉁명스럽게 말을 던졌다. 나도 A기업은 국외에 유통망이 없으니 굳이 외국에서 홍보하는 데 돈과 김치를 내줄 필요가 없다는 것쯤은 알고 있었다. 그래도 머리를 맞대고 함께 의논하면 좋은 아이디어가 나오지 않을까 해서 찾아간 자리였다.

"저희가 떠나기 전에 한두 달 정도는 국내에서 함께 홍보를 진행할 수 있을 것 같고, 그런 계기를 통해 서로 도움이 될 일이 분명히 있을 것 같아서 이렇게 찾아왔습니다."

내가 말하자 멀찍이 앉아 있던 최상급자인 듯한 사람이 말했다.

"난 괜찮을 것 같은데? 국내에서도 하고, 외국에 가서 홍보하는 것도 새로운 시도니까."

다른 부서에서 새로 발령받았다는 부서장은 그래도 생각이 열린 사람 같았다. 우리는 그 틈을 집요하게 파고들었다. 수없이 거절당하다 보면 아주 작은 기회에도 민감해지게 마련이다.

"후원 금액이 3,000만 원밖에 안 되니까, 네가 맡아서 해봐. 네가 3,000만 원 가지고 있다고 생각하고 진행해보라고."

순간 아차 싶었다. 전체 예산은 3억 정도였지만 세부 예산 항목에서 김치와 요리에 관한 비용을 3,000만 원으로 적어놓았고, 우리는 순진하게도 그 자료를 그대로 보여주었다. 이런 일에 경험이 없던 우리가 원하는 금액을 분명히 제시하지 않았기에 식품 기업으로서는 당연히 음식과 관련된 비용만 생각하는 듯했다. 부서장 아래 팀장은 옆에 멀뚱히 앉아 있던 신입사원에게 이 일을 넘겨주었다. 우리에게는 큰돈이지만, 그들은 '400일 동안 홍보하는 데 겨우 3,000만 원쯤이야.'라고 생각하는 것 같았다. 우리 실수였다. 그렇게 예산이 정해지면 그들은 그 이상의 금액을 절대 주려고 하지 않을 테니까.

그때부터 을의 악몽이 시작되었다. 아직 연수도 다녀오지 않은 신입사원이 맡은 우리 프로젝트. 그녀는 정말 열심히 해야 했고, 우리 역시 필사적이었다. 처음에는 3,000만 원 규모였지만, 우리의 계획에 대한 방송이 예정되지 않았다는 구실로 돈은 주지 않고 김치와 배송만 제공하겠다고 잘라 말했다. 그래도 어쩌겠는가. 김치가 꼭 필요한 우리는 그녀가 하자는 대로 따를 수밖에 없었다. 지원 규모가 1,000만 원 정도로 줄었지만, 그녀는 우리에게 이것저것 곤란한 조건을 강요했다. 예를 들어 프로젝트 이름을 김치버스 프로젝트가 아니라 'A기업 김치버스 프로젝트'로 바꾸자는 둥, 로고 스티커를 1억 5,000만 원 규모의 현금 지원을 약속했던 현대자동차와 똑같은 크기로 만들고, 자동차의 같은 위치에 같은 개수로 부착하라는 둥 무리한 요구를 계속했다.

어쩔 수 없이 나는 현대자동차 쪽에 양해를 구하고 담당자를 설득해야 했다. '차량도 중요하지만, 김치도 그만큼 중요하다. 좋은 이미지를 위해서는 여러 기업의 로고가 똑같은 크기로 부착되는 것이 바람직하다.'는, 내가 생각해도 말도 안 되는 논리를 펴고, 때로는 사정하기도 했다.

현대자동차 담당자로부터 '그럼, 그쪽에서도 똑같은 금액을 내라고 하세요!'라는 말을 들을 때마다 얼마나 당황스럽고 답답했던지. 그래도 별수 없었다. 우리는 '을'일 뿐이었고, 그나마 연결된 A기업에서 어떡하든 김치를 받아야 했다.

A기업 여직원의 변덕에 따라 기획서를 몇 번이나 고쳐서 찾아갔는지 모르겠다. 가지고 가면 어떻게든 문제를 들춰내서 이것저것 요구하는 것이 많았다. 우리에게도 부족한 구석이 있었지만, 그녀가 해야 할 일까지 우리가 도맡아서 하고 있다는 기분이 자주 들었다. 그래도 한 가지 위안으로 삼았던 것은, 그 기업에서 그토록 까다롭게 우리 기획서를 계속 돌려보냈기에 우리 기획서가 점점 더 나아졌다는 점이었다. 그것 말고는 그 기업과 함께 일해야 하는 처지가 정말 악몽 같았다.

그렇게 몇 달을 보내고도 우리는 계약서조차 쓰지 못하고 있었다. 10월이 되었지만, 우리와 계약서를 작성한 기업은 한 군데도 없었다. 하지만 떠날 준비만은 완벽해야 했다. 이미 돈도 빌렸고 후원도 이래저래 협의 중이니 계약서에 서명만 하지 않았을 뿐, 계약한 거나 다름없었다. 아니 그렇게 믿고 싶었다. 인제 와서 계약이 틀어지면 정말 대책이 없었으니까. 외국에서 나눠줄 브로슈어도 3만 장 인쇄했고, 김치버스에 부착할 기업 로고 스티커도 제작했다. 홈페이지의 기업 로고 배너들도 광주세계김치문화축제의 개막일만 기다리고 있었다. 축제가 시작되면 여러 언론사에서 후원사를 언급한 기사를 내보내기로 예정되어 있었다.

광주세계김치문화축제 하루 전날인 10월 14일, 우리는 광주에서 릴레이 인터뷰를 계속하고 있었다. 전날이라 정신없이 바빴지만, 우리에게 김치가 무엇인지를 알려주셨던 김호옥 김치명인을 찾아뵙는 일을 빼놓지 않았다. 우리를 친자식처럼 대해주신 그분과 대화하던 중에 화제는 자연스럽게 김치로 이어졌다.

"김치는 어디 것을 가져가?"

"A기업에서 김치를 만들어서 배송해주기로 했어요."

"거기 김치는 제맛이 아니야! 세계에 김치를 알리는데 제대로 된 김치를 가져가야지! 광주 김치를!"

"아, 그게 후원 문제가 있어서…, 저희야 어떻게든 좋은 김치만 받으면 되는데 그것이 참 쉽지 않아요."

우리 속사정을 듣자 김호옥 명인은 김치 보내는 일이 뭐 그리 어렵냐며 김치축제 관계자들과 광주시청, 감칠배기김치회사 사장님과 함께 이야기를 나누시고는 광주 김치를 후원해주시기로 하셨다.

정말 일사천리로 진행되고 결정된 일이었다. 우리에게는 공식적으로 첫 후

광주 감칠배기김치 후원을 이끌어주신 김치명인 김호옥 선생님과 함께

원사가 확정된 역사적인 순간이었다. 감칠배기김치에서 김치를 만들어주고, 광주 시에서 국외배송을 맡아주기로 했다. 김치는 제대로 된, 맛있는 김치를 가져가야 한다는 광주 분들의 마음이 한데 모여 순식간에 이루어진 일이었다.

복잡하고 까다롭고 괴로웠던 A기업과의 협상에 비하면, 모든 일이 놀라울 정도로 흔쾌하게 끝났다. 김치축제에 참가하기를 정말 잘했다는 생각이 들면서도 한편으로는 A기업에서 받아온 50킬로그램의 김치가 머리를 스쳤다.

'김치는 돌려보내면 되겠지만, 3만 부의 전단은 어떡하지? 차량에 붙일 스티커는? 기자들에게는 뭐라고 하지?'

해결해야 할 일들이 산더미처럼 쌓였지만, 들뜬 기분을 감출 수는 없었다. 전단에 로고 부분만 덧붙일 감칠배기회사 스티커를 주문하고, 차량에 붙일 로고도 준비했다. 기자들에게 일일이 전화를 걸어 후원사가 바뀌었음을 알리고, 홈페이지 배너도 수정작업을 마쳤다. 이 모든 것이 하루 만에 일어난 일이었다. 시간이 어떻게 지나갔는지 몰랐다. 오후 다섯 시가 되자, 후원을 고사하겠다고 A기업에게 통보하는 일만 남았다.

심호흡을 하고 전화번호를 눌렀다. 하지만 왠지 그녀의 목소리에 대응할 자신이 없었다. 을의 피해의식 때문이었을까. 그날까지 두렵기만 했던 갑의 목소리. 결국, 나는 담당여직원에게 아무래도 후원진행이 어려울 것 같다는 내용을 휴대전화 문자로 보냈다.

5분 후 휴대전화 벨이 울렸다. 갑에게서 걸려온 전화였다. 그러나 이제 그녀는 갑이 아니었다. 전화를 받았다.

"갑자기 왜 이러시는 거죠? 방송 때문인가요? 금액 때문인가요? 저희는 이미 보고가 다 올라갔는데."

"죄송합니다."

다급하게 쏘아대던 그녀가 갑자기 조용해졌다. 휴대전화 저편에서 아무 말 없이 침묵의 시간이 흘렀다. 한참 뒤에 그녀는 결국 '알겠습니다.'라고 말했다. 통화를 끝내고 나는 김치를 돌려보낼 주소를 알려달라고 문자를 보냈다. 마치 헤어진 연인에게 받았던 선물과 추억을 되돌려 보내듯이.

그것은 을의 악몽에서 벗어난 순간에 드디어 할 수 있었던, 속 시원한 반항이었다. 그렇게 통화한 5분은 이 프로젝트를 준비하면서 가장 통쾌한 시간이었다.

생각지도 못했던
거창한 출발점,
광주세계김치문화축제

　인터뷰할 때 받는 단골 질문 중 하나는 '어떻게 이 김치버스 프로젝트를 시작하게 되었느냐?'이다. 많은 사람이 김치버스의 시작을 궁금해 한다.
　'왜 김치를 홍보하려고 했어요?'
　'비빔밥이나 불고기가 낫지 않아요?'
　'외국인들에게 김치는 거부감이 들지 않나요?'
　나는 그들에게 이렇게 대답한다.
　"김치는 대단한 음식이에요. 우리나라 어느 식당에 가든, 어느 가정집에 가든지 김치는 있어요. 아무리 찬이 없는 곳이라도 말예요. 세계 5대 식품으로 선정되어 건강한 음식이란 것도 입증됐고요, 종류만 해도 400가지가 넘어요. 게다가 반찬이 아닌 요리재료로도 아주 훌륭하죠. 굽거나 볶거나 찌거나 어떤 조리법을 사용해도 잘 어울려요. 비빔밥이나 불고기가 외국에 쉽게 알려진 이유는 외국은 일품요리 문화이기 때문이에요. 요리 한 가지로 식사를 해결하는 경우가 많으니 방식에서 거부감이 없는 거죠. 하지만 김치는 김치만 먹기 어렵잖아요. 한 끼 식사가 되지 않고, 워낙 맛이나 냄새가 강한 김치가 많다 보니 세계화하는데 어려움이 많은 것 같아요. 문제는 어렵다고 피하는 데 있어요. 한국의 음식을 굳이 현지화해서 세계화할 이유는 없거든요. 일본의 스시, 베트남의 쌀국수, 이탈리아의 피자…. 다들 어찌 보면 약간씩 현지화한 메뉴도 많지만, 외국인들이 정말 선호하는 것들은 실제 현지에서 즐기는 정통 스타일의 음식이에요. 저도 김치나 한국 음식문화를 현지화하지 않고 그대로 보여주고 싶었어요."

어쩌고저쩌고…. 말은 그렇게 하지만, 기획의 시작은 여행이었다. 자동차 세계여행을 결정하고 난 뒤, 차량에 이름을 붙이는 과정에서 '김치버스'라는 귀여운 이름이 정해졌고, 그 이름 덕분에 지금처럼 다양한 생각을 덧붙일 수 있었던 것이다. 그렇게 사명감이나 애국심과는 거리가 멀었고, 여행을 목적으로 삼고 김치를 알리는 것을 수단으로 삼았던 우리가 진심으로 애국심을 느끼게 된 계기는 다름 아닌 광주세계김치문화축제였다.

그해로 18회를 맞을 때까지 매년 비슷하게 진행되던 축제는 전혀 새로운 변화를 경험했고, 그 한가운데 김치버스가 있었다. 언론은 이 새로운 변화에 주목했다. 우리가 상상했던 것 이상으로 많은 인터뷰 기사와 취재 기사가 인터넷, 신문, 방송을 통해 퍼져 나갔다. 광주에서 만난 축제 관계자들과 광주 시 관계자들이 하나같이 칭찬하고 격려해주니 우리는 들뜬 기분을 감출 수 없었다. 그리고 원래 목적이었던 여행보다는 자의 반 타의 반으로 김치 홍보에 집중하게 되었다.

10월 15일부터 5일 동안 진행된 광주세계김치문화축제에서 우리 역할은 전시장 한쪽을 차지한 김치버스 앞에서 김치를 활용하여 만든 이런저런 음식을 방문객들에게 소개하고 판매하는 일이었다. 하루 두 번, 시간을 정해서 진행한 시식행사였지만 100인분, 300인분, 준비하는 족족 음식은 동났고, 다음 음식 준비하랴, 방문객들의 질문에 대답하고 설명하랴, 틈틈이 찾아오는 기자들과 인터뷰하랴, 정말 정신없는 날들을 보냈다.

그런데 문제는 첫날보다 여유가 있었던 둘째 날 터졌다. 특별한 행사도 없

광주세계김치문화축제 준비중. 인터뷰

고 시식행사만 있는 날이라 아침부터 위원장님과 차를 마시며 여유 있게 시작했다. 그런데 폭풍전야였을 뿐, 문제는 슬슬 시작되고 있었다. 햄버거 100인분 만들기는 별것 아닌 것 같지만, 정말 손이 많이 갔다. 게다가 5분 만에 매진되었다. 그 후 광주 KBS 프로그램 「생생 3도」 촬영과 인터뷰가 이어졌기에 다음 시식행사를 준비할 시간은 두 시간밖에 없었다. 300인분의 핫도그를 준비하기에는 턱없이 부족한 시간이었으니, 미친 듯이 일에 집중하는 수밖에 달리 방법이 없었다.

한창 분주하게 움직이는데 주최 측이 라디오에서 「여성시대」를 진행하는 양희은 씨가 행사장에 들렀다며 그분이 시식하실 김치핫도그를 준비하라고 했다. 내가 자리를 비우면 일손이 달려 팀원들이 곤란해지겠지만, 급히 만든 김치 핫도그를 들고 기자들과 함께 김치버스를 찾은 양희은 씨를 맞이했다. 왠지 심기가 불편해 보이는 양희은 씨는 기자들이 김치버스에 대한 인상을 묻자 '뭐… 재미는 있겠네요.'라고 시큰둥하게 대답했다. 대체 뭐가 불만일까. 나는 불편한 마음을 감추고 웃으면서 김치핫도그를 건넸고, 양희은 씨는 한입 베어 물고 한참을 꼭꼭 씹었다. 그러더니 이렇게 말했다.

"비닐이 씹히네? 소시지 비닐을 안 벗겼나 봐?"

그 순간, 머릿속에 오만 가지 생각이 떠돌았다. 많은 기자, 관객 앞에서 공개적으로 망신을 당하는 순간, 내 일그러진 자존심에서 예상치 못했던 말이 툭 튀어나왔다.

"아, 그건 일부러 벗기지 않은 거예요. 씹을 때 툭 터지는 식감을 주려고."

내가 생각해도 말이 안 되는 궁색한 변명이었고 화끈거리던 얼굴은 이미 붉게 물들어 있었다.

"이건 먹으면 안 되는 거잖아. 누가 비닐을 먹어?"

"소시지를 포장한 비닐은 식용 비닐이에요."

사실 소시지의 비닐은 식용이 아니다. 고급 소시지에는 비닐이 아니라 소의 창자를 사용하지만, 보통 소시지에는 인체에 무해한 비닐을 사용한다. 식용은 아니지만, 먹어도 되는 비닐, 먹는다고 크게 해로울 것도 없지만, 좋을 것도 없는 비닐을 내 일그러진 자존심은 '식용 비닐'로 둔갑시켰던 것이다. 상황은 이미 걷잡을 수 없었다.

양희은 씨는 한층 더 기분 나쁜 얼굴로 기자와 관객들과 함께 김치버스를 떠났다. 나는 그렇게 터무니없는 변명만 늘어놓고, 음식을 준비하는 멤버들에게 돌아와 조금 전에 벌어진 상황을 들려주었다. 짧은 시간에 수많은 생각이 오갔다. 먹어도 되든 안 되든, 맛이 없고 식감이 나쁘다면 음식을 그렇게 만들어서는 안 된다. 시간이 부족하다는 구실로 음식을 대충 만들어서는 안 되는 것이다. 그래, 많이 만들어내는 게 능사가 아니라 조금을 만들더라도 정성들여 잘 만들어야 했다. 그런데 한국의 대표 음식을 가지고 외국에서 한국을 대표한다는 사명감을 가지고 떠나는 사람들이 절대로 저질러서는 안 될 실수를 저질렀던 것이다. 여기저기서 칭찬만 듣고 우쭐해서 교만해져 있던 나는 정신이 바짝 들었다. 결국, 우리는 시식 시간을 뒤로 미루고 소시지 300개의 비닐을 모두 벗겨냈다.

　요리도, 김치버스도 항상 기본에 충실해야 한다. 주변에서 칭찬을 들었다고 자만해서도 안 되고, 대단한 인물이라도 된 양 우쭐대서도 안 된다. 양희은 씨가 씹다가 뱉어버린 핫도그 조각은 우리를 아프게 후려친 채찍이 되었다. 김치버스 프로젝트는 개인의 여행이 아니라 한국을 대표하는 음식, 김치를 알리는 임무인 만큼, 이런 실수는 나 혼자만의 문제가 아니었다. 그날은 우리에게 사명감을 절감하고 책임감을 다지게 한 하루였다. 우리를 광주의 스타로 만들어준 광주세계김치문화축제는 우리에게 사명감과 애국심을 깨우치게 한 아주 소중한 계기가 되었다.

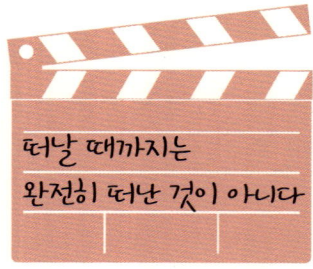

떠날 때까지는
완전히 떠난 것이 아니다

    10월 20일 오후 7시 부산 방면 사천휴게소, 김치버스 안에는 시큼한 묵은지 냄새가 아니라 달달한 부동액 냄새와 함께 흰 연기가 가득 퍼졌다. 그 순간, 덜커덕 소리와 함께 시동이 꺼졌다. 눈앞이 캄캄해졌다….
    그날 오후 3시, 광주세계김치문화축제를 마치고 우리는 광주를 떠나고 있었다. 기분이 참 묘했다.
    '아, 정말 떠나는구나…'
    서울에서 집 청소를 마치고 이삿짐을 옮기고 신도림을 떠날 때와는 또 다른 기분이었다. 어리굴젓을 안주 삼아 앞집 아저씨가 권하는 낮술을 한잔할 때 '이렇게 떠나니 아쉽다.'는 아저씨의 얼굴을 보며 왠지 가슴 찡하고 짠한 느낌을 받았다면, 지금은 가슴이 설레고 벅차오르면서도 머릿속 한구석에서는 잊어버리거나 놓친 것은 없는지 살짝 걱정도 되는, 그런 기분이었다. 이런저런 감회에 젖어 있던 바로 그때 차가 말썽을 부린 것이다.
    차가 멈춰 선 곳은 다행히도 휴게소 진입로 옆이었다. 복도로 흘러나온 진득한 녹색 액체의 출처는 보일러실이었다. 차가 덜컹거리고 흔들리자 선반에 실려 있던 물건이 떨어지면서 보일러 밸브를 건드렸고, 부동액이 열린 밸브를 통해

안으로 들어가 넘쳐흘렀다. 그렇게 부동액이 빠져버렸으니 엔진온도가 높아져 일이 터진 것이다. 운전하면서 가끔 계기판을 흘끔거리며 속도나 연료상태는 점검하지만, 엔진온도에 신경 쓰지는 않았다. 계기판 한쪽 귀퉁이에서 먼지에 덮인 채 램프도 들어오지 않던 온도게이지에 눈길을 주지 않았던 것이 이렇게 문제가 될 줄이야.

김치버스는 내부를 캠핑카로 개조하다 보니 일반 차량과는 다른 문제점들을 안고 있었다. 나는 차에 대해서는 잘 모르지만, 엔진을 가장 중요한 부품으로 알고 있었다. 출발선에 서기도 전에 이런 일이 생기다니! 머리가 아팠다. 가뜩이나 빠듯한 예산 걱정이 앞섰다. 다급하게 보험회사에 전화했지만, 대형차량은 긴급 견인서비스가 제공되지 않고, 출동할 수도 없다는 대답만 돌아왔다. 출국하기까지 3일을 남겨두고 팀원 각자 부모님께 인사드리고 하루를 여유 있게 보내다가 떠나려고 했던 계획은 그렇게 순식간에 물거품이 되었다.

차의 엔진을 교체하는 일은 정비소에서 타이어를 갈아 끼우는 것처럼 간단한 문제가 아니다. 새 엔진이 늘 재고로 준비되어 있는 것도 아니고, 특히 김치버스 같은 차의 엔진은 대형차량 정비가 가능한 정비소에서만 구할 수 있었다.

사천에서 부산까지 견인비용 52만 원, 엔진 교체비용 310만 원, 수리기간 이틀. 돈은 돈대로 들고 시간도 걸렸지만, 기적처럼 똑같은 엔진을 구했다. 토요일이 끼어 있었지만, 웃돈을 얹어주면서 무사히 수리를 마쳤다. 부산에 있는 석범이네 집에서는 이틀이나 머물렀지만, 마산에 있는 승민이 집과 계룡에 있는 우리 집은 잠시 들를 시간밖에 남지 않았다.

출발 하루 전, 비가 추적추적 내리고 있었다. 혹시 모를 정비를 대비해 추가 부품들도 사고 마산으로 향했다. 승민이네 집에서 점심을 먹고 식구들과 잠깐 이야기를 나누고는 급히 계룡으로 향해 우리 가족과 저녁을 먹었다. 시간에 쫓기는 상황이 너무나 야속했다. 느긋하게 저녁도 먹고 술도 한잔하며 함께 시간을 보내고 싶었는데, 뭔가에 쫓기듯 한국을 떠나야 한다는 것이 썩 기분 좋지 않았다. 23일 오전에 배를 타지 못하면 일주일을 더 기다려야 했기에 출발을 미룰 수도 없었다. 지금 생각해보면 여유 있게 준비상태도 점검하고, 출발을 일주일 늦춘다는 게 뭐 그리 대수로운 일이었나 싶지만, 그때에는 수없이 출발을 늦추면서 거의 노이로제에 걸려 있었기에 어떻게든 떠나고 싶은 마음이 간절했다. 결국, 우리는 시간에 쫓겨 급히 저녁을 먹고 동해항을 향해 내달렸다. 이제 더는 우리가 가는 길을 막을 것은 없었다. 차도 막히지 않았고 차량 정비도 완벽하게 마쳤다. 하지만….

　22일 저녁 11시, 진천 톨게이트 앞에서 김치버스는 다시 한 번 멈춰 섰다. 이번만큼은 우리도 차에 충분히 신경 썼다. 엔진온도도 살폈고, 보일러실의 밸브는 아예 고정시켜버렸다. 문제 될 것이 전혀 없다고 믿었는데, 신 나게 달리던 차를 멈춰 세운 것은 흰 연기였다. 대체 어떻게 이럴 수 있을까. 별의별 생각이 들고 욕이 튀어나왔다. 화를 삭이지 못한 채 정비를 맡았던 부산정비소에 전화했다. 결국, 문제가 된 부품은 엔진 옆에 붙어 있는 터보라는 것을 알게 되었다. 엔진만큼이나 구하기 어렵고 가격도 70만 원이란다. 디젤차량은 날씨가 추울 때 공회전으로 엔진온도를 적당히 높이지 않고 출발하면 터보가 문제를 일으키는 경우가 생긴다고 했다. 결국, 우리의 무지 때문에 또 문제가 생겼단 말인가.

　전라도에 있는 처가 잔치에서 술을 마시고 있다던 부산 정비공을 진천으로 부르고, 밤 12시가 넘은 새벽에 정비소마다 전화를 걸어 터보를 수배했다. 결국 새벽 4시 반, 고속도로 길가에서 우리는 터보를 교체하는 데 성공했다. 구하기 어려운 엔진과 터보를 짧은 시간에 구했고, 출발에 늦지 않게 정비도 마쳤다. 비록 돈을 썼지만, 정비공들은 돈이 있어도 할 수 없는 일이었다고 입을 모아 말했다.

부산의 한 정비소에서 고장난 엔진을 교체하는 중

우리는 운이 좋은 걸까 나쁜 걸까.
출발하기도 전에 이처럼 복잡하고 당황스러운 문제들이 생긴 것을 '액땜했다'고 좋게 생각할밖에 다른 도리가 없었다. 실제로 떠날 때까지는 완전히 떠난 것이 아니었다.

제2부 | 고난의 행군

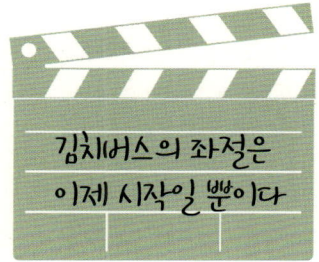

아침 7시, 배가 심하게 출렁였다. 실내가 너무 더워 이마에 땀이 흥건했다. 그러나 이제 곧 이 더위가 그리워지는 날이 오겠지. 출발의 설렘 때문인지 배의 출렁거림 때문인지 잠을 설쳤지만 기분은 상쾌했다. 작은 창문으로 멀리 육지가 보이기 시작했다. 하룻밤 지나 보이는 육지라면 러시아인가? 갑판 위에는 거센 바람이 불고 있었다. 10월이었지만 겨울바람처럼 차가웠던 러시아의 바람. 벌써 세 번째 찾는 러시아가 내게는 그리 새롭게 느껴지지 않았지만, 우리가 놓여 있는 상황은 아주 새로웠다.

김치버스도 우리와 같은 배를 타고 왔으니 하선하면 차에 짐을 싣고 블라디보스토크 시내로 들어가려 했으나 김치버스는 세관을 거쳐야 했고, 통관에 최소한 사흘이 걸린다고 했다. 출발 전부터 예산에 구멍이 났던 것은 그저 액땜으로 간주했는데, 이제 또 예정에 없던 지출을 해야 할 판이었다. 블라디보스토크에서 가장 저렴한 숙소를 구한다 해도 한 사람당 6만 원은 줘야 했다. 통관까지 3일을 기다려야 한다면 60만 원 가까이 비용이 드는 것도 마음이 편하지 않았지만, 더 큰 문제는 3일을 허비해야 한다는 사실이었다. 러시아 관광 비자는 보통 한 달인데, 김치버스 같은 고물 버스로 1만 킬로미터를 30일 만에 달리는 것은 쉬운 일이 아니었다. 도로 사정도 좋지 않은 데다 달리기만 해도 빠듯한 시간인데 3일이나 빼앗겼으니 우리가 더 부지런해질 수밖에 없었다. 그나마 그런 문제들은 우리가 어떻게 할 수 없는 문제들이지만, 우리가 해결해야 할 문제가 하나 터졌다. 바로 '김치'였다.

비록 혹한으로 유명한 러시아이지만 10월 말에 3일간 전원이 들어오지 않는 김치냉장고에 김치를 방치해둘 정도로 날씨가 춥진 않았다. 한국에서 싣고 출발한 김치 50킬로그램을 적어도 두 달 동안은 싣고 다니며 사용해야 했기에, 김치가 쉬어버리지 않게 유지하는 일이 여간 신경 쓰이는 게 아니었다. 이런저런 문제로 골머리를 앓는 사이에 배는 블라디보스토크 항구에 정박했다. 고민할 시간이 없었다. 우리는 결국 김치냉장고와 김치를 들고 내리기로 했다.

3일간 쓸 개인 짐은 75리터짜리 배낭에 구겨넣고 양손엔 김치 10킬로그램씩, 그리고 방송용 카메라와 삼각대, 김치냉장고까지…. 한 번에 들고 움직일 수 없어 두 번을 왔다갔다 배를 오르내리며 짐을 내려 입국심사대 앞에 섰다. 함께 탔던 러시아 승객들은 물론이고 한국 관광객들까지 무슨 구경거리 생긴 듯 우리를 힐끔거렸다. 얼마나 힘들었던지 그런 시선 따위 별로 신경 쓰이지 않았다. 혹시 입국이 거부될까 노심초사 차례를 기다려 심사관 앞에 섰지만 정작 그들은 무관심하게 통과시켜 주었다. 우리는 김치냉장고와 김치 50킬로그램을 손에 들고 러시아로 입국한 유일무이한 여행객이 되어 감격의 첫발을 내디뎠다.

말이 아예 통하지 않는 나라, 10월 날씨가 한국의 겨울보다 추운 나라, 법보다는 돈이 앞서는 나라 러시아는 김치버스 여정의 첫 기착지로는 적절한 나라가 아니었다. 김치버스가 아직 통관을 끝내지 못한 3일 동안 우리는 주 블라디보스토크 주재 한국영사관 직원과 한국 교민 여러 사람을 만났는데, 하나같이 '지금 시베리아를 횡단하는 것은 불가능한 일'이라고 입을 모았다.

국제면허증이 있어도 이곳에서는 반드시 변호사나 공증인을 통해 면허증 공증을 받아야 한다고도 했다. 스노타이어는 3개 이상 준비해야 하며 체인도 당연히 필요하다, 검문은 끝없이 이어지고 경찰들은 너희 차를 볼 때마다 세우고 러시아어로 땍땍거리며 돈을 요구할 것이다, 눈이 내려도 시베리아는 제설작업을 하지 않으니 길이 끊긴다, 설령 길이 있어도 표지판이 없으니 길을 잃기 십상이다, 영하 40도 날씨에 자칫하면 얼어 죽는다, 통신도 완전히 두절되어 현지인들조차도 겨울에는 절대 차량으로 시베리아를 횡단하지 않는다, 집시들이 튀어나와 강도로 돌변한다, 호랑이가 아직도 살고 있다, 주유소를 찾아보기 어렵기에 기름통을 여러 개 준비해서 여분의 기름을 항상 가지고 다녀야 한다….

'할 수 있다'고 말한 사람은 단 한 명도 없었다. 한국으로 돌아갔다가 좋은 계절에 다시 오든가, 유럽이나 미국을 여정의 출발점으로 삼아야 했다든가, 대안 아닌 대안만 귀에 못이 박이도록 들었다. 롤러코스터를 타는 기분, 아니 계속 추락하기만 하는 번지점프를 하는 기분이랄까. '좋다', '좋지 않다'의 굴곡이 있는 게 아니라 계속 좋지 않은 일만 생기는 것이 왠지 불안하기만 했다.

그렇게 사흘이 지났고 우리는 6,000루블을 내고 김치버스를 되찾았다. 시베리아를 횡단하려면 하루빨리 블라디보스토크를 떠나야 했다. 영사님과 교민들의 우려도 우리의 끓는 열정을 막을 수는 없었다. 승민이나 석범이도 불안했겠지만, 내색하지는 않았다. 나도 그랬다. '정말 가다가 죽을 수도 있겠구나.'라는 생각도 들었지만, 그렇다고 출발하자마자 한국으로 돌아갈 수도 없었다. 우리는 시작조차 해보지 않고 포기하고 돌아서느니 차라리 가서 얼어 죽는 편이 낫다고 서로를 격려했다. 게다가 지금 돌아가면 이 계획을 위해 졌던 빚은 또 어떻게 할 것인가. 마음을 다잡고 짐을 챙기던 중 우리가 머물던 한인 민박으로 전화가 걸려왔다.

세관에 묶여 있던 김치버스를 다시 만나다

　　박재석 영사님이셨다. 당장 영사관으로 오라는 말에 우리는 하던 일을 멈추고 영사관으로 향했다. 급하게 나섰던 터라 여권을 챙기지 못한 석범이는 영사관 담장 밖에 남았고, 승민이와 둘만 들어갔다. 무거운 공기, 굳은 표정. 지난 며칠간 시베리아 횡단을 극구 말리시던 박재석 영사님과 배상두 영사님은 그간 밥도 사주시고 이런저런 호의도 베푸셨지만, 오늘은 왠지 분위기가 영 달랐다. 우리 역시 비장했다. 이미 지난 밤 우리끼리 얼어 죽자며 결의를 다진 터였으니 물러설 곳이 없었다. 그렇게 시작된 대화는 적당한 합의점을 찾을 수 없었다. 우리는 죽더라도 돌아갈 수 없다는 입장이었고, 영사님은 만약 우리가 떠난다면 어떻게든 잡을 수밖에 없다는 입장이셨다. 그도 그럴 것이 만약 큰 사고라도 난다면 영사관도 책임을 면하기 어렵기 때문이었다.

한동안 대치한 끝에 찾은 합의점은 '시베리아 횡단열차(TSR, Trans-Siberian Railway)'였다. 영사관에서는 김치버스를 열차로 모스크바까지 보내는 방법을 알아봐 주고, 우리는 열차로 이동해 모스크바에서 차를 찾아서 러시아를 빠져나가기로 한 것이다. 애초 계획했듯이 김치버스를 타고 시베리아를 횡단할 수는 없었지만, 그래도 사고 위험을 줄이면서 여행을 계속할 방법이었다.

"잠시 밖에 나가서 석범이와 함께 셋이서 상의해볼게요."

열차를 이용할 수밖에 없다는 것은 이미 기정사실이 되었지만, 석범이와 승민이의 의견도 중요했다. 대사관 담벼락 철창을 사이에 두고 석범이와 마주 섰다. 차근차근 상황을 설명하는데 괜히 눈물이 울컥 솟았다. 사실 내가 자주 울긴 하지만, 이번에는 감동의 눈물이 아니라 서러운 눈물이었다. 시도조차 해보지 못하고 포기해야 한다는 사실이 왠지 너무 서러웠다. 예정대로 후원사를 잘 찾아서 7월에 출발했더라면 이런 일이 없었을 텐데…. 후회한들 무슨 소용이 있겠는가. 석범이는 영사관을 신경 쓰지 말고 그냥 우리끼리 떠나자고 했지만, 마음은 굴뚝같아도 그럴 수 없는 현실이 너무도 서러웠다. 우리는 그렇게 외국에서 첫 실패를 경험했다.

생각대로 일이 풀리지 않아 답답하고 화나는 출발이었다. 하지만 우리를 걱정해준 교민들, 영사님들이 아니었다면 우리의 모험은 시작하자마자 끝났을지도 모른다. 안전을 위한 타협, 혼자 즐기기 위한 여행이 아니라 중대한 목적이 있고 책임 있게 행동해야 하는 프로젝트 여행에는 기분보다 안전이 더 중요했다.

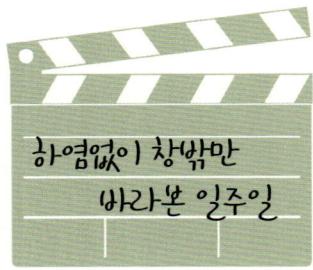

하염없이 창밖만
바라본 일주일

　　블라디보스토크와 모스크바 사이의 1만여 킬로미터를 잇는 시베리아 횡단 열차는 전 세계 수많은 여행자의 '로망'이지만, 우리에게는 '절망'이었다. 김치버스로 달리겠다던 그 길을 열차를 타고 가게 되었으니 당연히 맥이 빠질 수밖에 없었다. 김치버스를 열차에 싣기 위해선 복잡한 서류절차를 거쳐야 했기 때문에 블라디보스토크에서의 일정은 예정보다 길어졌다. 그 덕분에 기차를 타기 전에 200명의 러시아 학생에게 즉흥적으로 선보인 김치카나페로 첫 시식행사를 성공적으로 마치기도 했지만 마음은 여전히 불편했다.

　　당시 우리 상황은 '제대로 시작조차 해보지 못한 채 첫 번째 행사를 끝으로 한 달간 아무런 홍보 활동도 할 수 없었고', '후원금이 들어오지 않은 상황에서 1인당 70만 원이나 하는 열차표를 끊고, 600만 원이 넘는 돈을 내고 김치버스를 열차에 실어 보내야 하는' 상황이었다. 한 달간 홍보 활동을 할 수 없었던 이유는 러시아의 더딘 화물열차 때문이었다. 당연히 김치버스를 열차에 실으면 우리처럼 일주일 만에 도착한다고 생각했는데 화물열차는 달랐다. 수속기간도 굉장히 길었고, 많은 화물을 싣고 한 번에 이동하다 보니 열차 길이가 길어져 멈춰서는 일이 잦았다. 승객 열차를 먼저 보내야 하고, 역마다 멈춰서 다른 화물들을

러시아 블라디보스토크에서 열린 김치버스 공식 첫행사

실어야 하니 모스크바까지 한 달이라는 시간이 걸린다고 했다. 우리는 먼저 도착해서 기다리는 수밖에 없었다.

후원금이 들어오지 않은 이유는 계약이 성사되지 않은 상태였기 때문이다. 그렇다. 우리는 후원사와 계약을 하지 않은 채 떠났다. 현대자동차에서는 우리에게 보험서류를 요청했지만 빠듯하게 빚을 내어 출발한 터라 400만 원이 넘는 보험에 가입하지 못했고, 출발한 상태에서는 보험에 가입할 수 없어 그들의 요청에 좋은 대답을 들려줄 수 없었다. 따라서 우리도 후원금을 재촉할 수 없는 형편이었다. 후원금이 들어온다고 해서 여유 있게 해결될 문제도 아니었지만, 빚을 청산하고 싶은 마음은 간절했다.

그런 상황에서 일주일간의 블라디보스토크 생활을 청산하고 11월 1일, 모

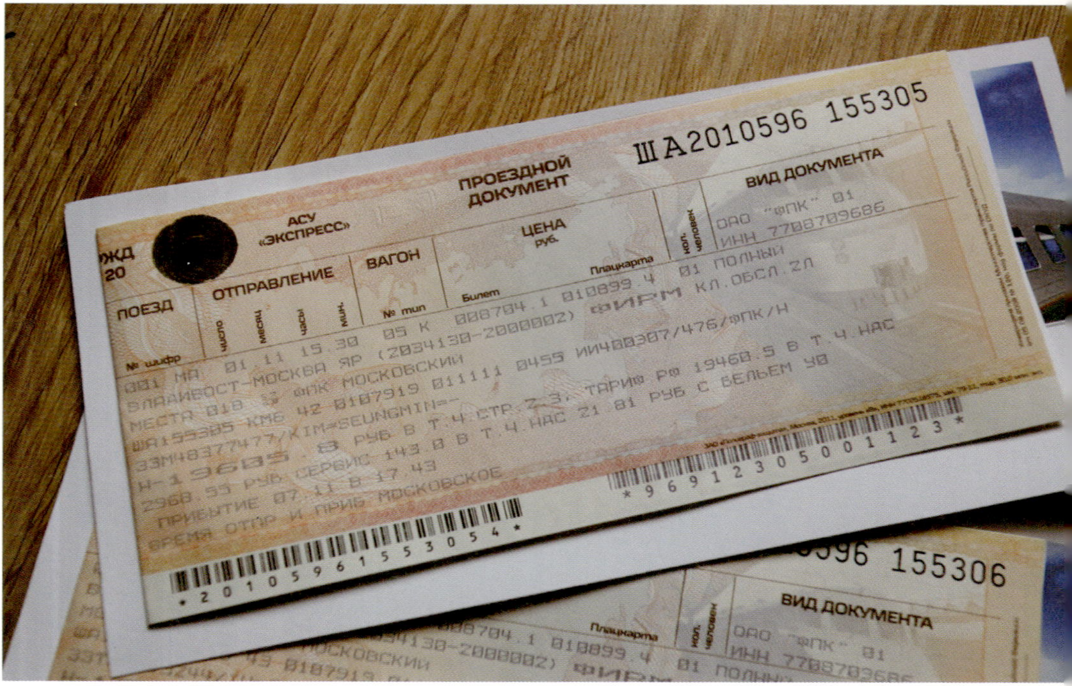

시베리아 횡단을 열차로 하게 될 줄 누가 알았을까

철로까지 뒤덮은 눈을 보며 영사님들의 만류가 오히려 고맙게 느껴지기 시작했다

스크바로 향하는 시대착오적인 낡은 열차 TSR에 올랐다.

아! 정말 답답하고 지루한 시간이었다. 6일간을 꼬박 달리는 횡단 열차에서 우리가 할 수 있는 일은 많지 않았다. 낮잠 자고, 라면으로 끼니를 때우고, 노트북으로 동영상을 보거나 책을 읽고, 창밖을 바라보며 이런저런 생각에 잠겼다가 잠들고. 복도를 거닐며 굳은 몸을 풀어보거나 식당 칸을 구경하고, 잠시 정차하는 간이역에 내려 시베리아의 이국적인 추위를 느껴보기도 했다. 하지만… 그것도 하루 이틀이다. 처음 시베리아 횡단열차를 타보는 석범이나 승민이는 그나마 새로운 경험이어서 신기한 구석도 있었겠지만, TSR이 이번으로 두 번째인 나로서는 지루할 따름이었다. 객차 한구석에 늘 준비되어 있는 뜨거운 물에 차를 타 마시는 것도, 한 손으로 누르고 있어야 물이 계속 나오는 좁은 화장실 세면대에 머리를 구겨 넣고 씻는 것도, 식당 칸에서 바가지 가격에 러시아 전통 음식을 먹는 것도, 바이칼 호수에서 난 생선 '오물'을 팔겠다고 열차 입구로 달려온 지역 아주머니들의 몸싸움을 구경하는 것도 내게는 별로 새롭지 않았다. 마음이 불편했기에 무기력하게 시간을 보내는 것을 더 답답하게 느꼈던 것 같다. 출발 직후 왕성하게 활동하리라는 기대감은 첫 번째 행사 이후 희미해졌고, 우리를 격려하고 응원해준 사람들이나 후원사들도 지금의 우리 상황을 황당하게 여길지 모른다는 걱정과 모스크바에 도착해서도 지원금이 입금되지 않는다면 이제 더는 돈을 빌릴 곳도 없다는 생각이 번갈아가며 나를 괴롭혔다.

출발한 지 겨우 열흘째였다. 출발 전 '100일간의 시행착오만 견뎌낼 수 있다면 나머지 300일은 어렵지 않게 지나가리라.'며 자신했던 내 모습이 떠올랐다. 출발 전과 출발 후 열흘이 얼마나 요란했던지 벌써 지쳐버린 나 자신이 한심하게 느껴졌다. '그래, 지루함도 즐기자. 지금의 상황이 나중에 더 힘든 일을 이겨낼 수 있는 힘이 되겠지.'

역시 모든 것은 생각하기 나름일까. 열차에서 보낸 첫 이틀과 달리 나머지 나흘은 답답하던 마음이 많이 진정되었다. 창밖으로 펼쳐지는 대자연의 노을이 아름답게 보였고, 온 세상을 하얗게 뒤덮는 눈보라도 운치 있게 느껴졌다. 마치 1950년대로 돌아간 듯이 나무판자 집이 이어지는 풍경도 '저런 곳에서 한번 살아보고 싶다.'는 생각이 들게 하고, 문명이 비켜간 듯한 시베리아 벌판의 마을들은 불가사의하고 신비롭기까지 했다. 간이역 매점에서 파는 2.5리터짜리 싼 맥주가 우리의 밤을 흥겹게 해주었고, 아무리 먹어도 줄어들지 않는 딱딱한 흑빵과 어디서나 구할 수 있는 도시락 라면은 마치 기대하지 않았던 선물처럼 먹을 때마다 기분 좋았다.

그리고 가장 중요한 변화는 후원금이 입금되었다는 사실! 통신이 원활하지 않을 것이라 생각했던 열차 내에서 우연히 인터넷을 하는 승객을 발견했고, 그가 빌려준 usb형태의 모뎀 덕분에 통장잔고를 확인할 수 있었다. 어찌나 떨리는 순간이었던지. 잔고를 확인하는 순간 약정된 1억 5,000만 원 중에서 먼저 5,000만 원이 입금되어 있었다. 비록 빚을 갚고 나니 200만 원밖에 남지 않았지만, 그동안 나를 짓누르던 마음의 짐을 내려놓는 순간이었다.

시베리아 횡단열차는 새로운 시작이었다. 답답함과 지루함으로 일주일을 보낼 수도 있었지만, 한동안 손발이 묶인 채 지내다 보니 좀 더 많은 생각과 준비를 할 수 있었다. 돈은 돈 대로 썼고 좋지 않은 일은 줄줄이 일어났지만, 그래도 우리는 시베리아를 지나 모스크바에 다다른 상태였다. 지금까지의 일들을 '마이너스'로 생각하지 않고, 지금 이 순간이 앞으로 일어날 일들의 원점이라고 생각한다면 우리 앞에는 '플러스'가 될 가능성이 열려 있으니 얼마나 행복한가. 하지만 이런 긍정적인 생각과는 달리 몸 상태는 엉망이었고, 시베리아의 맹추위가 선물한 감기로 골골대며 모스크바에 도착했다.

모스크바에서의 공식일정은 대사관 방문, 한 가지뿐이었다. 대사관을 방문해 김치버스가 도착한 이후의 행사장소를 섭외하는 일, 그리고 러시아를 떠나 우크라이나, 체코, 폴란드 등지를 돌아다니며 같은 일을 하는 것 외에 김치버스 없는 우리가 할 수 있는 일은 없었다. 한 달이라는 시간은 어쨌거나 지나가기 마련이다. 문제는 예산에 있었다.

우리가 러시아 횡단에 할애했던 예산은 250만 원이었다. 유류비 200만 원, 식비 30만 원, 예비비 20만 원. 그러나 실제로 사용한 금액은 930만 원이 넘었다. 시베리아 횡단열차 비용 210만 원, 차량선적 600만 원, 숙박비 110만 원, 식비 20만 원. 거기에는 김치버스가 화물열차로 오는 동안 우리가 머물 공간을 위한 숙박비와 식비, 통관료, 보험료, 비자 발급 수수료는 아직 포함시키지도 않았다. 이미 예산의 4배 가까운 돈을 썼으니 어떻게든 지출을 줄여야 했다. 식비야 어떻게든 라면으로 때우면서 적당히 굶어가며 줄여볼 수 있겠지만, 숙박은 아무리 저렴한 숙소를 찾으려 해도 가격이 만만치 않았다. 그래서 생각한 것이 카우치서핑 (couch surfing).

카우치서핑은 전 세계 가난한 여행자들의 쉼터 같은 곳이다. 여행자들의 온라인 커뮤니티랄까? 회원으로 가입하고 서로 현지 정보를 교환하거나 지역 모임을 주선하는 자유로운 형태의 인터넷 사이트이다. 시초는 말 그대로 카우치(소파와 침대의 중간 구실을 하는 긴 의자)를 찾는 데서 시작되었다. '케이지 펜튼'이라는 미국 학생이 아이슬란드로 여행을 떠나면서 그 지역 대학생 1,500명에게 잠잘 곳을 제공해줄 수 있느냐는 메일을 보내자, 50여 명이 긍정적인 답신을 보냈다고 한다. 그런 아이디어로 개설된 카우치서핑은 자기가 방문할 여행지에 사는 낯선 사람과 인터넷으로 소통해서 그의 집에 머물며 서로 문화를 교류하는 재미 있는 사이트가 되었다. 단순히 숙박비를 절약하는 것이 아니라 문화적으로 서로 교류하자는 데 목적과 의미가 있다. 여행 지역을 현지에 사는 사람보다 더 잘 아는 가이드는 없지 않겠는가.

나 역시 가난한 여행자였던지라 2006년 무전여행을 할 때 길에서 만난 친구를 통해 알게 된 카우치서핑을 자주 이용했다. 심지어 남아프리카공화국 케이프타운에서 한 달 동안 살아보자고 떠나기 전엔 카우치서핑을 통해 미리 친구를 많이 사귀어두었다. 케이프타운에서 그 친구들의 집을 전전하며 도시 곳곳을 누볐다. 대신 내가 한국에 있을 때에는 체코 친구, 슬로베니아 친구, 미국 친구 등 전 세계에서 온 여행자들이 우리 집에 들렀고, 그들과 함께 지낸 며칠은 마치 내가 여행을 떠나 있는 듯한 기분이 들기도 했다.

김치버스 프로젝트는 무전여행과 비교하면 수천 배나 되는 돈을 들고 떠났고, 케이프타운 여행 때보다도 훨씬 큰돈을 손에 쥐고 시작한 여행이었지만, 아이러니하게도 훨씬 궁핍했다. 예상하지 못했던 예산문제 때문만은 아니었던 듯하다. 무엇보다도 동행이 있었고, 직접 차를 운전하며 이동하는 것이 생각보다 복잡했다.

어쨌든 김치버스가 모스크바에 도착할 때까지 숙박비를 줄이려면 가난한 여행자들의 쉼터, 카우치서핑을 이용해야 했다. 혼자 여행을 다닐 때와는 다르게 인원이 셋이나 되니 우리를 초대해주는 호스트도 많지 않았지만, 역설적으로 프로필에 세 명을 초대할 수 있다고 밝힌 친구들은 긍정적인 답신을 보내올 확률도 그만큼 높았다. 우리는 작은 가능성에 희망을 걸어보기로 했다. 블라디보스토크를 떠나며 모스크바, 우크라이나, 폴란드, 체코 등지에 서둘러 메일을 보냈는데 다행스럽게도 몇 군데에서 답변이 왔고, 그렇게 우리는 숙박 걱정에서 벗어날 수 있었다.

　　모스크바의 릴리아 집에서 이틀, 우크라이나 르보프로, 그리고 크라쿠프로 가는 야간열차에서 이틀, 폴란드의 마르티나 집에서 사흘, 프라하행 야간열차에서 하루, 프라하의 아담 집에서 이틀, 레스키 아저씨네 집과 안드리우스네 집에서 각각 하룻밤을 보내고, 다시 야간열차 타기를 반복하며 김치버스를 기다렸다. 그 한 달 동안 우리는 우크라이나, 폴란드, 체코, 리투아니아를 떠돌았다.

　　처음에는 돈을 아끼려고 최소한만 이동하고 한 곳에 머무르며 김치를 이용

러시아 모스크바의 CS친구 샤헤이의 집에서 맞은 내 생일

폴란드 바르샤바의 CS친구 마르티나 집

한 메뉴를 개발하거나 영상 작업을 하겠다고 생각했지만, 그것은 무기력하고 무의미한 선택이어서 우리에게는 도저히 어울리지 않았다. 그 대신 우리가 생각한 플랜 B는 행사 장소 섭외였다. 즉, 야간열차로 숙박비를 아껴가며 김치버스가 다녀갈 곳들을 미리 방문해 우리 존재를 알리고 협조를 구한다는 계획이었다. 블라디보스토크에서 행사를 진행하며 알게 된 사실 중 하나는 유럽 대부분의 국가가 그런 길거리 홍보를 엄격하게 통제해서 아무 데서나 차를 세우고 음식을 만들어 나눠줄 수 없다는 것이었다. 장소를 사용하는 허가를 받으려면 한 달 전에 미리 서류를 제출해야 했다. 미리 준비해둬서 나쁠 것이 없었다. 우선 대사관부터 시작해서 문화원을 찾아가고, 또 카우치서핑을 통해 만난 친구의 친구들까지 물어물어 한 달간 10건의 행사를 섭외하는 데 성공했다.

후원을 받아 떠난 김치홍보여행인데 막상 현실은 가시밭길이었다. 돈은 어처구니없이 줄줄 새어나갔지만, 제대로 된 홍보 한 번 하지 못한 채 러시아를 지나 동유럽의 언저리에서 체류해야 하는 현실이 마음 한구석, 후원해준 분들에 대한 미안함과 불편함으로 자리하고 있었다. 어려운 결정을 내려 우리를 도와준 사람들을 실망시킬 수 없다는 생각에 조바심이 절정에 이르렀던 시절이었다. 마음 편한 여행이 아니라 어떻게든 결과를 내고, 그 결과를 후원사에든 언론사든 알려야 했다. 허리띠를 졸라매고 굶어가며, 걸어 다니며 밤마다 홍보 방법을 상의하고, 홍보영상을 만들던 동유럽에서의 한 달, 김치버스를 기다리던 이 시기를 우린 '고난의 행군'이라 부른다.

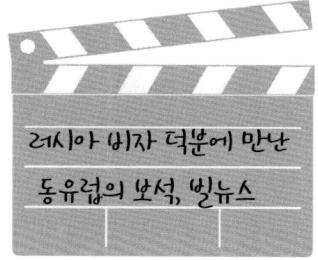

러시아 비자 덕분에 만난
동유럽의 보석, 빌뉴스

　여행하면서 내가 '대한민국 국민'이라는 사실에 감사한 적이 한두 번이 아닙니다. 한국에 대한 외국인들의 높은 관심도 기분 좋은 일이었지만, 가끔 여행자의 발을 묶기도 하는 비자 문제가 전혀 일어나지 않았던 덕분이다. 단기 여행자들은 비자 때문에 시달리는 일이 거의 없지만, 장기 여행자들에게는 아주 골치 아픈 문제다. 현재 우리나라와 무비자 협정을 맺은 나라는 60국이 넘고, 지금도 그 숫자는 계속 늘어나는 추세다. 2013년 9월부터 단기 입국 비자발급 절차가 면제될 러시아는 지금까지는 비자 받기가 어렵기로 악명 높은 나라 중 하나다.
　한국을 떠나 러시아로 향하는 여행자들은 '돈만 주면 대행사에서 다 알아서 비자를 받아주는데 대체 뭐가 그리 어렵다는 거냐?'라고 반문할지도 모른다. 우리도 그렇게 생각했다. 러시아를 몇 번 여행했던 나 역시 아무 어려움 없이 한국에서 러시아 입국 비자를 받은 적도 있고, 핀란드에서 받은 적도 있었다. 오히려 비자 문제로 골머리를 앓았던 지역은 중동과 유럽이었다.
　러시아에서 중동을 지나 유럽으로 가려면 꼭 지나야 하는 나라가 '카자흐스탄', '우즈베키스탄', '투르크메니스탄', '이란'이다. 적어도 네 나라를 지나야만 무비자국가인 터키에 도착할 수 있다. 이 네 나라의 비자를 받기 위해 한국에서 대행사에 러시아 비자 발급 신청을 의뢰하면 일주일, 대행사에 맡겼던 여권을 받아 다시 카자흐스탄 비자 발급을 맡기면 또 일주일, 우즈베키스탄 비자 발급을 맡기면 또 일주일, 심지어 투르크메니스탄은 한국에서 비자를 받아갈 수 없고 현지에서 일주일간 기다리며 받아야 한다. 그리고 그 모든 관문을 통과해야 이란 국경에 도달할 수 있다. 물론 이란도 비자가 필요하다. 결국 한국에서 중동 국가 비자를 준비하는 시간만 꼬박 한 달 넘게 걸리고, 현지에서 어떤 일이 생길지 모르니 국가별로 비자 개시일을 정확하게 정해 발급받기 어려운 상황이었다. 비자 발급비도 100만 원이 넘게 나올 마당에 우린 복잡한 중동지역을 김치버스의 루트에서 빼버렸다. 러시아를 지나 바로 비자가 필요 없는 우크라이나로 계획을 바꾼 것이다.

유럽 역시 일정을 짜는 데 머리가 터질 뻔했다. 유럽의 대부분 국가에서는 무비자로 90일간 체류할 수 있다. 문제는 90일 이상 머무는 우리 같은 장기 여행자다. 유럽에서 90일 이상을 보내려면 나라들을 옮겨 다녀야 하는데 영국, 우크라이나, 슬로바키아를 제외한 거의 모든 유럽국가는 쉥겐 조약이라는 협정을 맺어 국경의 경계를 없앴다. 다시 말해 쉥겐 조약국 전체에서 180일 중 90일만 무비자가 허용된다. 프랑스에서 60일, 스페인에서 30일을 보내고 다시 프랑스로 돌아올 수 없다는 것이다. 프랑스든 스페인이든 포르투갈이든 다 쉥겐 조약이라는 하나의 테두리에 있기 때문이다. 영국이나 미국 등 타지에서 90일을 더 보내야 돌아올 수 있다. 그렇다면 유럽에서 200일간의 일정을 소화해야 하는 김치버스는 영국에서만 100일 이상을 지내야 한다는 말인가? 아니면 유럽 일정을 줄여야 하나?

물론 아니다. 유럽에서 90일간 체류가 가능한 방법은 한 가지가 더 있다. 쉥겐 국가가 되기 이전에 우리나라와 직접 양자간협정을 맺은 나라들이다. 복잡한 문제는 이 두 가지를 동시에 충족하는 나라들이 있다는 사실이다. 폴란드, 노르웨이, 덴마크, 스웨덴, 체코, 독일, 오스트리아, 벨기에, 이탈리아 등 다수의 국가가 두 가지를 모두 충족하는 국가들이다.

그렇다면 우리가 폴란드를 가면 그때는 양자간협정 우선에 의한 폴란드에서의 체류인가 쉥겐 국가에서의 체류인가. 애매하다.

하지만 현실은 우리가 처음 생각했던 것과 많이 달랐다. 유럽은 꼼꼼하게 입국 일자를 점검하지 않았다. 실제로 스페인에서 포르투갈로 넘어간다고 해도 여권에 입국 스탬프가 찍히지 않기 때문에 법규에 따라 영수증이나 여행사실 증명서류를 챙겨뒀지만, 검사 한 번 받지 않았다. 2006년 무전여행 때에도 마찬가지였다.

정작 문제는 러시아였다. 처음 입국할 때 대행사를 통해 받은 비자는 한 달짜리 관광비자였다. 10월 24일에 러시아에 입국한 우리는 11월 23일에는 러시아를 나가야 했는데, 김치버스를 열차로 보내면서 비자문제가 걸린 것이다. 김치버스의 모스크바 도착 예정일은 12월 초, 김치버스를 기다리려면 당연히 새로운 비자가 필요했고, 우린 러시아에서 나갔다가 새로운 비자와 함께 다시 들어가야 했다. 핀란드에서 받아본 경험이 있어 다른 나라에서도 간단할 줄 알았는데 그렇지 않았다. 한국 사람이 한국에서 러시아에 들어가는 비자를 발급받기는 간단하지만, 한국 사람이 외국에서 러시아 입국비자를 받는 일은 거의 불가능했다.

현지 러시아대사관을 직접 찾아가도 시도조차 할 수 없었고 대행사를 통해야만 겨우 가능한 수준이었는데 그런 대행사를 찾는 일은 무척 어려웠다. 우크라이나, 폴란드, 체코 등지의 한국대사관에 문의해도 해결방법은 없었다. 6년 전처럼 핀란드에서 비자를 받기엔 비싼 대행료와 살인적인 물가, 기차와 페리를 번갈아 타야 하는 불편한 이동경로 때문에 망설여졌다. 그러던 중 우리는 기적적으로 리투아니아의 한 대행사를 발견했다. 얼마나 기뻤는지…. 정보가 넘쳐나는 인터넷에서 검색을 하더라도 언어가 다르다 보니 영어로만 검색하는 것에는 한계가

잔뜩 찌푸린 빌뉴스의 하늘, 시내를 한눈에 내려다 볼 수 있었던 게디미나스타워

시내 광장을 가득 메운 교통사고 희생자들을 기리는 촛불들

있었기 때문이다. 번역에 번역을 거쳐 겨우 찾아낸 대행사. 그렇게 김치버스 팀은 리투아니아로 향하게 되었다.

발트 3국 중에 그나마 관광객이 많이 찾는 에스토니아의 탈린을 제외하고 리투아니아는 우리에게 매우 생소한 곳이었다. 그곳이 어떤 곳인지, 어떤 문화권인지, 비자를 기다리는 일주일간 무엇을 해야 할지 아무런 생각도 없었다. 하지만 이번에도 역시 카우치서핑이 빛을 발했다. 우리를 초대해준 안드리우스와 발데스 덕분에 생소했고 가난했기에 한가할 수밖에 없었던 리투아니아 일정은 역사 깊은 유적지 관광과 현지 식재료 탐방에 적절했던 파머스 마켓, 다양한 친구들과의 파티로 매일 시간 가는 줄 몰랐다.

리투아니아 빌뉴스는 사람들에게 잘 알려지지 않은 동유럽의 보석 같은 곳이었다. 동네 구석구석에 있는 가톨릭교회들은 관광지가 아님에도, 유럽의 유명한 대성당보다 멋스러웠다. 시내를 한눈에 내려다볼 수 있는 게디미나스타워는 에펠탑 부럽지 않은 전망을 자랑했다. 독특한 음식도 빌뉴스를 사랑하게 만드는데 한몫했다. 감자 반죽 안에 고기나 치즈를 채운 체펠리나(cepelinai)는 처음엔 너무 느끼하고 푸짐해서 부담스러웠지만 계속 생각날 정도였다. 콜라와 맥주 중간쯤 되는 발효주 '크바스(kbac)'도 처음 경험하는 신기한 맛이었다. 고기나 채소로 속을 채운 '키비네'라는 파이도 아주 좋았고 치즈, 마요네즈, 마늘 등의 소스를 흑빵에 끼얹은 요리도 역시 어디에서도 찾아볼 수 없는 음식이었다.

별생각 없이 비자 때문에 들렀던 리투아니아 빌뉴스에서의 일주일은 정말 행복했다. 그간의 어려웠던 상황들 때문이었을까. 곧 김치버스를 다시 찾아 꿈꾸던 로드트립을 시작한다는 설렘 때문이었을지, 발데스와 안드리우스의 따스함 때문이었을지는 모르지만 하나하나 정리되어 가는 기분이 들었다. 여행 한 달 만에 느끼는 깨달음이랄까.

너희들 배낭여행 왔어?

　　리투아니아의 빌뉴스에서 모스크바까지는 버스로 20시간이 걸리는 고행 길이었다. 러시아, 우크라이나 등지의 고속도로를 달리다 보면 우리나라 지방도로가 얼마나 위대한지 알 수 있을 정도로 '고속도로'라는 말이 무색한 비포장도로가 많다. 버스가 아니라 마치 군대 육공트럭을 타고 가는 기분이랄까? 버스 요금이 저렴한 데에는 그럴 만한 이유가 있었다. 러시아 국경의 엄격한 입국심사대를 잠결에 비몽사몽으로 통과하고 도착한 모스크바는 우중충한 빗방울로 우리를 맞이했다. 처음 모스크바에 도착했을 때 신세 졌던 카우치서핑 친구 릴리아가 언제든 찾아오라고 했지만, 두 번이나 신세 질 수는 없었다. 대신 지난번 가보지 못했던 한국문화원으로 향했다. 시베리아 횡단열차를 타고 모스크바에 도착해 한국대사관을 방문했을 때 대사관 직원 곽해미 씨의 주선으로 한국문화원을 소개받았고, 그때 만나 뵙지 못한 문화원장님의 초대를 받았기에 찾아간 것이다. 잘하면 문화원에서 숙소를 해결해줄 수도 있다는 곽해미 씨의 말이 떠올랐다. 하지만 여태껏 김칫국을 몇 번이나 마셨던지, 늘 실망하고 돌아오는 데 익숙한 터라 큰 기대는 하지 않기로 했다.

　　길에서 만난 러시아 사람들은 대부분 영어를 하지 못했기에 비를 맞으며 한

동안 문화원을 찾아 헤맸다. 비에 젖어 무거워진 배낭을 메고 같은 골목을 두어 바퀴 돌았을 즈음 반가운 태극기를 발견했다. 비에 축축이 젖은 우리를 반갑게 맞아주신 원장님은 인상이 참 좋으셨다. 우리 이야기를 많이 들었다면서 참 대견하다며 따스한 말로 격려해주시는데 얼마 만에 느껴보는 한국인의 정인지 숙소에 대한 기대감이 고개를 들었다.

마침 점심시간이라 우리는 구내식당으로 자리를 옮겼다. 처음 경험해보는 러시아식 스딴로바야였다. 스딴로바야는 카페테리아처럼 음식을 한 가지씩 골라 담아 한꺼번에 계산하는 방식으로 러시아 전역에 퍼져 있는 대중음식점의 형태다. 몹시 굶주렸던 우리는 종류별로 음식을 모두 담고 싶었지만, 눈치가 보여 대충 쟁반을 채우고 자리에 앉았다. 식사하면서 자연스럽게 이런저런 이야기가 오갔다. 김치버스를 시작하게 된 계기와 준비 과정, 지금의 상황과 앞으로의 계획까지 질문과 대답이 훈훈한 분위기에서 이어지고 있었는데, 갑자기 원장님께서 버럭 화를 냈다. 깜짝 놀라 하마터면 수저를 놓칠 뻔했다.

"너희들, 젊은 친구들이 도전하는 모습이 보기 좋아 칭찬해줬더니 블라디보스토크에서 시도조차 해보지 않고 포기했단 말이냐?"

"아니, 그런 게 아니고요, 그때 사정이…."

"뭐? 내 눈 똑바로 봐! 내가 지금 장난하는 것 같아? 이 넓은 러시아에서 겨우 한두 번 행사하고 유럽에선 7개월이나 있겠다고? 젊은 놈들이 편하자고 러시아를 건너뛰었어? 러시아를 뭐로 보는 거야? 너희들 배낭여행 왔어?"

처음에는 웃으며 상황을 설명하려고 했지만, 듣지도 않고 무조건 화를 내시는 문화원장님 앞에서 우리는 아무 말도 할 수 없었다. 원장님은 우리가 편하자고 말이 안 통하는, 볼거리 없는 러시아를 건너뛰고 배낭여행자의 천국인 유럽으로 간다고 생각하셨다. 홍보는 뒷전에 두고 김치버스를 기다리는 한 달 동안 동유럽 여행을 즐겼다는 비난을 받자, 억울함에 또 눈물이 왈칵 터져 나왔다. 정말 감정이 폭발하기 직전이었다. 칭찬받으려고 문화원에 온 것도 아니었고 공짜로 숙박하려고 온 것도 아니었다. 인사도 드릴 겸 찾아뵌 것뿐인데 우리 사정은 전혀 헤아리지 않고 화부터 내시니 답답할 따름이었다. 이를 악물고 '그런 게 아닙니다.'라고 한마디 하고는 그저 눈물만 흘렸다.

    문화원장님이 찬바람을 쌩 일으키며 구내식당을 나가버리자, 우리도 식사를 중단하고 밖으로 나왔다. 대체 우리가 뭘 잘못했기에 저렇게 화를 내시는 걸까. 어렵게 마음을 추스르며 허리띠를 졸라매고 여기까지 왔는데, 배낭여행 왔냐며 호통을 치는 것은 너무도 억울한 처사였다. 내가 좀 더 어렸거나 혼자 하는 여행이었더라면 그 길로 뒤도 돌아보지 않고 문화원을 나왔겠지만 그러지도 못하는 상황이 미칠 것만 같았다. 만약 내가 그렇게 행동한다면 김치버스 팀은 예의 없는 놈들이라고 대사관, 문화원에 소문이 퍼질 테고, 문화원장님 말씀대로 자기만 편하자고 남의 돈을 받아 배낭여행이나 온 파렴치한 놈들로 비칠까 봐 두렵기도 했다. 분노와 슬픔으로 어쩔 줄 모르는 나를 달래주던 후배 석범이와 승민이에게 미안하고 고마웠다.

    어쨌든 우리는 그날부터 일 주일간 문화원 1층 구석에 있는 미디어실에서 지내게 되었다. 김치버스를 실은 화물열차가 모스크바에 도착할 때까지 시간도 어느 정도 남아 있었고, 문화원에서 섭외해준 행사도 몇 가지 준비되어 있었다. 그곳에서 보낸 시간은 지금 돌아봐도 배고픈 떠돌이의 서러운 일주일로 기억된다.

    우리가 지내게 된 곳은 말이 미디어실이지 비디오테이프들을 보관하는 작은 방이었다. 우리 셋이 바닥에 누우면 꼼짝도 할 수 없는 좁은 공간이었고, 침구류 따위는 물론 없었다. 침낭을 챙겨오지 않았기에 오리털 패딩점퍼를 덮고 맨바닥에서 자야 했다. 원장님이 출근하시기 전, 7시쯤 일어나 화장실에서 후다닥 세

수하고 온종일 끽소리도 못하고 방을 지켰다. 2층에 주방이 있었지만, 문화원 업무시간에는 눈치가 보여 음식을 만들지도 못하고, 점심은 보통 걸렀다. 밖에 나가 사 먹을 수도 있었지만, 한국에서 김치버스와 관련해서 문화원으로 걸려오는 전화도 받아야 했고, 또 가장 싼 음식도 2만 원을 훌쩍 넘어버리니 외식도 어려웠다. 직원들이 점심을 먹으러 외출했을 때 로비의 정수기에서 뜨거운 물을 받아 컵라면을 먹는 것이 전부였다.

마침 연말이어서 야근이 잦은 직원들을 방해하지 않으려고, 우리는 밤 9시까지 저녁을 먹지 못하고 기다리기도 했다. 세 명의 배에서 번갈아 나는 꼬르륵 소리가 한 시간 동안 끊이지 않고 이어진 적도 있었다. 밥 한 끼 값이 얼마나 된다고 그렇게 미련하게 굴었는지. 아마도 예상보다 2,000만 원 넘게 예산을 써버린 까닭이었을 것이다. 그때 나는 물보다 싼 소다수가 있다는 사실도 처음 알게 되었다. 그건 대체 뭐로 만든 음료였을까.

놀러 왔다는 소리가 듣기 싫어서 그렇게 굶어가며 김장김치 100포기를 담는 행사를 했던 날은 고난의 절정이었다. 문화원은 김장행사를 한 번도 해보지 않았기에 우리에게 모든 것을 맡겼고, 우리 역시 김장김치를 100포기나 담가본 적이 없었기에 집에 전화를 걸고 인터넷을 뒤지는 등 난리법석을 피웠다. 김치 담그는 법이야 금세 해결할 수 있었지만, 배추 100포기를 김치로 만드는 일은 쉽지 않았다. 절인 배추가 도착하고 나서 저녁 9시부터 다음 날을 김치를 담글 때 쓸 부추, 쪽파, 무, 양념을 준비했는데, 그 시간은 거의 악몽 같았다. 우리 칼이 없어 문화원에서 내준 무딘 칼을 사용해야 했고 도마도 너무 작았다. 무를 써는 데에만 두 시간이 걸렸다. 싱크대가 없어 화장실에서 두 시간 동안 짓무른 쪽파를 골라냈다. 배추 250킬로그램, 무 30킬로그램, 쪽파 10킬로그램, 그리고 50리터가 넘는 양념까지 준비하는 데 모두 여섯 시간이 걸렸다. 그렇게 밤을 꼬박 새우며

모스크바 문화원 100포기 김장행사

김장행사를 준비했다.

 모스크바 김장 100포기 행사는 지금 생각해도 가장 고된 행사였고, 일주일간의 문화원 생활은 가장 배고팠던 시간이었다. 억울하고 서러워서 독기를 품고 이를 악물며 버텼기에 견딜 수 있었던 시간이었다. 이후에도 어려움이 닥칠 때마다 모스크바에서 겪었던 일들을 거울삼아 견뎌낼 수 있었다.

 '꼬르륵.'

 지금도 배가 고파 꼬르륵 소리가 나면 그때가 생각난다. 우리는 절대로 배낭여행하러 온 사람들이 아니다.

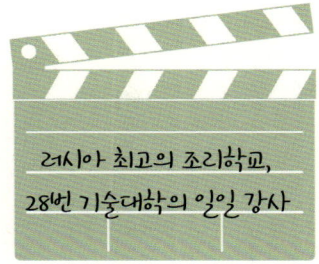
러시아 최고의 조리학교,
28번 기술대학의 일일 강사

    김치버스 여행은 새로운 경험의 연속이었다. 프로젝트를 실현하기 위해 기획하고 후원을 얻고, 버스를 운전하기 위해 대형면허를 취득하고, 김치를 이용한 새로운 요리를 개발하고, 새로운 사람들을 만나고, 언론에 알려지고, 축제의 주인공이 되는 등 모든 것이 새로웠다. 우리는 여행 기간에 다양한 경험을 했지만, 그중에서도 요리 강의는 매우 특별한 경험이었다.

    대학을 갓 졸업한 나와 승민이, 그리고 아직 학생 신분이었던 석범이는 누구에게 요리를 가르칠 만한 실력과 경험을 갖추지 못했다. 그런 우리에게 러시아 최고의 조리학교 28번 기술대학에서 한식을 강의해달라는 제안이 들어왔다.

    '이럴 수가! 학교에서 조교도 해본 적이 없는 우리가 러시아 최고의 조리학교에서 강의를 하다니!'

    들뜬 기분을 감출 수 없었다. 게다가 하릴없이 김치버스 되찾기만을 기다리던 중에 생긴 반가운 일거리여서 기쁨은 더욱 컸다. 아는 것도 별로 없는 주제에 누군가를 가르친다는 것이 부담스러워 제안을 덥석 받아들이기가 마음에 걸렸지만 거절하기도 어려웠다. 서러운 홈리스 처지에 굴러들어온 기회조차 마다한다면 우리는 또 한 번 놀러 온 배낭여행객이 될 판이었다. 우리는 일일 한식 강의

28번 기술대학교, 숫자를 보고 겨우 찾았지 간판은 도저히 읽을 수가 없었다

를 맡기로 했다. 말도 안 통하는 상황에서 뭘 어떻게 가르쳐야 할지 걱정스러웠지만, 다행히도 그 학교에는 한식을 가르치는 김대원 교수님이 계셨다.

28번 기술대학 강연 전날, 우리는 다행스럽게도 카우치서핑을 통해 한식 강의를 한 번 시연해볼 수 있었다. 카우치서핑 모스크바 그룹에서 만난 '샤샤'라는 친구가 우리 소식을 듣고 자기 집에 사람들을 불러 모아 플래닉(Flanik)을 열기로 한 것이다. 플래닉은 자유로운 소통 모임 같은, 일종의 '강연'이었다.

처음에는 참가자를 열 명 정도로 예상했지만 놀랍게도 좁은 집에 스무 명의 러시아 친구가 우리를 기다리고 있었다. 내가 짧은 영어로 강의하고, 러시아 친구가 러시아어로 통역하는 식으로 조금 복잡하게 진행되었지만, 언어 장벽은 그들의 열정 덕분에 전혀 문제 되지 않았다. 김치버스 여행에 대해, 내가 전에 경험한 무전여행에 대해, 그리고 '한국'이라는 나라에 대해 두 시간 정도 이야기하고 나서 그들이 보는 앞에서 요리를 시작했다. 마치 TV 방송 요리 프로그램에 출연한 요리사처럼, 그리고 다음 날 기술대학에서 강연할 강사로서 진지하게 진행했다.

먼저 냄비 밥을 안치고, 불고기를 만들고, 파전을 부쳤다. 과정을 하나하나 설명하면서 요리하기가 쉽지 않았지만, 편한 분위기였기 때문에 오히려 더 즐거웠다. 처음 해보는 요리 수업이었지만, 마음은 영국의 인기 요리사 제이미 올리버(Jamie Oliver)라도 된 듯한 기분이었다. 다음 날도 왠지 잘할 수 있을 것 같은 기분에 들떠 강의 예행연습은 그렇게 정신없이 끝났다.

대망의 대학 강연 날, 입김을 불면 하얗게 눈앞을 가릴 정도로 추운 아침이었다. 옷을 두껍게 몇 겹을 겹쳐 입었지만, 재료를 한가득 넣은 비닐봉지를 든 두 손은 꽁꽁 얼어붙었다. '러시아워'라는 말이 러시아에서 시작된 것은 아닐까 하는 생각이 들 정도로 문화원 앞 지하철역은 출근시간 신도림역보다도 붐볐다. 지하철 표를 사는 데에만 무려 10분이 걸렸다. 게다가 역에 내려 버스를 잘못 타는 바람에 한참을 헤매고, 주소를 잘못 찾아 또 헤맸다. 도로 표지판을 읽을 수 없으니, 우리는 문맹의 삶이 얼마나 고단한지를 러시아에서 실감 나게 경험했다.

결국, 남이 써준 메모를 보여주고 손짓 발짓을 동원해서 간신히 도착한 대학교는 우리나라의 대학 캠퍼스와는 차원이 달랐다. 마치 폐교 위기의 고등학교 같은 느낌이랄까. 겉보기는 그런 분위기를 풍겼지만, 실제로 28번 기술대학은 대단한 학교였다. 우선, 3~4년제 과정이 개설된 이 대학에는 등록금이 없다. 그러나 늘 시험을 보고 학사경고를 받으면 등록금을 내야 하는 제도를 운영하기에 학생들의 수준이 상당하다. 조리과 학생들은 이곳에서 모든 것을 배운다. 매일 실습한 결과물이 바로 그들의 점심식사다. 서빙하는 친구들도 학생이고, 메뉴도 학생들이 정한다. 실무가 강조된 시스템이어서 산학협동도 잘 이루어져 유명 레스

28번 기술대학교 한식강의 준비 중

토랑이나 호텔에서 일하는 많은 요리사가 이곳 출신이라고 한다. 그리고 1인당 식사비가 1,000만 원가량인 어느 레스토랑의 셰프 역시 이곳 출신이라고 한다. 우리는 할 말을 잃었다. 그런 학생들 앞에서 요리 강연을 하다니 기대 이상이었다. 전날 시연을 참관했던 일반인들과는 전혀 다른 청중이라는 생각이 들자 살짝 긴장되었다.

    우리는 수업을 위해 한식을 담당하시는 김대원 교수님이 아직 소개하지 않은 메뉴로 전날 만들어 보았던 불고기와 파전, 그리고 매콤한 한국 단골 요리인 닭볶음탕을 준비했다. 그해 러시아 조리 대회에서 1등을 차지했다는 학생이 준비를 도왔다. 괜한 자존심 대결이랄까. 양파를 까든 대파를 다듬든 소고기나 닭

고기를 손질하든 간에 지고 싶지 않았다. 한식만큼은 당연히 외국인들보다 잘하겠지만, 기본적인 재료 다듬는 솜씨부터 뭔가 실력을 보여주고 싶었다.

　그런 열정만큼이나 강연은 성공적이었다. 앞으로 1~2년 안에 모스크바 몇 대학의 조리과에 한식요리 정규과정이 신설된다고 할 정도로 학생들은 한식에 대단한 관심을 보이고 있었다. 우리는 유럽에서 찾아볼 수 없는 재료인 된장과 고추장, 그리고 새로운 방식의 요리를 선보였다. 김치버스를 찾지 못한 상황이라 차량을 소개하지 못한 아쉬움, 김치를 선보이지 못한 아쉬움이 남긴 했지만 만족스러운 첫 강연이었다.

　우리가 언제 또 이런 멋진 자리에 설 수 있을까. 하지만 분명한 것은 한번 해본 것과 해보지 않은 일은 다르다는 점이다. 우리는 이번 경험으로 다음에는 더 잘할 수 있다는 확신과 자신감이 생겼다. 이런 경험은 나중에 유럽의 폴 보퀴즈(Paul Bocuse), 루이스 이리자르(Luis irizar), 키스더쿡, 미국의 CIA(The Culinary Institute of America)와 USCIA, 캐나다의 GBC 등에서 빛을 발하게 되었다. 우리도 모르는 사이에 새로운 경험들이 우리를 조금씩 성장시키고 있었다.

김치버스를 되찾다

애초에 김치버스로 세계일주를 하겠다는 계획은 효율성과는 거리가 멀었다. 버스로 태평양과 대서양을 건너는 대륙이동 두 번에 드는 선적비용이 차량 가격에 맞먹는다는 사실도 그랬고, 김치버스가 배에 실려 대륙을 건너는 한 달이라는 시간을 마땅히 하릴없이 손 놓고 기다려야 하는 것도 비효율의 극치였다. 그래도 그렇게 해보고 싶었다. 남들이 하지 않아서가 아니라, 돈이 많이 들어서가 아니라, 뭔가 시작과 끝을 같이 하고 싶다는 마음이 컸다. 하지만 시베리아 횡단열차는 예정에 없었던 일이다. 태평양과 대서양만 건너는 것이 아닌 시베리아까지 건너는, 세 번의 대륙이동이 되어버린 것이다. 처음부터 생각지도 못했던 큰일이 터지니 미래에 대한 부담도 커진 것이 사실이다.

'정말 대륙 간 이동을 할 수 있을까. 혹시 차가 너무 커서 배에 실을 수 없으면 어쩌지? 규격화된 컨테이너나 작은 차량만 받아주진 않겠지.'

된다는 것을 알면서도 혹시 안 될 수도 있다는 생각이 들기 시작한 것은 그 때문이었다.

김치버스를 싣고 오는 열차가 계속 연착되면서 그런 불안은 더욱 커졌다. 한 달간의 가난한 홈리스 생활 때문인지 모든 일이 쉽게만 생각되지 않았다. 그런 불안에 문화원장님도 한술 거드셨다.

"너희 김치버스가 도착하는 역을 어떻게 찾아가려는 거냐? 그리고 찾을 때 영어도 안 통할 텐데? 또 돌아올 때에도 어떻게 길을 찾을 건데?"

"아, 내비게이션이 있어요."

"하하하… 그럼, 갈 때도 내비게이션 켜고 지하철 타고 기차 타고 갈 거야?"

웃을 일이 아니었다. 영어가 통하지 않으리라는 것도 분명했고, 화물이 도착하는 창고로 찾아간다 하더라도 김치버스를 찾는 일이 쉽지 않을 것 같기도 했다. 하지만 우리는 김치버스 찾을 날만 기다리며 서럽고 배고픈 날들을 견뎌오지 않았던가. 한층 더 독이 오르고 오기가 생겼다.

'당당하게 김치버스를 몰고 모스크바 시내의 한국문화원 앞에 세워 보이겠다.'

우리가 생각하는 일들이 말로만 이뤄진 것이 아닌, 실체를 보여주고 싶다는 생각이었다.

12월 4일, 전날 김치버스가 도착했다며 다음 날 12시 이후에 찾으러 오라는 통보를 받았다. 하지만 출발 전 막상 전화로 확인하려고 하니 담당자는 없었고, 다른 직원은 내용을 전혀 모른다면서 업무가 시작되는 월요일 9시 이후에 오라고 했다. 그나마도 문화원 직원이 러시아어로 통화해줬기에 얻은 정보였다.

다음 날 아침 7시, 우리는 문화원을 나섰다. 전날에 불확실한 대답을 들었기에 마음이 편치 않았지만, 김치버스가 모스크바에 도착한 것은 분명한 사실이니 일단 가보기로 했다. 김치버스는 '미흐네바'라는 역 근처의 화물 창고에 도착해 있었는데, 이 '미흐네바'라는 러시아어 발음이 여간 어려운 것이 아니었다. 길에서 사람들을 붙잡고 '미흐네바'라고 적힌 종이를 내밀며 길을 물어 두 시간 만에 간신히 그곳에 도착했다. 다음은 김치버스를 찾을 차례. 김치버스를 러시아어로

어렵사리 되찾은 김치버스, 얼마나 기뻤는지 모른다

표현할 수 없었지만, 우리에게는 사진이 있었다. 창고 사무실 사람들에게 사진을 보여주어 결국 두 시간 만에 김치버스를 찾을 수 있었다. 독특한 외관과 한국 번호판을 달고 있는 미니버스는 창고에 한 대밖에 없었지만, 행정 절차 때문에 시간이 오래 걸린 듯했다.

승민이가 창고 안으로 들어가 김치버스를 몰고 나왔다. 멀리서지만 검은 매연을 뿜으며 달려 나오는 빨간색 김치버스를 본 순간 느꼈던 감동을 지금도 잊을 수 없다. 머리카락이 쭈뼛 서고, 온몸에 소름이 돋았다. 드디어 우리에게 돌아온 김치버스! 이제는 잘 곳을 걱정할 필요도, 남의 눈치 보며 밥을 해먹을 이유도 없다. 무거운 배낭을 짊어지고 걸어 다니지 않아도 되고, 외국인들에게 김치를 마음껏 요리해 나눠줄 수도 있고, 가고 싶은 곳에 마음대로 갈 수 있는 자유가 있었다. 김치버스는 그런 대단한 존재였다. 마치 군 입대 후 이병에서 일병이 되고, 다시 상병이 되면서 그간 하지 못했던 일들을 하나하나 할 수 있게 되었을 때 느끼는 기분, 그런 자유를 되찾은 기분이었다. 처음부터 김치버스를 타고 시베리아를 횡단했더라면 이런 기분을 느끼지는 못했을 것이다.

우리는 서둘러 김치냉장고부터 열어보았다. 한 달간 김치를 들고 다닐 수 없었기에 김치냉장고의 전원을 끈 채 그대로 두었는데, 혹시 김치 맛이 변하지는 않았는지 몹시 걱정스러웠다. 그러나 냉장고 문을 연 순간, 침이 '꼴깍' 넘어가는 기막힌 김치 냄새가 풍겼다. 맛은? 두말할 것 없이 밥 생각이 절로 나는 시원한 맛. 시베리아의 추운 날씨가 맛과 향을 보존해준 걸까? 우리 기분은 날아갈 것 같았다.

대충 짐을 정리하고 문화원으로 향했다. 계속 생각해오던 그 장면, 문화원 앞 주차장에 김치버스를 세우고 한걸음에 2층으로 올라가 원장님을 불렀다.

"원장님!"

"허허… 이 녀석 자신감이 넘치는 걸 보니 차를 잘 찾아왔나 보구나."

마치 학교 시험에서 처음 백 점을 맞아서 엄마에게 자랑하고 싶어 안달이 난 아이처럼 나는 직원들을 모두 불러 김치버스 앞에 서서 기념촬영을 했다.

12월 5일. 한국을 떠난 지 44일째. 우리 여행이 본격적으로 시작되는 순간이었다.

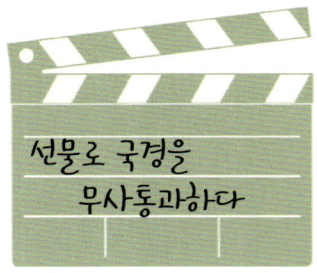

선물로 국경을
무사통과하다

러시아를 떠나던 날, 모스크바에서 다섯 번째 행사가 예정되어 있었다. 후원사인 현대자동차 모스크바 법인 직원들을 대상으로 한 행사였다. 160여 명의 적지 않은 인원이 온다고는 했지만, 우리는 김치버스를 찾아 계획대로 여정을 떠난다는 생각에 들떠 있기도 했고, 100포기 김장행사며 두 번의 한식 강연, 블라디보스토크에서 학생들을 대상으로 200인분의 시식행사를 마쳤기에 자신만만했다. '그 정도쯤이야' 하며 행사 준비는 다음 날로 미루고 문화원 사람들과 송별회를 했다. 너무 자만했던 걸까. 문화원 직원들과 이별이 아쉬워 술자리는 한밤중까지 계속되었고, 결국 3시가 넘어서야 잠자리에 들었다. 승민이는 술에 취해 곯아떨어졌고, 석범이도 잠이 안 온다며 뒤척이는 바람에 아침 7시 기상 자체가 몹시 힘들었다. 게다가 행사장소에 대한 정보도 없었고, 재료도 사두지 않았기에 아침에 눈을 뜬 순간, 우리는 그야말로 패닉 상태였다.

비몽사몽 졸린 눈을 비비며 급히 씻고 재료를 사러 갔다. 아무리 생각해도 시간이 부족했다. 대체 어제는 무슨 생각으로 시간이 충분하다고 여유를 부렸는지 후회막급이었지만, 이미 일은 벌어져 쓸어 담기 어렵게 되었다. 보르시 160인분을 만들려면 다듬어야 할 재료가 너무 많았다. 감자, 양파, 비트 등 물도 마음대

현지인들의 호평이 이어지던 김치보르시! 역시 추위엔 따뜻한 국물이 최고!

로 쓸 수 없는 비좁은 김치버스 안에서 준비하기에는 역부족이었다. 결국 우린 과감히 양을 줄이기로 했다.

    10시 15분이 되어서야 겨우 준비를 마치고 서둘러 문화원을 나섰다. 현대자동차 모스크바 법인은 빌딩 숲 한가운데 있어서 행사에 마땅한 장소를 찾을 수 없었다. 결국, 우리는 황량한 대형주차장에서 12월 러시아의 칼바람을 맞으며 추위에 떨면서 김치보르시를 현대자동차 직원들에게 나눠주게 되었다. 드센 바람에 시식 용기는 날아다니고 배너도 쓰러졌지만, 김치보르시의 인기는 대단했다. 역시 추위에 뜨끈한 국물만 한 것이 없다. 전통 보르시보다 더 맛있다는 칭찬에 우리는 우쭐했고, 행사는 성공적으로 끝났다.

    피로가 몰려왔지만 김치버스의 시동을 걸었다. 러시아를 한시라도 빨리 벗어날 생각이었다. 김치버스를 되찾는 시간이 미뤄진 터라 이어지는 행사 일정이 줄줄이 꼬일 위기에 놓여 있었기 때문이다. 빠듯한 일정으로 줄지어 예정된 행사들이 도미노처럼 우수수 쓰러져 버리기 전에 어서 우크라이나 키예프에 도착해야 했다.

차창으로 보이는 저녁노을은 더없이 아름다운 풍경을 연출하고 있었지만, 도로 상태는 정말 최악이었다. 차가 당장에라도 부서질 것처럼 덜컹거렸고, 시속 70킬로미터 이상은 속도를 낼 수 없었다. 10시간 넘게 그런 길을 달리며 네 번 정도 주유한 것 같다. 많이 달리기도 했지만, 주유소를 찾기 어려웠고 카드로 결제할 수 없는 곳이 많았기에 한 번에 주유를 많이 하지도 못했다. 왜 그때 '뽈리빡'('가득 채워달라'는 러시아어)을 외치지 못하고 가진 현금을 주었는지 모르겠다. 어차피 러시아로 돌아오지 않을 계획이었기에 돈을 많이 찾을 수도 없었다. 숙취와 피로, 엉망인 도로 상태와 좀처럼 찾기 어려운 주유소…. 이런저런 악조건 속에서 새벽 1시경 드디어 우크라이나 국경에 도착했다.

더는 운전할 힘도 없었다. 한시라도 빨리 국경을 넘어 잠을 청하고 싶었다. 국경에서 출국자를 붙잡고 시비를 거는 일은 거의 없다. 불법체류자도 다시 들어오지 못하게 할 뿐이지 나가는 사람을 붙잡지는 않는다. 게다가 우크라이나에 입국할 때에도 대사관에서 보내준 서류를 보여주면 간단히 통과할 수 있으리라고 생각했다. 하지만 김치버스 프로젝트는 생각대로 쉽게 일이 풀린 적이 없었다. 이번에도 악운은 김치버스를 비켜가지 않았다.

가장 큰 문제는 말이 통하지 않는다는 점. 출입국 관리직원에게 붙잡힌 이유를 알 수 없었던 우리는 영문을 모르는 채 답답한 가슴만 두드리고 있었다. 서로 같은 말을 반복하며 얼마나 시간을 흘려보냈을까. 손짓 발짓으로 소통한 끝에 결국 문제는 우리가 아니라 김치버스에 있다는 것을 알게 되었다. 한국 차량을 국경 너머로 반출하는 것이 문제인 듯해서 영어로 작성된 수출입 서류와 블라디보스토크 영사관에서 받은 러시아어 공증서류를 보여주었지만 전혀 해결될 기미가 보이지 않았다.

대체 차를 가지고 나가지 못하게 하면 우리는 어쩌란 말인가. 내 차를 내가 가지고 나가겠다는데 무엇이 문제란 말인가. 시간은 새벽 1시를 넘어서고 있었다. 이 시간에 문화원 직원에게 전화하여 통역을 부탁할 수도 없고…. 입국 심사관과 우리는 각자의 모국어로 말다툼을 계속했다. 기관총을 들고 있는 군인이 무섭긴 했지만, 그렇다고 포기할 수는 없었다. 나는 흥분을 가라앉히고 처음부터 차근차근 러시아어 설명을 들었다.

"아, 차를 가지고 나가는 게 문제가 아니라, 서류에 적힌 기간이 문제라는 거야!"

과연 그랬다. 처음 러시아 블라디보스토크 항구로 들어올 때 세관에서 체류 기간을 물었고, 우리는 비자가 한 달이었기에 당연히 한 달 후에 나간다고 대답했고, 스탬프는 11월 21일로 찍혀 있었다. 다시 말해 김치버스는 11월 21일 전에 러시아 영토 밖으로 나가야 했다. 하지만 현지사정으로 김치버스는 열차에 실려 시베리아를 건넜고, 우리도 러시아 영토 밖으로 나갔다가 다시 비자를 받아 들어왔다. 그래서 우리는 체류 후 입출국이 가능한 상태가 되었지만, 김치버스의 서류는 갱신되지 않았던 것이 문제였다. 검사관은 11월 21일 전에 출국했어야 할 차가 왜 12월 7일까지 러시아에 있느냐며 따지고 있었다.

나는 손짓 발짓, 의성어, 의태어를 구사하고, 그림을 그리고 달력을 손가락으로 집어가며 김치버스가 기차에 실려 왔고, 그 기간이 길어져 우리가 출국했다가 다시 비자를 받아 들어왔다는 사실을 설명했다. 그 대목은 분명히 이해한 것 같았는데, 어쨌거나 서류상 날짜가 지났으니 보내줄 수 없다는 말만 반복했다.

까다로운 러시아-우크라이나 국경을 통과하다

러시아의 추위는 길 위의 종이에도 서려 있다

그렇게 우리는 국경에서 꼬박 밤을 새워야 할 처지에 놓였다. 사실 밤을 새우는 것보다 김치버스가 러시아를 빠져나가지 못할 수도 있다는 것이 더 큰 문제였다. 그러던 중에 그곳 책임자인 듯한 사람이 내게 다가오더니 한참을 노려보다가 한마디를 툭 던졌다.

"korea present."

'선물? 선물을 달라고? 혹시 뇌물을 달라는 거야?'

그때 우리가 가진 한국 기념품은 몇 년 전 인사동에서 몇천 원 주고 산 복주머니 하나뿐이었다. 김치버스 여행을 떠나기 전 짐을 꾸리다가 우연히 서랍장에서 발견한 그 복주머니를 혹시나 하는 마음에 챙겨 넣었는데 문득 그게 떠올랐다.

'설마 이걸로 어떻게 되려나? 돈을 요구하지 않을까? 이 정도로는 안 된다면 어쩌지?'

왠지 강탈당하는 기분이 들었다. 그러나 그 청록색 복주머니는 놀라운 기적을 일으켰다. 싸구려 비닐봉지에 들어 있던 그 복주머니를 보자 입국심사장에 있던 러시아 군인들은 약속이나 한 듯 얼굴이 밝아졌고, 소장은 큰 소리로 웃으면서 자기 사물함에 있던 샤프카 모자를 내게 씌워주었다. 기념품 가게에서 파는 모조품이 아니라 진짜 군용 털모자였다. 그리고 우리 김치버스는 국경을 '무사 통과'하게 되었다.

귀여운 구석이 있는 사람이었다. 서로 선물을 주고받았으니 '강탈'이라고 할 것도 없었다. 그 덕분에 새벽 6시까지 러시아어와 씨름했지만, 정말 황당하고 재밌는 경험이었다. 우리는 그렇게 다행스럽게도 기한이 지난 서류와 상관없이 러시아를 넘어 우크라이나에 도착했다.

가족의 따스함을 느끼다

아침 8시, 어김없이 알람이 울렸다. 전날 치른 고단한 행사, 10시간이 넘는 이동, 국경에서 벌인 5시간의 실랑이…. 서너 시간 잔 것으로는 피로가 풀리지 않았다. 눈을 잠깐 감았다가 떠보니 거짓말처럼 아침이 되어 있었다. 한국을 떠나 김치버스에서 보낸 첫날밤은 그렇게 짧았다.

여행을 떠나오기 전 한국에서 짬을 내어 김치버스를 타고 캠핑한 적이 있었다. 김치버스에서 실제로 생활하면서 무엇이 필요한지, 무엇을 개선해야 하는지를 알아보려고 했던 예행연습 같은 여행이었다. 10월 초 가평 근처 캠핑장에 갔는데, 추위가 뼛속을 파고드는 것 같았다. 그때 알게 된 사실은 김치버스 안에서 자는 것이 텐트에서 자는 것과 별반 다르지 않다는 것, 그리고 물탱크에 연결된 워터펌프가 고장 났다는 것, 워터펌프가 작동하지 않으면 보일러를 가동할 수 없다는 것 등이었다. 그리고 우크라이나 국경에 주차한 김치버스에서 두 번째 밤을 보낸 것이다. 바쁜 일정에 정신없이 지내다 보니 김치버스의 문제점을 제대로 고치지 못한 채 떠난 터였다. 워터펌프를 손보긴 했지만, 여전히 신통치 못했고 출발 직전 엔진을 교체해야 했던 사건 이후로 보일러를 가동해본 적이 없었다.

12월의 우크라이나 국경은 10월의 가평보다 몇 배는 더 추웠다. 우리에게는 든든한 거위털 침낭이 있었지만, 침낭 밖으로 나올 엄두조차 낼 수 없는 추위였다. 차량 전체에 전력이 부족하다 보니 워터펌프를 켜둘 수 없었고, 따라서 보일러도 사용할 수 없었다. 보일러는 그저 자리만 차지하는 애물단지였다. 주행 중에는 전력을 마음껏 사용해도 되지만, 주행 후에는 절대로 보일러를 작동할 수 없다는 것은 참 아이러니한 일이었다. 아무튼, 이런저런 이유로 2월까지 추운 밤은 계속될 참이었다.

얼음물에 세수는 고사하고 수면바지와 오리털파카를 입은 채 운전대를 잡았다. 국경에서 4~5시간을 달린 끝에 도착한 우크라이나의 수도 키예프, 이곳에서 대사관 관계자들을 만나기로 약속되어 있었다. 주한 우크라이나 대사관 관계자들은 지난 한 달간 행사장소를 섭외하러 동유럽을 돌아다닐 때는 시간이 맞지 않아 만나지 못했고 이번이 첫 만남이었다. 비록 만난 적은 없었지만, 주고받은 이메일을 통해 그분들의 호의를 느낄 수 있었다. 국경을 통과하거나 검문을 당할 때 어려움을 겪지 않도록 공문을 보내주어서 실랑이를 피할 수 있었고, 억지 과속 단속에 걸렸을 때에도 전화로 해결해주었다. 잠자리 역시 차량 안에서 자는 것은 너무 위험하다며 며칠간 사용할 수 있도록 넓은 아파트를 빌려두었다. 행사 일정도 우리가 머무르는 기간에 맞춰 두 건을 정해두었으니, 그분들은 김치버스 팀에게 필요한 모든 것을 해결해주셨던 것이다. 심지어 길을 헤맬까 봐 키예프 외곽까지 나오셔서 길 안내를 해주시는 자상함까지…. 우크라이나 대사관의 배려는 아침 추위의 악몽을 깔끔하게 잊게 해주었다.

우리는 오랜만에 맛보는 꿀맛 같은 한식으로 점심을 해결하고 대사관에 들러 김은중 대사님께 인사를 드린 후 숙소로 향했다. 시내 한복판 8층 건물에 있는 넓은 아파트 테라스에서는 높은 건물이 많지 않은 키예프 시내가 한눈에 내려다보였다. 카우치서핑 친구들의 작은 방, 문화원의 미디어실, 그리고 얼음 동굴 같

우크라이나 키예프 외국어대학교에서의 행사

은 김치버스에서 지내다가 갑자기 궁궐에라도 온 듯한 기분이랄까. 갑작스럽게 업그레이드된 우리의 생활, 간사한 인간의 몸은 편한 것에 훨씬 빨리 적응한다.

'누릴 수 있을 때 누려야지, 암.'

아침부터 씻지 못해 찝찝했던 터라 대충 짐을 던져놓고 화장실로 향했다. 따뜻한 샤워, 얼마나 그리웠던가. 5분간의 짧은 샤워였지만 사우나라도 마친 듯 개운하게 느껴졌다. 무전여행을 할 때에도 그랬지만, 일상에서 아무렇지 않게 누려오던 것들이 낯선 곳에서 고되게 여행하다 보면 얼마나 고마운지를 새삼 실감하게 되는 경우가 정말 많다. '집 떠나면 고생'이라는 말이 있듯이 가난하게 여행하다 보면 몸은 고생하겠지만, 마음은 일상의 사소한 것들에 감사하게 되고, 자신이 얼마나 많을 것을 누리고 있었는지를 새롭게 깨닫게 된다.

키예프에서 둘째 날은 차량정비와 행사준비로 바쁘게 보냈다. 김치버스의 서스펜션과 각종 필터, 엔진오일을 교체하고 세차까지 마치니 제법 새 차 같았다. 러시아에서 이미 한 차례 정비를 받긴 했지만, 국경을 넘으며 골골대던 김치버스를 믿을 수 없었다. 잦은 고장에 노이로제가 생긴 걸까. 러시아와 마찬가지로 우크라이나에서도 영어가 통하지 않았지만, 모세 씨와 대사관 임시직원 영호, 한인유학생 회장 윤주가 온종일 따라다니며 우리의 입이 되어주었기에 전혀 불편함이 없었다. 정말 우크라이나 일정은 다 차려진 밥상에 숟가락 하나 없는 정도였다.

　셋째 날 키예프 외국어대학교에서 열린 여섯 번째 행사는 그런 도움 덕분에 성공은 예정된 것이나 다름없었다. 학생회관을 가득 메운 200여 명의 학생과 학교 관계자들로 성황을 이루었고, 「뉴채널」이라는 국영방송국에서는 취재를 나오기도 했다. 모두 스크린에 펼쳐지는 한식 영상을 보고, 우리가 만든 음식을 시식하고 받아갔다. 모스크바에서 그 맛을 이미 검증한 김치보르시와 김치카나페, 그리고 야심작 김치브리토까지 우리가 만든 음식은 순식간에 바닥났다.

　우리는 늘 행사 섭외와 장보기, 요리, 설명, 촬영까지 직접 해결해왔는데 이번 키예프 행사는 오로지 요리에만 집중할 수 있어서 무척 좋았다. 대사관에서 장소섭외와 방송국 홍보를 해주었고, 영호와 윤주는 촬영을 맡았으며, 키예프 외국어대학교 한국어과 학생인 마리아, 안드레이, 타냐가 통역을 맡아 설명을 도와주었다. 그 덕분에 행사는 완벽하게 끝났고, 다음 날 이어진 고려 청년실업인 포럼행사도 성공적이었다.

　윤주가 말했듯이 우크라이나 키예프의 한국대사관 직원들은 가족처럼 따듯한 분들이었다. 교민이 많은 파리나 뉴욕에서는 찾아볼 수 없는 온정이 있었다. 한국을 떠나 긴 여행을 계속하는 우리가 목말라 했던 것은 그런 '따스함'이었다. 격려나 칭찬도 좋고, 따끔한 충고도 좋지만, 그저 아무 말 없이 꼭 끌어안아 주는 가족의 따스함. 키예프에서의 느낀 따스함은 우리가 다시 용기를 내어 먼 길을 달릴 수 있게 해준 원동력이 되었다.

11월 11일, 폴란드 바르샤바 북쪽에 있는 야본나 우체국 앞.

저녁노을과 칼바람이 묘한 조화를 이루는 휑한 주차장에 거칠게 달리던 소형 세단이 멈춰 섰다. 카우치서핑 친구 마르티나와의 첫 만남이었다. 석범이와 같은 나이인 그녀는 '볼프강'이라는 다섯 살짜리 아들이 있는 아줌마였지만 발랄하고 철없는 십 대 같았다. 그녀는 북한을 수차례 다녀오신 할아버지와 정정하신 할머니, 아들 볼프강과 무섭게 생긴 개 두 마리 '이라'와 '파블로', 그리고 얼굴보기 어려운 남편 마뉴엘까지 대가족을 이루며 살고 있었다. 마르티나 집에서 머물렀던 3일은 아주 편안했다. 한창 굶주리던 시절에 먹을 것 걱정도, 잠자리 걱정도 없었다.

그리고 12월 11일, 정확하게 한 달 만에 김치버스를 타고 그녀를 찾아갔다. 키예프에서 아침 7시에 출발해 15시간이 걸렸다. 행사에서 남은 흑빵으로 대충 끼니를 때워가며 밥 먹는 시간도 아꼈고, 유럽연합국으로 들어가는 제법 엄격한 우크라이나-폴란드 국경도 대사관 공문 덕분에 한 시간 만에 통과했다. 차량정비를 깔끔하게 마친 김치버스는 러시아, 우크라이나의 비포장도로가 아니라 폴란드의 탄탄한 도로를 만나 쌩쌩 달렸고, 점심때부터 계속 운전하던 승민이도 피로를 잊은 채 바르샤바까지 운전대를 놓지 않았다.

그렇게 밤 10시가 넘더라도 꼭 가고 싶었던 마르티나의 집, 그녀의 따뜻한 집이 정말로 그리웠다. 마르티나는 잠시 독일 시댁에 들르러 갔기에 만날 수 없었지만, 집엔 어머님이 계시다고 했다. 김치버스에서 자느니 조금 무리해서라도 마음 편히 쉬고 싶었던 걸까. 우리는 밤 10시를 넘긴 늦은 시간에 도착했지만 마르티나의 어머님은 우릴 반갑게 맞아주셨다. 잠시 잊고 있었던 '이라'의 발톱 공격도 반갑게 느껴졌다. 이미 그녀의 집은 우리 고향 집 같았다.

다음 날, 충분한 휴식으로 정신을 차린 뒤, 행사준비를 위해 바르샤바 문화원을 방문했다. 이틀 뒤로 예정된 100인분 한식뷔페 행사는 우리에게도 새로운 도전이었다. 그동안 우리는 한 가지나 두세 가지로 메뉴를 한정해서 시식 정도만

폴란드 바르샤바 문화원 행사, 한식 100인분 뷔페

할 수 있는 음식을 준비해왔는데, 이번에는 100명이 제대로 식사할 만한 다양한 한식을 준비해야 했다. 만만치 않았다. 재료비를 문화원에서 지원해주지 않았더라면 실현하기 어려운 행사였다. 불고기, 잡채, 스프링롤, 김치비고스, 김치브리토, 밥, 볶음밥, 파전, 김치전, 식혜, 화채, 육회, 겉절이까지 메뉴를 적다 보니 끝이 없었다. 이 많은 요리를 만들 주방도 없었지만, 만들어서 보관할 장소도 없었다. 그러나 생각으로는 전혀 불가능한 일도 직접 부딪쳐서 하다 보면 이룰 수 있다는 것을 우리는 경험을 통해 알고 있었다.

이틀간의 철저한 준비와 문화원의 적극적인 도움 덕분에 행사는 성공적으로 끝났다. 폴란드의 한류가 그 정도라고는 상상하지 못했는데, 우리 행사 소식은 한국 문화와 관련된 수업을 듣는 학생들의 입을 통해 퍼져 나가 엄청나게 많은 한류 팬이 몰려들었고 한식의 인기는 대단했다. 음식에 대한 답례로 소녀 팬들이 준비한 K-pop 댄스까지 선물로 받고 나니 이틀간의 피로가 싹 가시는 듯했다. 독일에서 돌아온 마르티나와 볼프강, 그리고 어머님까지 모두 함께 한식을 즐길 수 있었던 뿌듯한 행사였다.

예정된 행사도 잘 마쳤고 다음 일정을 위해 바르샤바를 떠날 시간이 다가왔다. '정'이라는 것이 참 무섭다. 한 달 전까지만 해도 생판 남이었는데, 고작 사흘을 같이 지내고 가족이 되었다. 그리고 한 달 만에 다시 찾아와 나흘간 머무르며 우리는 더 가까워졌다. 지난번에 떠날 때에는 김치버스를 타고 다시 돌아오리라는 생각에 큰 아쉬움이 없었지만, 이번 이별은 달랐다. 우리가 언제 다시 폴란드에 오겠으며, 마르티나가 언제 한국에 올 수 있을까.

마지막 날 저녁식사로 우리는 마누엘이 만든 스패츨과 우리가 만든 돼지갈비찜, 상추겉절이와 계란찜, 와인을 함께 나눴다. 어머님이 들려주신 마르티나의 학창 시절 이야기로 웃음이 멈추지 않았던 훈훈한 저녁식사였다. 하지만 웃으면

말괄량이 같았던 마르티나도 김치버스에 글을 남길 때만큼은 아주 진지했다

서도 마음 한구석은 이것이 우리가 나누는 마지막 저녁식사가 될지도 모른다는 예감으로 쓸쓸함을 지울 수 없었다.

    마르티나 집을 떠나는 날 아침, 우리가 만났던 사람들, 혹은 행사에 참여해 시식했던 사람들의 특권 의식인 '김치버스에 사인하기'를 위해 마르티나가 유성 매직을 집어들었다. 꼼꼼하게 가족들의 이름을 쓰고, 안전하게 여행하기를 바란다는 소원도 덧붙였다. 우리와 함께한 시간이 정말 즐거웠다며 자기도 함께 따라가면 안 되느냐는 어리광 섞인 농담을 던지던 마르티나. 고마운 마음, 미안한 마음이 교차했다. 대답 대신 나는 마르티나를 꼭 안아주었다. 여행은 많은 사람과 만나고 헤어지는, 만남과 이별의 연속이다. 헤어져야 다시 만날 수 있다는 진실은 변함없지만, 익숙한 이별은 없다는 진실 또한 변함없다.

태극기를 보고
달려온 미원 씨

바르샤바를 떠나 우리가 향한 곳은 체코의 프라하. 모스크바든 키예프든 바르샤바든 모두 우리가 갈 곳이 정해져 있었지만, 프라하는 예외였다. 프라하 경제대학교 행사가 예정되어 있긴 했지만, 우리가 머무를 곳이나 만나야 할 사람은 없었다. 여행 때 만났던 옛 친구들을 찾아볼까 생각도 했지만 전화번호가 바뀌었는지 연락도 잘 안 되고 마땅히 갈 곳이 없었던 우리는 내비게이션에 '프라하 중심가'를 입력했다. 이것은 어쩌면 앞으로 김치버스가 매번 직면하게 될 문제이기도 했다. 해야 할 일이 정해진 상태에서 찾은 자유와 아무것도 하지 않아도 되는 상태에서 찾은 자유는 전혀 다르다. 모든 것을 남이 시키는 대로 하면서 살아가는 한국의 문화적 환경에서 성장한 사람은 의무에서 해방된 시간을 효율적으로 사용하려면 당황하게 마련이다. 프라하에 이미 와본 적이 있어서 어디로 가면 좋은지는 알고 있었지만, 속 편한 관광이 아니라 김치버스를 주차하는 문제라든지, 주차하고 잠을 자도 되는 공간을 찾는 문제처럼 정해지지 않은 복잡한 문제를 해결하는 것이 막막하게만 느껴졌다.

무엇보다도 주차문제를 해결해야 했다. 시내로 들어와 누구나 알 만한 관광지들을 돌아봤지만, 어느 곳 하나 마땅히 주차할 장소가 없었다. 대부분 유럽 도시에서는 개인 승용차를 타고 관광하기가 쉽지 않다. 유적지가 몰려 있는 올드 타운은 더욱 그렇고, 로마처럼 현지인이 아니라면 주차가 거의 불가능한 도시도 많다. 가끔 보이는 주차장은 캠핑을 할 수 없는 유료 주차장이거나 우리 차가 주차하기 어려운 좁은 공간이었고, 중세 시대 모습 그대로 보존된 올드 타운의 돌바닥은 이리저리 헤매는 김치버스를 괴롭혔다.

우리는 한참을 헤매다가 강 건너 프라하 성으로 향하는 언덕길에 잠시 멈춰 섰다. 길이 좁기도 했지만, 꾸역꾸역 몰려든 관광객들이 진로를 막는 통에 우리 차 뒤쪽으로 차들이 길게 꼬리를 물고 늘어섰다. 원래 그 지역 거주자들의 자동차나 경찰차, 택시만이 다닐 수 있다는 언덕길 일방통행로를 투어버스처럼 생긴 우리 차가 힘겹게 오르고 있으니 뒤따르는 차들의 불만도 상당했을 것이다. 따가운 시선을 뒤로한 채 언덕길을 지나 광장처럼 넓은 곳에 올라갔지만, 주차할 만한 공간은 여전히 찾을 수 없었다.

"그냥 외곽으로 빠질까? 대사관 있던 쪽은 좀 낫지 않았나?"

"그쪽 주택가로 가도 괜찮긴 한데…. 좀 멀어서 움직이기에 불편할 것 같아서."

어디로 가야 할지 갈피를 못 잡고 잠시 정차해 있는데, 창밖으로 김치버스를 향해 연신 셔터를 눌러대는 외국인 아저씨가 눈에 들어왔다.

"저 아저씨 뭐지? 여기 정차하면 안 되는 곳인가? 신고하려는 건가?"

불안한 마음에 얼른 자리를 피해 눈앞에 보이던 외교부 주차장에 차를 잠시 세웠다. 사진을 찍던 아저씨는 우리를 놓칠세라 차를 타고 따라오더니 우리 차가 멈춰 서자 갑자기 창문을 열고 말을 건넸다.

"주차할 장소가 필요해? 내가 알려줄까?"

나중에 알고 보니 그분은 현대자동차 체코 법인에서 일하는 분이었는데, 현

대자동차 마크를 달고 있는 신기한 차량을 만난 것이 반가워 동료들에게 보여주고 싶어서 사진을 구석구석까지 찍었다고 했다. 보이지 않는 도움의 손길이 이곳까지 뻗친 걸까?

아저씨를 따라간 곳은 한적한 공원 옆에 있는 '기므나스티츠카'라는 거리였다. 길가에 주차한 차가 많기는 했지만, 김치버스를 주차하기에 충분한 공간이 있었고 캠핑을 하더라도 아무도 신경 쓰지 않을 법한 곳이었다. 김치버스는 화장실이나 싱크대에서 물을 사용하면 여과 장치 없이 배출되므로 배수구가 있는 곳을 골라서 잘 주차해야 했는데, 인적이 드물수록 좋았다. 주변에 사람이 많으면 배수구가 있다 하더라도 물을 내려보내기에 신경이 쓰였고, 밤중에 취객의 카메라 플래시 세례에 잠이 깨는 일이 많았기에 인적이 드문 이곳은 더없이 적당한 장소였다. 아저씨에게 고맙다고 인사하고 차 안으로 들어와 한숨 돌리려는 순간, 누군가 밖에서 문을 두드리며 우리를 불렀다. 주차 때문일까? 어렵사리 주차했는데 다른 데로 가라고 하면 어쩌지?

차 문을 열자 반가운 한국어가 들렸다.

"이거 뭐하는 차예요? 트램 타고 오다가 태극기 보고 반가워서 뛰어왔어요."

한국인이었다. 이렇게 반가울 수가! 런던에서 15년, 프라하에서 4년째 살고 있다는 미원 씨, 옆에 서 있던 밀란은 프라하 예술대학교 조교라고 했다. 우리는 신이 나서 김치버스 프로젝트에 대해 한참 설명했고, 우리 프로젝트에 반한 미원 씨는 집으로 우리를 초대했다. 그 덕에 우리는 프라하에서 머무르는 닷새 중에서 이틀을 미원 씨 집에서 신세를 졌고, 밀란이 일하는 예술대학교에서 한식체험행사도 진행할 수 있었다.

미원 씨와 인연의 첫 단추를 끼워준 것은 바로 김치버스 뒤쪽에 붙여둔 작은 태극기였다. 한국을 떠나 20년 가까이 외국생활을 하던 미원 씨는 트램을 타

미원 씨와의 만남을 계기로 우린 차량 곳곳에 'KOREA'를 새겨넣었다

고 가다가 발견한 태극기가 얼마나 반가웠을까. 우리는 미원 씨가 고국에 대한 향수를 잠시나마 달랠 수 있었던 것과 같은 계기를 더 많이 만들고 싶어 그날 바로 김치버스 곳곳에 'KOREA'라는 글자를 써넣었다.

출발 전에는 전혀 예상하지 못했던 상황이었다. 우리는 빨간색 김치버스 한쪽에 'Do you know kimchi?'라고 써놓아 보는 사람이 궁금증을 자아내는 것만으로 충분하다고 생각했지만, 그것만 보고 우리가 한국에서 왔다는 것을 알아보는 사람은 많지 않았을 것이다. 미원 씨와의 우연한 만남은 프라하에서 또 다른 새로운 인연을 만들어주었고, 김치버스가 한국에서 왔으며 김치가 한국 고유의 음식이라는 사실을 알리는 'KOREA'라는 글자를 써 붙인 계기가 되었다.

크라쿠프의 한류 스타

　나는 위염, 승민이와 석범이는 장염에 자주 걸렸다. 평소 식습관과 깊은 관계가 있는 이 두 질병에 우리는 속수무책이었다. 불규칙한 식사 시간에 건강하지 못한 식생활을 계속하다 보니 필연적으로 생긴 결과였다. 체코를 떠나던 날도 프라하 예술대학교 행사 때 먹은 생선 때문인지 감기약 맛이 나던 이름 모를 전통주 때문인지 승민이가 장염에 걸렸다. 아프면 앓는 수밖에 별다른 해결책이 없었다. 비싼 병원비 때문에 병원에 갈 엄두도 내지 못했고, 약을 사려면 정확한 의사소통이 필요했다. 우리는 '장염이든 위염이든 시간이 해결해준다. 하루 이틀 아프면 그만'이라는 미련한 생각을 하고 있었다.

　아픈 승민이는 뒷좌석에서 끙끙댔고, 그 덕에 나는 온종일 운전대를 잡았다. 매번 장거리 주행에서 큰 힘이 되어주었던 승민이, 혼자 운전하려니 피곤함이 이만저만이 아니었다. 우리는 프라하를 떠나 크라쿠프로 향하고 있었다. 바르샤바에서 프라하에 갔다가 다시 크라쿠프로 돌아가는 지그재그 경로를 택한 이유는 며칠 전 우리에게 날아온 한 통의 메일 때문이었다.

Hello Si,

I have great news for you. The Yellow Dog Restaurant from Krakow would love you to make the presentation in their place. Here is an e-mail of Luiza Trisno (luiza.trisno@gmail.com) from Yellow Dog, who would like to discuss the details of your visit like exact date and time, plan of the event etc. The restaurant will provide you with their room, equipment and promotion in local media. They are very enthusiastic about your visit so please, give them all the information as soon as possible.

안녕 시형, 좋은 소식이 있어. 옐로 독이라는 크라쿠프의 레스토랑에서 김치버스 행사를 진행할 수 있을 것 같아. 이건 옐로 독의 주인, 루이자 트리스노의 이메일 주소야. 이메일로 행사날짜와 시간, 행사내용들을 상의하면 될 것 같아. 옐로 독에서 장소와 조리 도구들을 사용할 수 있게 해주고, 지역 언론에도 홍보해준대. 그들은 지금 너희가 온다는 사실에 굉장히 들떠 있어. 그들에게 가능한 한 빨리 정보를 보내주도록 해.

김치버스 없이 동유럽을 돌아다니던 시절, 우리는 현지인들의 도움을 얻고자 카우치서핑의 폴란드클럽에 글을 올린 적이 있었다. 그 글을 읽은 유스티나는 자기가 사는 크라쿠프에도 김치버스가 꼭 와주기를 원했고, 지인들에게 물어 '옐로 독'이라는 아시안 레스토랑을 섭외한 것이다. 참 신기한 세상이다. 폴란드에는 아는 사람 하나 없었지만, 온라인에서는 여기저기서 우리를 초대하고 격려하고 응원하는 글이 계속 이어졌다. 많은 사람이 그런 독특하고, 이국적인 문화체험을 애타게 기다리고 있었다. 반가운 메일 한 통에 우리는 위염과 장염도 잊은 채 크라쿠프까지 단숨에 달려갔다.

저녁 즈음 도착한 크라쿠프에서는 막상 잘 곳이 없어 대형마트 카우플란드 주차장에 차를 세우고 하룻밤을 보내기로 했다. 김치버스는 캠핑카로 개조된 미니버스였지만, 겨울에는 문을 닫은 캠핑장도 많았고, 캠핑장이 있다 하더라도 매번 비싼 사용료를 내면서 이용할 수는 없었다. 우리가 잠자리로 애용하는 대형마트 주차장은 면적도 아주 넓고, 특히 마트 건물 자체가 아침 일찍 열었다가 저녁 늦게 닫기 때문에 화장실 등 편의시설을 이용할 수 있다는 장점이 있었다.

김치버스 안에도 간이화장실이 있긴 했지만, 사용한 사람이 오물을 치우기로 결정한 뒤로는 아무도 사용한 적이 없었다. 하지만 장염에는 당할 장사가 없었으니…, 그날 밤은 예외였다. 새벽에 오는 잦은 신호에 승민이는 결국 김치버스의 간이화장실을 개시했다. 그런 상황이 한편으로는 웃기기도 했지만, 다른 한편으로는 그 웃음이 서글프게 느껴졌다. 아픈 것도 서러운데 화장실조차도 마음 편히 사용할 수 없다니….

다음 날 아침, 모두 늦잠을 자던 추운 김치버스 안에서 나 혼자 일어나 페이스북을 확인하다가 황준우 씨의 메시지를 받고 급히 둘을 깨웠다.

"야, 일어나봐. 여기 크라쿠프에 사는 한국 유학생이 우리를 만나고 싶다고 초대했어."

나중에는 우리가 온라인상에서 꽤 알려지기도 하고, 유학생도 많이 만나고 여기저기서 초대를 받기도 했지만, 그때만 해도 출발한 지 두 달밖에 되지 않아서 그런 초대가 흔한 일은 아니었다. 저녁에 만날 약속을 정하고 우리는 시내를 둘러보기로 했다.

12월 23일, 크라쿠프의 올드 타운은 온통 크리스마스 분위기로 들떠 있었다. 유럽에서도 유명한 크리스마스 마켓은 다양한 소품, 여러 가지 전통 음식을 팔며 관광객들을 유혹하고 있었다. 그중에서도 '그자네비노'(뜨겁게 데워 마시는 와인)와 구운 치즈는 궁핍한 생활을 이어가던 우리 주머니까지 열게 했다. 우리는 잠시 김치버스를 잊고 여행객으로 돌아가 자유를 만끽했다.

　저녁에 만난 준우. 역시 첫 만남의 어색함을 푸는 데에는 술이 최고다. 준우네 기숙사는 원래 3성급 비즈니스호텔을 상황에 따라 기숙사로 사용하는 곳이었다. 마침 룸메이트가 집을 비운 터라 하룻밤을 지낼 수 있었다. 며칠 동안 크라쿠프에서 지내야 하는 우리의 사정을 들은 준우는 한국에서 회사 일로 파견 나온 성국이 형을 소개해주었다. 성국이 형은 넓은 아파트에서 혼자 지냈는데, 약간은 외로운 듯 우릴 더 반겨주셨다. 크라쿠프에서의 크리스마스는 남자들만 모인 조촐한, 일상과 다를 바 없는 평범한 하루였지만, 삼겹살과 신라면이라는 최고의 크리스마스 선물이 있는 하루였다.

　옐로 독 행사는 크리스마스 연휴 때문에 날짜를 잡기가 어려웠다. 우리나라는 크리스마스 특수를 누리는 음식점이 많지만, 유럽의 크리스마스는 '가족과 함께 보내는 날'이었기에 시내 번화가마저도 행인을 보기 어려울 정도로 한산했고, 가게 대부분도 영업하지 않았다. 옐로 독 행사를 수락한 주인 부부는 가게를 인수하고 나서 홍보 이벤트를 고민하던 중 유스티나의 제안을 받았다며 매우 적극적인 태도를 보였지만, 그 열정도 어쩔 수 없이 크리스마스 시즌의 가라앉은 거리 분위기에 묻혀버렸다. 결국, 우리 행사는 연휴 다음 날인 27일로 미뤄졌다. 연휴 다음 날까지도 크리스마스 때 만들어둔 음식이 남아 대부분 외식을 하지 않는다며 주인 내외는 걱정했지만, 우리도 크라쿠프에서 마냥 머무를 수만은 없었다.

　옐로 독에서의 행사는 그때까지 우리가 해왔던 행사들과는 다르게 식당 메뉴를 주문한 손님들에게 몇 가지 시식용 한식을 나눠주는 식으로 진행하기로 했

아시안 레스토랑 옐로 독과 김치버스의 콜라보레이션 행사

놀라운 건 손님의 90%가 한류 소녀팬들이었다는 점이다

다. 우리 음식은 무료로 나누어주지만 옐로 독의 요리를 주문한 사람들에게 한정된 기회였기에 혹시나 손님이 없다면, 우리 역시 홍보 기회를 잃는 상황이었다. 혹시 사람들이 많이 오지 않더라도 크게 실망하지 말자고 생각하며, 걱정 반 기대 반 크라쿠프에서의 행사가 시작되었다.

오후 5시에 문을 열자, 우리의 우려와는 다르게 가게는 손님으로 가득 찼다. 이벤트를 기다렸던 폴란드 소녀들과 식당 앞에 많은 사람이 줄지어 기다리는 모습을 보고 따라 들어온 현지인들이었다. 주방에서는 불고기, 김치, 폴란드 전통 음식과 결합한 김치비고스를 접시에 담느라 분주했고, 나 역시 홀에서 김치김밥을 직접 만들어 테이블로 가져갔다. 바르샤바 문화원 행사에 대한 소문을 들은 K-pop 소녀 팬들은 이날만을 기다려왔다며 크라쿠프에 김치버스가 와준 것에 감동하고 고마워했다. 김밥 말던 나를 그려주기도 하고, 사진 찍고 분주히 서빙하던 승민이와 석범이를 붙잡고 함께 사진을 찍기도 했다. 특히 승민이의 인기는 독보적이어서 소녀들은 그의 연락처와 페이스북 주소를 얻어내고 무척 기뻐할 정도였다.

행사의 피로가 한방에 날아간 순간이었다. 사진을 같이 찍자는 촬영요청이 쇄도했고, 한식에 대한 호평도 끝이 없었다. 무엇보다 기분 좋았던 것은 우리가 만든 음식이 옐로 독의 홍보에 큰 도움이 되었다는 사실이었다. 사장 루이자 내외는 이 가게를 인수하고 나서 가장 바쁜 하루를 보냈다며 얼굴에서 웃음이 떠나지 않았다. 여행에서 우리 김치를 알리는 것도 중요했지만 한국에 대해 좋은 인상을 심어주고 싶었다. 그런 면에서 크라쿠프 행사는 대성공이었다. 준우, 성국이 형 덕분에, 그리고 유스티나와 옐로 독 사장님 덕분에 김치버스 팀은 위염과 장염에 시달리면서도 크라쿠프에서 정말 행복한 크리스마스를 보낼 수 있었다.

런던에서 크리스마스를, 파리에서 생일을, 뉴욕에서 새해를 맞는다…. 생각만 해도 멋진 일 아닌가? 특별한 날을 맞이한다는 사실만으로도 의미가 있겠지만, 그 장소가 특별하다면 잊지 못할 추억으로 가슴 깊숙이 새겨질 것이다. 김치버스를 떠나 첫 번째 맞은 생일은 시베리아 횡단열차에서, 크리스마스는 크라쿠프에서 보냈지만, 그래도 새해만은 그간 알고 지내던 사람들과 함께 맞이하고 싶었다. 새해마저도 마트 주차장에서 화장실을 걱정하고, 싸구려 냉동피자를 먹으며 보내고 싶진 않았다. 마음이야 남프랑스 어느 한적한 시골마을이나 파티로 정신없을 스페인의 이비자 섬에 가고 싶었지만, 현실은 김치버스가 갈 수 있는 동유럽 어딘가에 머물러야 했기에 우리가 결정한 곳은 헝가리 부다페스트였다. 부다페스트는 프라하에서 만났던 윤선이의 초대도 있었고, 또 내 오랜 여행친구인 빈센트도 있었다. 더불어 외국 현지인들을 대상으로 하는 한인교회에서의 '떡국만들기' 행사까지 진행한다면 뭔가 특별한 새해가 되지 않을까.

12월 29일, 헝가리로 향하던 이틀간 두 차례나 경찰에게 '연행' 당하는 등 우여곡절을 겪었다. 슬로바키아에서는 2년 전 버스와 화물차의 고속도로 통행료에 대한 엄격한 벌금제도가 신설되었다고 한다. 승용차들은 통행료를 내지 않

슬로바키아를 넘어가며 갑작스럽게 만난 눈. 스키장 주차장에서의 하룻밤

아도 되기 때문에 우리나라처럼 고속도로 톨게이트가 없지만, 대형차량들은 미리 고속도로 '통행패스'를 사서 차량에 붙여두어야 고속도로 통과가 가능하다. 이 사실을 알 턱이 없는 우리는 당연히 '패스'를 붙여두지 않았고 번번이 경찰에게 잡힌 것이다. 하지만 규정이 참 모호한 게 대형차량 중 개인 캠핑카는 통행료가 면제된다는 사실이었다. 김치버스는 겉으로 보기엔 버스였지만 내부를 들여다보면 캠핑카였기에 잡았다가는 그냥 보내주었다. 한참 달리다가 뒤에서 뭔가 이상한 기운이 느껴져서 사이드미러를 보면 어김없이 경찰차가 따라붙은 상황이 반복되다가 두 차례나 연행을 당했다. 다행히 금세 풀려났지만, 운이 나빴다면 700유로의 '피' 같은 벌금을 내야 했을 것이다. 어쨌든 우리는 눈 덮인 슬로바키아의 산길을 넘어 무사히 헝가리 부다페스트에 도착했다.

우리는 사실 2012년 1월 1일의 떡국행사보다는 2011년의 마지막 날인 12월 31일 파티에 더 큰 기대를 품고 있었다. 행사를 위해 떡국 30인분과 김치를 준비하는 일은 정말 '누워서 떡먹기'였기에 우리는 아무런 부담 없이 파티에 집중할 수 있었다. 청명한 부다페스트의 하늘이 인상적이었던 12월 31일 낮, 우리는 마지막 날을 즐기는 관광객이 되어 있었고 저녁에는 윤선이와 승우의 학교친구들이 모인 유학생 새해맞이 파티의 참석자가 되었다!

정겨운 터키 친구들과 자존심 강한 프랑스 친구들, 보드카를 특별히 좋아하는 폴란드 친구들, 어리바리한 미국 친구들, 그리고 조금은 주뼛거렸던 우리까지 다양한 국적의 친구들이 한 집에 모여 시작한 파티는 한국을 떠나 그때까지 경험하지 못했던 자유로운 음주가무의 '절정'이었다. 저마다 '2012'년이 새겨진 안경, 다양한 색깔의 가발, 해적 선장의 모자, 흉측한 가면 따위를 쓴 채 술잔을 높이 들고 노래를 불러댔다. 스무 명 남짓한 친구들이 싸고 맛 좋은 폴란드산 보드카가 최고라고 외치며 두 시간 동안 비워버린 술병은 어느새 12개를 넘어서고 있었다. 취기 오른 우리는 자정 시각에 맞춰 한국의 시청 앞 광장 같은 부다페스트 옥타곤으로 뛰쳐나왔다. 내일을 걱정하지 않는 사람들로 가득 찬 옥타곤, 모두가 미쳐 있었다.

3. 2. 1… Happy New Year!!!!!

2012년 새해. 여기저기서 폭죽이 터지고 환성이 울려 퍼졌으며 맥주와 샴페인이 분수처럼 흘러넘쳤다. 처음 만난 사람들이 서로의 뺨에 입을 맞추며 새해를 축하하고, 새해의 행복을 빌어주는 따뜻한 분위기. 우리도 오랜만에 모든 시름을 잊은 채 인파에 섞여 흥겨운 시간을 보냈다.

서른이 되는 해였다.

한국에 있었다면 얼마나 큰 압박에 짓눌려 있었을까. 그 누가 강요하지 않

2012년 새해를 맞는 부다페스트 시내

아도 늘 무엇엔가 강요당하는 서른이라는 나이. 서른 살까지만, 내가 좋아하는 일만 하며 살기로 작정했던 것도 그 때문이었다. 여행하는 동안만이라도, 낯선 나라 낯선 도시에서 술잔을 높이 들고 환성을 지르는 지금 이 순간만이라도, 모든 속박에서 벗어나고 싶었다. 보드카에 취한 승민이도, 취객들이 싫은 석범이도 저마다 다른 생각을 하고 있었겠지. 우리는 그렇게 부다페스트에서 2011년의 마지막 날을 보내며 어떤 미래가 찾아올지 짐작조차 할 수 없었던 새해를 맞이하고 있었다.

로비, 우도, 막시, 클레멘스, 따샤…. 나는 여행을 떠나오기 전부터 오래전 특별한 추억을 함께 나눴던 오스트리아 빈의 친구들을 다시 만날 수 있다는 생각에 마음이 설렜다. 예전에 여행할 때 썼던 낡은 일기장을 챙기고, 내 책 『26euro』에서 그 친구들이 등장하는 페이지를 접어두고 다시 만날 날을 손꼽아 기다리며 여행했다. 과거 여행 중에 인연을 맺었던 사람들을 다시 만나는 일은 내게 큰 의미가 있었다. 무전여행 할 때 도움만 받았던 친구들을 6년 만에 김치버스를 타고 다시 찾아가 한식을 만들어주고, 당시 우리 이야기가 담긴 책을 선물하는 것은 내가 할 수 있는 최선의 보답이었다.

나는 특히 빈에 있는 친구들과의 만남에 더 큰 기대를 하고 있었다. 당시 스무 살이었던 그들은 상상력이 풍부했고 매우 자유분방했다. 함께 보낸 시간도 많았기에 운동이든, 음주든, 문화생활이든, 다양한 경험을 공유했다. 이번 빈 방문 스케줄에서 들리는 곳들은 대부분 추억이 깃든 장소였다. 우리가 행사를 하게 된 빈 대학교 중국문학관은 그때 프리스비를 하며 뛰어놀던 곳이고, 잠시 머물게 된 기숙사 역시 따샤의 친구들과 파티했던 곳이었으며, 차창 밖으로 보이는 낯익은 골목들 또한 그 시절 친구들과 하루가 멀다고 걸어 다녔던 곳이었다. 지금쯤 그 친구들은 얼마나 컸을까.

빈에서는 SNS를 통해 알게 된 김지은 씨의 기숙사에서 머물게 되었다. 지은 씨가 학교를 일찍 떠나면서 기숙사 방이 며칠간 비게 되었는데, 우리가 마침 그 기간에 빈에 온다는 소식을 듣고 방을 내주었다. 얼마나 고마운지. 사실 남자 셋이 다니다 보면 집으로 초대되는 경우는 흔하지 않다. 세 명은 부담스럽고, 또 일정을 맞추기도 쉽지 않기 때문이다. 그런데 지은 씨는 자기 방만 내준 게 아니라 우리가 도착한 날 성대한 축하 파티까지 열어주었다. 사실은 빈을 떠나는 그녀가 준비한 작별파티였지만, 우리도 초대받았으니 환영파티를 겸한 셈이 아니겠는가. 그 좁은 주방에서 불고기, 비빔면, 떡국, 떡볶이, 닭볶음탕, 샐러드, 김치, 과일 등 평소 우리가 행사할 때보다 더 다양하게 음식을 준비하는 모습을 보고 놀라지 않을 수 없었다. 소아 씨와 요하네스, 크리스, 마티아스 등 그녀의 친구들도 함께 한 첫날 저녁, 우리는 큰 힘을 얻었다. 어디를 가든 반겨주는 지역교민들과 유학생들에게서 우리는 늘 에너지와 교훈을 얻는다. 머무를 곳도 정해졌고 행사장소도 정해진 빈, 마음이 가벼웠다.

둘째 날, 여행 출발 때부터 그렇게 고대하던 빈의 친구들을 만나기로 했다. 스무 살에 만났던 그들, 서로 다른 나라에서 6년이라는 시간이 지났다. 그들의 기억 속에 나는 어떻게 남아 있을까. 작은 눈, 까맣게 그은 피부, 자기 덩치보다 더 큰 배낭을 메고 흔적 없이 유랑하는 여행자? 그때 우리의 추억이 담긴 책을 들고, 배낭이 아닌 버스를 운전해서 나타난 지금의 나를 알아볼 수 있을까. 이런저런 생각이 머릿속을 정신없이 오갔다. 멀리서 나를 향해 걸어오는 로비가 보였다. 그는 그대로였다. 외모도 그대로였고 자유분방했던 성격도 그대로였다. 학생에서 일을 하는 직장인으로 직업은 바뀌었지만, 모든 것이 그대로 6년이라는 시간이 비켜간 것 같았다.

『26Euro』에 나와 있는 6년 전 그들의 사진, 그리고 현재의 그들

    그 후 빈에 있는 며칠 동안 빈의 친구들을 차례대로 만났다. 다른 친구들도 마찬가지였다. 변한 사람은 나뿐이었다. 돈은 한 푼도 없으면서도 돈 같은 건 신경 안 쓰고 당당했던, 갑자기 변하는 일정에도 웃으며 여유를 부리던, 다음 날 어디로 가든 자유로웠던 나는 없어졌다. 대신 마트에서 0.1유로라도 더 싼 물을 찾으려 시간을 보내고, 조금 비싼 고기를 샀다고 동료에게 화를 내는, 갑자기 변하는 일정에 스트레스 받고, 다음 날 이동거리에 신경이 곤두서 있는 내가 있었다. 한국에서의 6년이 나를 더욱 팍팍한 사람으로 만들었나 하는 생각이 들었다. 즐겁기 위해서 선택한 내 꿈인 '김치버스'가 어느새 골치 아픈 여행이 되어버린 것은 아닐까. 나 혼자만의 여행이 아닌, 책임져야 할 것들이 많은 여행이다보니 이상적인 꿈을 좇기보다는 현실적인 상황에 더 무게가 쏠린 여행이 되었다. 김치버

스는 아무도 등 떠밀지 않았던 내 선택이었고, 아무도 믿어주지 않았을 때 믿어 달라고 애원하며 매달리던 여행이다. 그렇게 간절히 원했던 프로젝트에서 내가 별로 즐겁지 않다는 생각이 들었다. 나는 현실의 짐을 조금 내려놓기로 했다. 빈의 친구들이 느끼게 해준 6년간의 변화, 변화하지만 변하지는 않아야 했다.

혼자 여행을 다니면서 여행의 추억을 공유할 수 있는 동행이 있었으면 좋겠다는 생각을 참 많이 했다. 멋진 순간, 황당한 장면, 즐거운 추억, 지난날을 웃으며 이야기할 수 있는 동행. 빈의 로비와 친구들은 동행이 없는 내게 추억을 공유할 수 있는 친구가 되어주었다. 6년 후에 내가 돌아와 이렇게 웃으며 그때를 추억할 수 있는 것처럼. 그리고 다시 그때를 기억하며 현실의 짐을 조금 내려놓고 이상을 좇을 수 있게.

김치버스는 항상 셋이 함께였다. 그만큼 많이 싸우기도 하지만 훗날 여정을 추억하며 우리끼리만 아는 얘기를 나누며 즐거워하겠지. 그리고 이 순간을 계기로 우린 조금 더 즐거운, 현실의 팍팍함이 아닌 처음 생각했던 꿈의 김치버스 여행추억을 만들 수 있지 않을까.

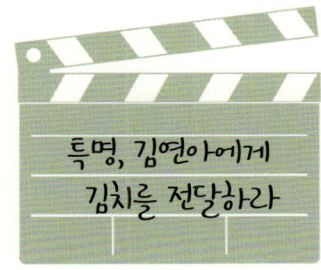

"형, 조성하 국장님께 메일이 왔는데요."

"응? 동아일보 국장님? 뭐라시는데?"

우리의 중요한 업무 중 하나는 김치버스 여행을 떠나며 도와주었던 분들에게 한 달에 한 번 정도 우리 근황을 알리는 메일을 보내는 일이었다. 당신들의 도움으로 꿈을 이루어가는 과정을 보여주고 싶었고, 그런 메일을 통해 우리도 나태해지지 않기 위함이었다. 그러던 중 광주세계김치문화축제의 조정국 집행위원장님 소개로 김치버스 기사를 크게 실어주었던 조성하 국장님이 답장을 보낸 것이다. 보통 우리가 보낸 메일의 답장은 격려와 응원이 대부분이었기에 이번에도 그런 내용이려니 생각하고 있었다.

"1월에 인스브루크에서 열리는 청소년 동계올림픽에 관한 내용인데요…."

우리가 곧 가게 될 인스브루크에서 1월에 제1회 청소년동계올림픽이 열리는데, 그곳에 있는 친구분 이순애 씨께서 김치버스의 홍보행사를 도와줄 수 있다는 내용이었다. 어차피 지나는 길목에 있는 인스브루크, 그런 큰 행사에서 김치를 홍보할 수 있다면 더없이 좋은 기회가 될 것 같았다. 게다가 청소년동계올림픽의 홍보대사가 '김연아'라는 사실에 우리는 흥분을 감출 수 없었다. 우리가 그

고요했던 할슈타트, 관광지로 유명한 마을이지만 그날 밤은 우리들뿐이었다

곳에 가서 한국선수단과 김연아 선수에게 우리 김치요리와 김치를 전달할 수만 있다면, 이것은 대단한 '뉴스' 아닐까. 우리는 서둘러 조성하 국장님께 답신을 보내 이순애 씨를 소개받았다.

이순애 선생님은 이승만 전 대통령의 부인인 프란체스카 여사의 전기 『프란체스카 스토리』의 저자였고, 인스브루크에서 오래 살아 지역에서 발이 꽤 넓은 편이었다. 특별히 집으로 초대해 재워달라고 할 수는 없었지만, 그를 통해 한국에서 보내준 김치를 받을 수 있었다. 한국에서 처음 출발하며 가져온 김치 50킬로그램은 몇 차례 행사를 거치며 이미 바닥났고, 1월 초에 다시 50킬로그램을 공급받아야 하는 상황에서 인스브루크는 적합한 거점이 되었다.

김연아 선수를 만나고, 김치도 받을 수 있으리라는 기대를 품고 우리는 곧장 인스브루크로 향했다. 잘츠부르크에서 뮌헨을 지나 인스브루크로 향하던 길에 눈 덮인 알프스 산맥의 장관을 보고 우리는 차를 멈추지 않을 수 없었다. 잠시 휴게소에도 들를 겸 사진을 찍기 위해 멈춰선 김치버스, 선글라스까지 끼고 멋지게 촬영하려는데 갑자기 경찰이 나타났다. 경찰의 검문에 대응하는 데에도 이제는 이골이 났으니 별로 놀라지도 않았다.

"당신 차는 어디서 출발했습니까?"

"뮌헨에서 출발했습니다. 지금 우리는 세계일주 중입니다."

경찰은 우리에게 고속도로 통행료를 내지 않았으니 벌금을 내야 한다고 차근차근 설명해주었다.

'아니 갑자기 무슨 벌금? 지금까지 고속도로 달리면서 톨게이트도 보지 못했고, 돈을 내라는 안내판도 본 적이 없었는데….'

이래서 무식이 죄다. 소형차들은 상관없지만, 대형차는 'Go-Box'라는 일종의 하이패스 같은 기계를 사서 금액을 충전하고 차량 전면에 부착해야 한단다.

그러면 구간별로 통행료가 자동으로 정산된다는 것이다. 슬로바키아와 비슷한 형태였다. 경찰은 말이 잘 안 통하는 우리에게 상세하게 설명해줄 정도로 친절했지만, 우리에게 220유로의 벌금을 부과했다. 여행하면서 제일 아까운 돈이 주차비와 고속도로 통행료, 그리고 벌금이다. 괜히 알프스에 반해 사진 찍겠다고 멈춰 섰다가 당한 봉변이었다. 김연아 선수를 만나기 전 액땜했다고 치고 다시 길을 재촉했다.

어렵게 도착한 인스브루크에서 이 선생님은 인스브루크 부시장님께도 연락을 취해주고 스와로브스키 회사나 대한체육회 백성일 본부장님과도 상의했지만, 올림픽 경기는 인스브루크 시와 상관없이 IOC에서 모든 시설을 관리하며 선수촌 안으로 음식을 반입하는 것도 엄격히 제한된다는 대답만 들었다며 아쉬워했다. 김치냉장고는 김치로 가득 채워졌지만, 마땅히 행사할 장소 섭외조차 어려운 상황이었다. 행사장소 섭외가 수월하리라 예상하고 인스브루크를 찾았

인스브루크 전경

1. 지르니까 청춘이다   **2. 고난의 행군**   3. 김치버스 르네상스   4. 새로운 도전, 북미   5. 당신이 궁금해하는 것

기에 기대가 컸던 만큼 실망도 컸다. 하지만 그대로 물러설 수는 없었다. 우리는 도전의 상징 아니던가.

끈질긴 노력 끝에 개막 전날 인스브루크 시내 올림픽컨벤션센터에서 진행되는 사전행사에 김연아 선수가 참석한다는 정보를 입수했다. 우리는 어떻게든 그녀를 만나기 위해 김치버스를 타고 컨벤션센터 앞을 계속 맴돌았다.

'눈에 띄면 반가워하지 않을까. 취재하러온 한국 기자들이 알아봐 주지 않을까…'

그렇게 건물 주위를 열댓 차례 맴돌아 삼십 분 정도 지났을까. 이런 방법이 너무 무모하다는 생각이 들었고, 우리가 하는 짓이 한심하다는 생각까지 들었다. 한국에서 김치를 모자람 없이 먹다 온 김연아 선수를 이용해서 김치를 홍보한다는 계획은 더 이치에 맞지 않는다는 생각이 들었다. 김연아 선수를 만난다면 더 없이 좋겠지만 우리의 본분대로 외국인들에게 김치를 알리는 일이 더 중요하지 않을까?

다음 날, 제1회 청소년동계올림픽 개막식 행사가 올림픽파크에서 열렸다. 엄격한 차량통제 때문에 김치버스는 근처에도 갈 수 없었다. 일반 차량과 달리 푸드트럭처럼 생긴 김치버스는 더욱 심한 통제를 받았다. 그러나 그대로 물러설 우리가 아니었다. 행사장소에 김치버스를 주차할 수는 없었지만, 우리에게는 진짜 김치보다 더 김치 같은 김치모형이 있었다. 러시아에서부터 외국인들의 관심을 집중했던 홍보계의 일당백 김치모형! 개막식 티켓은 없었지만, 무작정 조리복을 입고 김치모형을 들고 산에 올랐다.

1월, 알프스 산맥의 심장과도 같은 인스브루크의 추위는 대단했다. 조리복 안에 옷을 몇 겹 껴입었지만, 추위를 막을 수는 없었다. 사람들이 입장하기를 기다리던 올림픽파크 입구, 반가운 한국 사람을 만났다. 김연아 선수의 전담통역사 슬기 씨, 그녀는 자원봉사로 이곳에 왔다고 했다. 내겐 생소한 경험인 자원봉사에 대해 이것저것 묻던 중 '어디까지가 자원봉사인가' 하는 의구심이 생겼다. IOC에서 숙박만 해결해주어 비행기 표며 식사는 스스로 알아서 해결해야 한다는 슬기 씨, 그녀는 그런 경력, 경험이 필요했을 것이다. 그래서 나는 오히려 IOC가 그런 사람들을 '자원봉사자'라는 명목으로 너무 쉽게 여기는 게 아닌가 하는 생각이 든 것이다.

슬기 씨와 이런저런 이야기를 나누는데 티켓검사원이 나타났다. 혹시나 들어갈 수도 있지 않을까 했던 마음은 엄격한 티켓검사원을 보자마자 사라졌다. 표가 없는 우리는 내려가야 했다. 올림픽 개막식에서 멋지게 김치홍보를 하고 싶었지만, 그럴 기회는 쉽게 주어지지 않았다. 우리는 홍보를 포기하고 올랐던 산길을 천천히 내려가기 시작했다. 그러다 한 외국인이 말을 걸어왔다.

"너희 손에 들고 있는 그게 뭐야? 음식이야?"

"아 이건 김치야, 한국의 전통 음식이지…."

그 한 마디를 시작으로 개막식 입장을 기다리던 많은 사람이 우리에게 관심을 보이기 시작했고, 줄은 끊임없이 이어졌다. 김치에 대해 몇 번이나 설명하고 몇 번이나 사진에 찍혔는지 모르겠다. 입에서 단내가 날 정도로 반복되는 설명에 홍보를 그만하자는 생각까지 들 정도였다. 개막식에 관객으로 참석한 수천 명이 우릴 스쳐 지나갔다. 우리가 기대했던 것처럼 김연아 선수와 한국선수단에 김치를 전달하고, 올림픽을 보기 위해 세계 각국에서 온 관광객들에게 김치를 멋지게 알릴 기회는 없었지만, 적어도 개막식에 참석한 사람들만큼은 김치가 어떤 것인지 알게 되었을 것이다. 화려하진 않았지만 확실한 홍보였다. 기대했던 대로 이루어지지 않았다고 해서 실망하고 아무런 노력도 기울이지 않았더라면 인스브루크는 우리에게 아무런 추억도 남기지 못했을 것이다.

제3부 | 김치버스 르네상스

두 번째 장기 여행, 김치버스

    2002년과 2003년 두 번의 국내 무전여행 이후 군대를 다녀온 나는 전역한 지 1년 만에 다시 또 무전여행을 떠났다. 첫 번째 해외여행이었지만 마드리드행 편도티켓과 주머니에 구겨 넣은 26유로 외에는 아무 준비 없이 훌쩍 떠난 세계 무전여행. 주변에서 걱정하는 사람도 많았고 말리는 사람도 많았다. 심지어 출발 일주일 전, 두 번의 무전여행을 함께 경험했던, 이번에도 함께 떠나려 했던 친구까지 떠나지 못하겠다며 비행기표를 취소했다. 그래도 나는 떠났다. '가서 혹시 안 좋은 일로 죽는다 하더라도 떠나는 것이 낫다.'라는 생각까지 하며 사뭇 비장했던 여행의 시작, 그야말로 여행에 미쳐 있던 때였다. 무전여행을 떠난 이유는 요리 때문이었지만 떠나고 나서는 여행 자체가 좋았고 그 여행에서 만나는 사람들이 좋았다. 말 그대로 무전여행이다 보니 돈 한 푼 없이 굶는 날도 많았고 구체적인 일정이나 계획도 없었다. 그냥 바람처럼 자유롭게 떠다니는 여행자였다. 막막하고 힘들었던 적은 수도 없이 많았지만 내가 선택한 길이었기에 후회했던 적은 없었다.

    2006년 7월부터 2007년 2월까지 220일간의 세계 무전여행을 무사히 마치고 돌아왔다. 220일간의 여정에서 만난 친구는 셀 수 없다. 혼자 다니며 매일 같이 잘 곳과 먹을 것을 구해야 했으니 먼저 말을 거는 것은 당연했고 이동할 때 히치하이크는 필수였기에 그런 과정에서 자연스럽게 많은 현지인을 만날 수 있었다. 그러나 구걸하는 여행이 아니라 친구를 사귀는 여행이었다. 그런 당당함 덕분에 영어 실력은 자연스럽게 늘었고, 붙임성도 좋아졌다. 길에서 현지인을 만나 말이 통해 친구가 되고, 그들 집에 초대받아 며칠씩 지내기도 했다. 그리고 그들의 친구, 친척들을 소개받기도 했다. 작별을 아쉬워하며 샌드위치를 챙겨주고 히치하이크 하지 말고 기차를 타고 가라며 차비를 쥐어주는 친구들도 많았다. 언제든 다시 돌아오라며 열쇠를 숨겨놓은 장소를 알려주기도 했고, 아예 며칠 휴가를 내어 나와 동행하면서 자기가 잘 아는 지역을 소개해주는 친구도 있었다. 그 덕에 일하지 않고도 먹고 지내는 데 그리 큰 어려움은 없었다. 혼자 떠났지만 항상 누군가와 함께 했던 여행, 나는 그 여행을 통해 사람을 만나는 일이 얼마나 값진 경험인지를 알게 되었다.

여행을 마친 후에도 나는 그 친구들과 꾸준히 연락했다. 한국에 온다면 내가 받았던 도움 이상으로 그들에게 해줄 수 있는 모든 것을 베풀고 싶었다. 그들 모두가 한국으로 오는 것은 어려웠지만 한 명, 슬로베니아에서 나를 초대했던 친구가 한국을 방문한 적이 있었다. 사업차 잠시 들른 한국에서 그의 사업 파트너가 비싼 음식을 사주고 좋은 곳을 구경시켜 주었지만 그는 나와 함께 갔던 광장시장의 빈대떡, 인사동의 허름한 밥집을 더 좋아했다. 맛과 분위기를 떠나서 '누구'와 함께 있는지가 더 중요하다. 세계무전여행을 하면서 입장료를 내야 하는 유명한 관광지나 미술관에는 갈 수 없었지만 나를 초대해준 현지 외국인 친구들 덕분에 내 여행은 추억으로 가득 찼다.

그 후로 5년이라는 시간이 지났고 그때까지 연락이 이어진 친구들은 내가 다시 유럽을 방문한다는 사실에 흥분을 감추지 못했다. 이번에도 돈 없이 온다고 해도 현관문은 열려 있다고 말해준 친구부터 다른 나라로 이사를 갔으니 그 나라로 꼭 들러달라는 고마운 친구도 있었다.

김치버스 프로젝트는 내 두 번째 장기 세계여행이다. 김치버스라고 빨갛게 도색되어 있는 차량과 1억 원 이상의 후원금, 두 명의 동행까지, 세계무전여행을 떠났을 때와는 상황이 많이 다르지만, '사람을 만나는 여행'이라는 공통점이 있다. 그렇기에 이 여행도 그때처럼 아름다운 추억으로 가득 차리라는 것을 의심하지 않는다. 한국을 떠나며 나는 세계무전여행에서 만났던 친구들을 다시 만날 수 있다는 설렘과 그때의 경험처럼 새로운 사람들을 만나는 여행에서 얻을 수 있는 가치 있는 경험에 대한 기대로 가득 찼다.

부르면, 달려갑니다

　김치버스가 고속도로를 달리다가 과속으로 단속된 적이 있었다. 딱 한 번. 그것도 사실 뒷돈 좋아하는 우크라이나 경찰의 억지 때문이었다. 당시 한적한 지방도로를 달리던 김치버스의 속도는 시속 60킬로미터였지만, 우크라이나 경찰은 그 도로의 제한속도가 시속 50킬로미터라고 우겼다. 말도 잘 통하지 않았던 우리는 그때 마침 우크라이나 주재 한국대사관에서 걸려온 전화가 아니었더라면 그 수상쩍은 경찰에게 억울한 벌금을 고스란히 바칠 뻔했다.

　김치버스의 최고속도는 시속 80킬로미터. 다시 말해 과속이 아예 불가능한 차량이다. 털털거리는 98년식 버스를 몰고 전 세계를 여행한다는 오기가 우습게 보이겠지만, 느리면 어떤가. 멈추지 않고 달려만 준다면 못 할 일도 아니었다. 어쨌거나 이런 차를 몰고 하루에 얼마나 달릴까 싶겠지만, 러시아와 우크라이나를 통과할 때에는 하루 900킬로미터를 달린 적도 있었다. 그 먼 거리를 반드시 완주해야 할 피치 못할 사정이 있는 것은 아니었지만, 그 지역에서는 도시 간 이동에서 할 수 있는 게 아무것도 없었기에 새벽부터 늦은 밤까지 달리는 무리수를 두었던 것이다. 그러나 보통은 하루 주행거리가 500킬로미터를 넘지 않았다. 무리하게 달리면 노쇠한 김치버스를 잔인하게 혹사하는 일이 될 테니까. 그런 김치버스가 이틀 만에 1,952킬로미터를 달려야 했던 일이 있었으니, 바로 '마드리드 퓨전 2012'였다.

마드리드 퓨전(Madrid Fusion)은 요리사들의 축제다. 이름만 들어도 설레는 이 축제는 출발 전부터 꼭 참가하고 싶었던 리옹의 시라(SIRHA, 국제외식박람회)와 더불어 세계 요리축제의 양대 정상이라고 할 수 있다. 김치버스가 세계적으로 유명한 셰프들과 함께 축제에 참가하는 것만으로도 대단한 영광이었기에 주최 측에 김치버스 시식행사 제안서를 보냈지만 돌아오는 대답은 없었다. 무작정 찾아가 김치버스를 들이대 볼까 하는 생각도 있었지만, 당시 우리는 오스트리아에 있었다. 도저히 이곳 동유럽의 일정을 무시하고 멀고 먼 스페인까지 내달릴 수는 없었다. 괜히 객기를 부렸다가 시간과 돈만 낭비하고 구경도 제대로 못할 것이 틀림없다는 생각이 발목을 잡았다. 이름이 알려진 큰 행사일수록 미리 예정되지

김치버스의 최고 속도는 80킬로미터. 그마저도 한두 시간 간격으로 쉬어야 한다

마드리드까지는 1,952km

않은 행사는 거의 불가능하다. 소문난 잔치에 먹을 것 없다는 것은 이미 인스브루크 청소년동계올림픽에서 체험한 사실 아니던가.

그런데 오스트리아 인스브루크에 머무를 즈음, 마드리드 퓨전 2012의 주빈국이 한국이라는 반가운 소식과 더불어 농림부 장관께서 김치버스 팀을 격려하고자 직접 초대했다는 전화가 걸려온 것이다. 게다가 축제에 참가하면 '금일봉'도 하사한다니 자다가도 떡이 생긴다는 속담은 이런 경우를 두고 하는 말인 듯싶었다.

꿈에 그리던 마드리드 퓨전에 김치버스 팀이 참가하다니! 책이나 인터넷에서만 보았던 세계적인 셰프들과 어깨를 나란히 하고, 우리 음식 김치를 소개하고, 최고 요리를 맛보고, 수많은 외신기자가 김치버스에 주목하고, 우리는 플래시 세례를 받겠지? 외국 셰프들 사이에서 우리에 관한 입소문이 퍼지고, 현지 언론 덕분에 우리는 유럽 어디를 가나 환대받는 스타 셰프가 되는 거야! 우리는 끝없이 상상의 나래를 펼치며 한껏 들떠 있었다. 어쨌든, 마드리드 퓨전은 우리에게 김치버스와 한국음식을 널리 알릴 수 있는 절호의 기회였다.

하지만 현실은 냉혹했다. 2~3일 만에 1,952킬로미터를 완주해야 한다는 장벽이 우리 앞을 가로막고 있었다. 하루 1,000킬로미터씩 이틀을 쉬지 않고 달려야 한다. 대충 1리터로 5킬로미터를 달릴 수 있으니 400리터의 정도의 디젤이 필요하고, 디젤의 가격은 리터당 2,000원 정도였으니 주유비만 해도 80만 원. 게다가 최단 거리로 가려면 고속도로를 이용해야 하니 통행료도 50만 원이 넘었다. 너무 큰 지출이었다. 예산이 늘 부족했던 터라 고민했던 것이 사실이다. 꿈과 현실의 괴리가 느껴진달까. 가고 싶고 갈 수 있지만 돈 때문에 가지 못한다는 것은 꿈을 가지고 떠난 김치버스와는 왠지 어울리지 않았다. 게다가 마드리드 퓨전

2012에 참가하는 경험은 돈으로 환산할 수 없는 대단한 가치를 가지고 있었다. 큰 투자에는 위험도 크지만, 이익도 크다. 우리는 달리기로 했다.

1월 17일 저녁 8시, 한 시간이라도 아껴야 했기에 우리는 늦은 밤 오스트리아 서부 인스브루크를 떠났다. 그리고 이틀 뒤인 19일 오후 2시, 작열하는 태양 아래서 김치버스는 마드리드에 입성했다. 오스트리아를 떠나 스위스를 가로지르고, 프랑스 남부를 지나 스페인 바르셀로나로, 그리고 마드리드에 도착하기까지 논스톱 42시간이 걸렸다.

우리에게 불가능은 없었다. 우리를 부르면 어디든, 언제든 달려갔다. 그것이 김치버스의 자유로움이었고 존재 이유였다.

삼 일, 세 번의 시련

1월 16일,

이틀 전 캠핑장에서 저지른 내 어처구니없는 실수로 김치버스의 전력 공급이 끊긴 상태였다. 외부 전원을 연결할 수 있었던 캠핑장에서 콘센트 구멍이 맞지 않아 고민하던 중 출력만 가능한 차량 내부 콘센트와 역시 출력만 가능한 캠핑장 콘센트를 연결해버린 것이다. 어떻게든 연결해보겠다는 단순한 생각에서 비롯된 행동이었지만, 말도 안 되는 멍청한 짓이었다. 순간의 실수로 차량 내부 전력을 공급해주는 인버터가 고장 나버렸다. 인버터는 차량 배터리의 12V 교류를 흔히 쓰는 220V 교류로 바꿔주는 장치인데, 김치버스는 전력을 많이 사용하다 보니 12V 배터리 2개를 연결하여 24V용 인버터를 사용했다. 하지만 24V용 인버터는 외국에서 쉽게 구할 수 없는 물건이었다.

김치버스에 전력이 끊기면 지내기가 이만저만 불편한 게 아니다. 우선 휴대전화를 충전할 수 없고 유일한 밤 지킴이 노트북도 무용지물이 되어버린다. 하지만 그보다 더욱 심각한 문제는 김치냉장고를 사용할 수 없다는 점이었다. 추운 겨울 알프스에서 그랬기에 망정이지 만약 날씨 따뜻한 스페인이나 이탈리아에서 그런 사고가 났다면 상황은 전혀 달라졌을 것이다. 어쨌거나 우리는 인버터를 빨리 구해야 했고, 사방팔방 수배하던 중에 24V 인버터를 판매한다는 오스트리아 서부 인스브루크 외곽의 어느 가게를 찾아냈다. 한시도 지체할 수가 없었다.

이틀이 지나는 동안 어떤 전자제품도 사용하지 못했고 냉장고의 음식 재료들도 썩어나가기 시작했다. 이젠 살았구나, 하고 찾아간 가게에서는 하필이면 그날 그 인버터 재고가 없다고 했다. 그 대신 인스브루크에서 북쪽으로 100킬로미터 정도 떨어진 독일 남부, 로젠하임에 있는 다른 매장을 소개해줬다. 인버터를 사려고 오스트리아에서 독일로 이동한다? 유럽을 다니다 보면 '국경'이라는 것이 참 허무하게 느껴진다. 눈에 보이지도 않는 선을 그어놓고 그렇게 많은 전쟁을 치렀다는 사실이 믿기지 않을 때도 있다. 어쨌거나 로젠하임으로 달려갔지만, 그곳에서도 인버터를 구할 수 없었다. 다시 북쪽으로 70킬로미터 떨어진 독일 뮌헨까지 가서야 다행히도 24V용 인버터를 구했다. 물론 우리가 원하는 출력의 제품은 아니었지만, 그래도 이제 전기를 다시 사용할 수 있다는 사실에 감사해야 했다. 그렇게 우리는 인버터 하나를 구하려고 국경을 두 차례나 넘으며 왕복 350킬로미터를 달려야 했다.

17일 저녁, 김치버스는 스페인 마드리드로 향하고 있었다. 한 시간이라도 아껴보겠다고 저녁을 먹자마자 출발했는데, 고속도로를 한참을 달리다가 기름이 떨어진 것을 발견했다. 그렇잖아도 화장실에 가고 싶었는데 마침 기름도 떨어졌고, 잘됐다 싶어 주유소에 가겠다고 하니 후배들이 얼마나 급하냐며 놀려대기 시작했다. 그렇게 웃고 떠들다가 주유소 한 군데를 지나쳤다. 사방이 어둡기도 했고, 장난치느라 집중하지 않았기 때문이었다. 상황이 심각했다. 불빛 하나 보이지 않는 인적 드문 고속도로에서 연료 게이지 바늘은 이미 빨간색 아래로 바닥까지 내려가 있었다. 주유 경고등도 고장 난 터라 차는 언제라도 멈춰 설 수 있었다.

긴박감 때문인지 배변 욕구도 잠시 진정되었고, 시시덕거리던 후배들도 긴장해서 눈에 불을 켜고 주유소를 찾기 시작했다. 시간이 갈수록 우리는 초조해졌다. 한 시간 빨리 가려다 하루가 늦어질 수도 있었기에 우리는 우선 아무 마을에나 들어가 주유할 수 있는 곳을 물어보기로 했다. 그렇게 들른 마을이 인스브루크에서 서쪽으로 90킬로미터쯤 떨어진 곳에 있는 폴리스크 알프스 틈새에 있는 작은 마을이었다. 설령 이 마을에 주유소가 없더라도 근처 어딘가에는 있겠지 하며 마음을 놓은 것도 잠시, 주유소를 물어물어 찾아가던 중 김치버스가 그만 눈구덩이에 빠져버렸다. 내비게이션이 가리키는 대로 좁은 골목으로 들어섰고 빙판으로 얼어붙은 길이 너무 위험해서 차를 돌려 나가려다가 순식간에 벌어진 일이었다.

나보다 운전이 능숙한 승민이에게 운전대를 맡기고 차에서 내려 상황을 파악했다. 힘은 없고 무게만 무거운 김치버스는 도저히 빠져나올 수 없는 상태였다. 한참을 부르릉거리며 시끄러운 엔진 소리를 내자 사람들이 모여들었다. 아침에 캠핑장에서도 차가 눈구덩이에 빠져 한바탕 난리를 쳤는데, 이번에는 훨씬 더 심각했다. 동네 주민 서너 명과 산책하던 관광객 가족 여섯 명이 도와줬지만 역부족이었다. 삽을 구해 눈을 파고, 자갈을 구해오고, 바퀴 아래 나무를 받쳐보기도 했지만 김치버스는 꼼짝도 하지 않았다. 여러 사람이 힘을 모아 힘껏 밀어봐도 요지부동이었다.

차를 움직이기는 틀렸다는 생각이 들자, 잠잠했던 아랫배도 덩달아 아파 오기 시작했다. 어쩔 수 없이 이곳에서 하룻밤을 보내고, 다음 날 구조를 기다리는 수밖에 없다고 판단하고, 나는 우선 급한 화장실 용무부터 해결하기로 했다. 조금 전에 길을 물었던 호텔로 달려가 배변 문제를 해결하고 나니 머리가 한결 맑아졌다.

'내일이면 어떻게든 되겠지, 오늘은 그냥 여기서 자기로 하자….'

호텔에서 나와 김치버스가 있던 곳으로 돌아가는데, 눈부시게 밝은 헤드라이트를 켜고 차 한 대가 내 쪽으로 달려왔다. 토요타 픽업트럭이었다. 나는 트럭을 몸으로 막아 세우고 다짜고짜 도와달라고 사정했다. 한밤중 산골짜기 마을에서 동양인 남자가 툭 튀어나와 도와달라고 하니 운전자도 적잖이 놀란 눈치였다. 하지만 우리 사정 이야기를 듣고는 흔쾌히 도와주겠다고 했다. 내가 그를 데리고 김치버스가 있는 곳으로 돌아가 보니 그사이에 차는 약간 움직여서 오르막을 오르려다가 왼쪽 미등이 난간에 부딪혀 깨진 상태였다. 사람이 다치지 않은 것이 천만다행이었다.

나는 의기양양하게 나서서 구원자를 소개했다. 아침에 캠핑장에서 김치버스가 눈구덩이에 빠졌을 때 도와준 차는 견인줄이 끊어져 미안했는데 구원자의 견인줄은 아주 단단한 강철인 듯했다. 요지부동이던 김치버스를 언덕 위쪽으로 끌어내는 데 30초가 채 걸리지 않았다. 그는 고맙게도 '내 차가 이럴 때 쓸모가 있어서 다행.'이라는 말을 남기고 멋지게 무대에서 퇴장했다. 물론 사양은 다르지만, 현대차보다 토요타가 위대해 보인 순간이었다. 아무튼, 그 구원자 덕에 우리는 휴게소에서 안락한 밤을 맞을 수 있었다.

그리고 18일, 김치버스는 스위스를 지나 프랑스를 달리고 있었다. 이틀 연속으로 차량에 문제가 생기다 보니 아침부터 왠지 모르게 불안감이 엄습해왔다. 타이어 공기압이나 부동액 등 이것저것 꼼꼼히 점검하고 조심스럽게 달렸지만, 역시 일이 터졌다. 평소에는 나와 승민이가 앞좌석에 앉고 석범이는 뒷좌석에 앉았는데, 그날 따라 일이 터지려고 그랬는지 셋이 오순도순 수다를 떨며 앞좌석에 타고 있었다.

갑자기 이상한 기분이 들었다. 뭔가 찰랑거리는 듯하고, 서늘하기도 해서 다급히 석범이에게 '야, 뒤에 실내등 좀 켜봐!' 하고 뒤를 돌아보니 차 안에 물이 가득 차서 찰랑거리고 있었다. 한파로 수도관이 얼어 터졌던 것이다. 고속도로 갓길에 차를 세웠다. 이미 늦은 저녁이었고 어둠 속 어딘가에서 분출하는 물줄기를 도무지 찾을 도리가 없었다. 결국, 물탱크에 연결된 관을 막아버리는 수밖에 없었다. 한 시간 동안 물을 퍼내고, 젖은 물건들을 닦고, 물펌프를 제거했다. 이날부터 우리는 수도꼭지를 사용할 수 없게 되어 물을 탱크에서 직접 받아쓰게 되었다.

  김치버스의 스페인행이 힘들었던 이유는 거리 때문만이 아니었다. 스페인으로 떠나기 전날부터 3일간 김치버스의 발목을 잡은 세 가지 사건. 일 년에 한 번 일어날까 말까 한 사건들이 그즈음에는 연이어 터졌다. 그렇게 우리는 늘 최악의 상태에 놓여 있었다. 하지만 우리에게 불가능은 없었다.

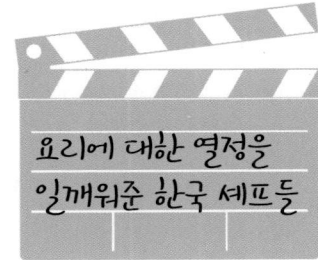

"여름이다!"

스페인 국경을 넘으며 나도 모르게 소리를 질렀다. 알프스에서 치약마저 얼어붙는 살벌한 추위에 떨며 지내다가 이틀 만에 마주친 뜨거운 태양은 여름을 느끼기에 충분했다. 이틀간의 고단한 여정이었지만, 우리는 마드리드에 도착해 있었다. 초대받은 행사, 요리사들의 축제 마드리드 퓨전 2012는 우리의 기대를 저버리지 않았다. 도착하자마자 만난 대사관분들은 방송국에서 김치버스에 큰 관심을 보이고 있어 별도로 인터뷰하고 싶다고 했고, 산당 임지호 셰프, 정식당 임정식 셰프, 롯데호텔의 이병우 조리장 등 한국을 대표하는 요리사들도 만날 수 있었다.

마드리드 퓨전 행사장은 실내여서 김치버스가 들어갈 수는 없었지만, 개막식에 농림부 장관께서 직접 행사장 앞에 주차한 김치버스로 와서 격려금도 전달한다고 했다. 비록 행사장에서 김치버스 이름으로 시식행사나 홍보행사를 할 수는 없었지만, 이병우 조리장의 지휘로 팔라스 호텔에서 열리는 전야제 환영만찬 준비에 참여했고, 행사장에 조리 시설이 없어 일부 한국음식들을 김치버스 안에서 만들기도 했다. 그것만으로 우리에겐 대단한 경험이었다.

행사장 안은 전 세계에서 몰려든 요리사들로 북적였다. 우리도 한껏 들떠 태극기와 김치버스 이름이 새겨진 조리복을 입고 행사장 이곳저곳을 기웃거렸다. 아무래도 한국이 주빈국이다 보니 한국 재료에 대한 요리사들의 관심이 뜨거웠다. 고추장, 된장, 간장, 그리고 김치까지 이것저것 물어오는 통에 우리가 마치 세계적인 요리 축제의 주인공이라도 된 듯한 기분이 들었다. 마드리드 퓨전은 생각대로 대단한 축제였지만, 참관보다 더 소중했던 경험은 요리사들을 만난 일이었다. 그들은 한국의 미래를 책임질 요리사들이었다.

이전에 출간한 책 『26euro』에도 등장했던 후배 정현이는 나보다 한 살 어린 젊은 요리사다. 나이는 어리지만, 이번 마드리드 퓨전 행사에 초대된 서울 정식당의 부주방장인 실력 있는 녀석이다. 스페인으로 오기 전에 정현이를 통해 정식

화려했던 마드리드 퓨전 만찬장

당이 행사에 참가한다는 사실을 나는 알고 있었다. 레스토랑 노부의 셰프 민구, 정식당의 헤드 셰프 정식이 형, 그리고 런던으로 시집간 페스트리 셰프 수정이, 뉴욕 CIA에서 조리를 공부하는 미진이까지 모두 마드리드에서 만난 신기한 인연들이다. 이날을 계기로 우리는 나중에 런던에 갔을 때, 뉴욕 CIA와 정식당에 갔을 때 그들의 도움을 받을 수 있었다. 16시간씩 주방에서 일하기도 했고, 잠자리를 찾아 마드리드 외곽까지 매일 밤 운전해야 했지만, 관심 분야가 같은 새로운 사람들을 매일 만날 수 있어 무척 즐겁게 지냈다.

그렇게 3일간의 마드리드 행사가 끝나고, 우리의 인연은 스페인 북부의 산세바스티안으로 이어졌다. 미슐랭 가이드북에서 준 별점, '미슐랭 스타'가 단위면적당 가장 많다는 미식 도시, 산세바스티안. 정식당 스태프들은 마드리드에 온

마드리드 퓨전 전야제 만찬을 지휘한 롯데호텔 한식팀

비가 촉촉이 내려앉은 산세바스티안 시내

각국에서 모여든 예비쉐프들의 '배움'에 관한 열정은 대단했다

김에 산세바스티안에 들러 미식 투어를 할 예정이었지만, 우리는 미식을 즐길 금전적 여유가 없었다. 하지만 산세바스티안에서 요리 유학을 하는 수진이와 성민이, 그리고 윤주 누나의 초대 덕분에 루이스 이리자르 조리학교에서 한식을 강연하게 되었고, 정식당 스태프들을 다시 만날 수 있었다.

　루이스 이리자르 조리학교는 스페인 북부 바스크 지방의 미식을 이끄는 1세대 원로, 루이스 이리자르 할아버지가 두 딸과 함께 세운 도제식 조리학교이다. 2012년 당시 스페인에서 미슐랭 3스타를 받은 레스토랑은 다섯 군데 정도였는데, 그중 세 군데인 아르삭(Arzak), 마틴 베라사테기(Martin Berasategui), 아켈라레(Akelarre)가 이곳 바스크 지방 산세바스티안에 있고, 그들의 스승 격이 바로 루이스 할아버지였다. '요리사의 스승'으로 불리는 대단한 쉐프의 조리학교에서 강연을 하다니! 믿기지 않았다.

　산세바스티안은 참 좋다. 둥근 모양의 콘차 해변, 작열하는 태양, 바스크 요리를 느끼기에 충분한 핀쵸스(Pintxo, 스페인 바스크 지방의 요리로 작은 빵조각이나 바게트 위에 다양한 재료와 소스를 올려 이쑤시개 등으로 고정시킨 한입 크기의 음식), 미식가들의 지침서 『미슐랭 가이드북』에서 별을 받은 레스토랑들, 스위스 산골짜기 관광지인 체르마트처럼 아기자기하게 집들이 늘어선 골목길, 여유가 느껴지는 아름다운 곳, 스페인에 오고부터는 모든 것이 완벽했다.

　루이스 이리자르 조리학교에서 했던 강의는 특별했다. 평소처럼 김치 한 가지만을 이용한 강의가 아니라 간장, 된장, 고추장, 액젓, 3년 묵은 천일염 등 다양한 한국의 음식 재료를 보여주고 그것들이 어떻게, 어떤 과정을 통해 음식으로 바뀌는지 한 상 차림으로 보여줘야 했기에 어느 때보다도 신경 써서 준비를 마쳤다. 루이스 이리자르는 작은 학교였지만 각국에서 온 열정 있는 학생들이 자리를 메우고 있었다. 우린 수진이와 성민이 덕에 쉽게 강의 기회를 얻게 되었지만, 그

산세바스티안의 자랑거리, 다양한 핀쵸스!

날은 윤주 누나가 특별히 통역을 해주었고 루이스 이리자르 학교에 입학하고 싶었던 경섭이가 일일 도우미를 자청했다. 한국 유학생들과 함께 만들어낸 강의는 성공적이었다. 학생들뿐 아니라 교수들도 한식과 재료에 큰 관심을 보였고, 전설적인 루이스 이리자르 할아버지 역시 엄지를 치켜세워 주었다. 스페인 요리의 대가에게 한식을 알리는 행운을 얻은 김치버스 팀, 영광의 순간이었다.

강의도 좋았고, 산세바스티안도 좋았다. 무엇보다 함께 피에스타(파티)를 즐긴 젊은 요리사들이 있어서 즐거웠다. 행사 장소를 섭외하고 기획하고, 협찬사와 연락하고 차를 고치고… 그러느라 정작 중요한 요리에 많이 신경 쓰지 못했지만, 마드리드와 산세바스티안에 와서 만난 요리사들은 우리가 잠시 잊고 있었던 요리에 대한 열정을 일깨워주었다. 그들은 우리를 통해 향수를 달랬고, 우리는 그들을 통해 잠시 잊었던 초심을 되찾았다.

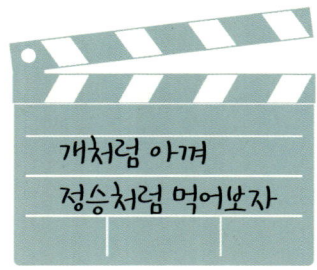

개처럼 아껴 정승처럼 먹어보자

김치버스 보릿고개를 대표하는 두 가지 사건이 있다. 하나는 체코 프라하 KFC에서 있었던 사건이고, 또 하나는 프랑스의 와사비 사건이다.

한창 예산 문제에 민감하던 시절, 석범이와 나는 사소한 일로 자주 다퉜다. 리더와 총무 관계에서 리더는 돈을 쓰려고 하고 총무는 아낄 것 같지만, 실제는 그 반대였다. 무전여행까지 다녀왔던 나는 어떻게든 식비를 줄이자는 편이었고, 석범이는 먹는 데에는 돈을 아끼지 말자는 편이었다.

체코 프라하 KFC 사건의 발단은 이랬다. 시간은 모스크바에서 김치버스를 되찾기 전으로 거슬러 올라간다. 차가 없다 보니 당연히 숙식 문제로 예산에 구멍이 생겼고, 당시 우리는 어떻게든 체재비를 절약하는 데 온 정신이 쏠려 있었다. 생각지 못했던 차량 이동 비용, 숙소 비용 등이 만만치 않았기에 하루 한 끼만 먹고 외식은 절대 하지 않는다는 등 금욕적인 규율을 만들어 지키던 시절이었다. 점심을 먹고 숙소를 나와 프라하 시내를 한 바퀴 둘러본 후 집으로 돌아가려는데 야경을 촬영하고 가자는 의견이 나왔다. 그러나 해 질 녘까지 기다려야 했다. 바츨라프 광장을 서성거렸지만, 날씨가 추워지는 바람에 어딘가 시간을 보낼 실내를 찾아야 했다. 그래서 생각한 곳이 바로 KFC였다. 와이파이도 되고, 화장실을 사용할 수 있으며, 저렴하게 간식거리와 콜라를 먹고 마실 수 있는 최적의 장소였다. 우리는 총무 석범이에게 주문을 맡기고 자리에 앉아 언 몸을 녹이며 휴대전화를 만지작거리고 있었다.

잠시 후 석범이가 거대한 치킨 바구니와 햄버거, 라지 사이즈 콜라 두 잔을 들고 돌아왔다. 모두 합해서 2만 원이 조금 넘는 가격이었지만, 잠시 시간을 보내며 쓰기에는 너무 큰돈이었다. 더구나 끼니도 아닌 간식에 햄버거 세트와 치킨 바구니라니…. 나는 식어가는 치킨을 앞에 두고 20여 분간 석범이에게 잔소리를 했다. 살짝 삐친 석범이는 평소 좋아하는 치킨을 마다한 채 콜라만 홀짝거렸다.

두 번째 와사비 사건도 이와 비슷하다. 프랑스 어느 시골마을을 지나다가 저녁거리를 사려고 대형마트에 들어갔다. 셋이 함께 장을 보면 결국 셋 모두 원하지 않는 음식을 먹게 된다. 물론 예산 때문이다. 좋아하는 음식이 서로 다른데 함께 음식을 만들어 먹어야 하니, 이건 애가 싫어하고 저건 쟤가 비싸다고 하고, 뭐 그런 이유들로 셋 모두 썩 내키지 않는 음식을 만들게 된다. 그날도 예외가 아니었다. 마트에서 저녁거리에 '꼭' 필요한 재료만 사가지고 나왔는데 차를 타고 돌아와 산 물건들을 정리하다 보니 와사비가 발견된 것이다. 나도 마트에서 4유로짜리 와사비를 보기는 했지만, 가격도 너무 비싸고 자주 사용할 것 같지도 않아서 그냥 지나쳤는데 이걸 대체 누가 장바구니에 넣었단 말인가. 범인은 석범이었다. 석범이는 '형도 괜찮다고 했잖아요.'라며 승민이에게 동조를 구했지만, 그런 변명이 내게 통할 리 없었다. 결국, 그날도 나는 화를 냈고 석범이도 대들다가 서로 감정만 상한 채 저녁식사를 망쳤다.

그랬던 우리가 한 끼에 300유로를 지출한 날이 있었다. 누구의 생일도 아니었고 특별한 날도 아니었다. 4유로짜리 와사비에 감정싸움을 하고 15유로짜리 닭튀김에 20분을 잔소리하던 우리였지만, 이날은 달랐다. 우아하게 와인을 마시

차가 있어야만 올 수 있는 곳, 아쥬르멘디 레스토랑

생각보다 평범한 느낌의 아쥬르멘디 실내

고 10코스의 레스토랑 대표 미식 메뉴를 먹었다. 말도 안 되는 이 식사의 발단은 산세바스티안에서 시작되었다.

마드리드 퓨전을 마치고 산세바스티안에서 미슐랭 가이드 별을 두, 세 개씩 받은 레스토랑 투어를 즐기던 정식당 팀이 강력 추천한 빌바오 근처의 레스토랑 '아쥬르멘디(Azurmendi)'. 특히나 정식이 형은 점심을 먹고 왔으면서도 한 번 더 저녁을 먹으러 가겠다고 할 정도로 최고라 평할 정도였다. 가난했던 우리도 왠지 마음이 흔들리게 하는 평가였다.

"야, 미식의 도시, 산세바스티안에 왔으면 적어도 레스토랑 한 군데 정도는 들러보고 가야지, 아깝지도 않아? 거긴 정말 끝내줘. 내가 미슐랭 가이드에서 별을 받은 레스토랑을 여러 군데 다녀봤지만, 여기가 최고였어. 내일 여기 또 갈까 생각 중이야."

한 번쯤은… 그래, 우리도 한 번쯤은 그런 경험을 해봐야 하지 않을까. 김치버스는 우리나라 음식을 외국에 알리는 프로젝트이지만, 요리사로서 우리에게는 외국의 음식문화를 공부하고 재료를 탐구하고 싶은 욕구가 있었다. 하지만 한 끼에 300유로는 쉽게 결정하기 어려운 가격이었다. 그렇게 고민하던 우리를 단숨에 흔들어놓은 제보가 있었으니….

"아, 그리고 거기 헤드 셰프가 너희를 알더라. 마드리드 퓨전에서 김치버스를 봤대."

'우리를 알고 있다고? 그렇게 유명하고 실력 있는 요리사가?!'

그 말에 우리 마음은 이미 아쥬르멘디에 가 있었다.

이틀 후, 산세바스티안을 떠나 스페인 북부 해안선을 따라 아쥬르멘디가 있는 빌바오로 향했다. 차가 없으면 절대 갈 수 없는, 차가 있어도 찾기 어려운 곳에 있는 아쥬르멘디. 일찌감치 도착해 널찍한 앞마당에 주차하고 오픈하기를 기다

많은 생각을 갖게 해준 그의 요리, 접시부터 요리들의 플레이팅이 환상적이었다

리는데 마침 취재차 그곳을 찾은 칼럼니스트가 우리를 발견하고는 즉석 인터뷰를 요청했다. 식사 전부터 왠지 좋은 예감이 들었다. 인터뷰와 촬영을 마치고 1시 반부터 시작한 점심 식사는 두 시간 넘게 이어졌다. 이름도 외우기 어려운 요리들이 먹기도 아까울 정도로 예쁘게 접시에 담겨 테이블에 오르는데 음식이 아니라 예술작품 같았다. 식재료에 따라 접시들도 제각각, 동그란 접시뿐 아니라 바닷속을 연상시키는 수족관 형태의 접시부터 거친 토양이 떠오르게 하는 네모난 접시까지 다양했다. 식사 한 끼가 삶에 이렇게 큰 영향을 줄 수 있다는 사실이 충격적이었다. 먹는 내내 감탄할 수밖에.

맛이야 삼겹살을 구워 파채, 마늘과 함께 쌈을 싸 먹거나, 묵은지찌개에 돼지고기 퉁퉁 썰어 넣어 먹는 것도 좋지만, 아쥬르멘디의 음식은 맛뿐이 아니라 여러 가지 영감을 주었다. 아쥬르멘디의 총주방장인 에네코 아싸(Eneko Atxa)는 15살에 요리를 시작한 바스크 지방 토박이다. 일찍이 마틴 베라사테기의 주방에서 일하다가 2005년 처음 빌바오 외곽에 레스토랑을 오픈한 그는 다양한 실험을 했다. 모든 요리는 그런 창조적인 실험에서 나왔다고 해도 과언이 아닐 듯, 식사를 마치고 그의 실험실, 주방, 새로 지은 건물의 텃밭과 와인 창고, 홀과 직원 숙소를 돌아보며 그가 천재라는 생각이 들었다. 요리사이자 농부, 과학자…. 정말 어떤 일에 열정을 품는다면 이 정도는 해야 하지 않을까. 레스토랑이라기보다는 실험실에 가까운 아쥬르멘디, 괜히 미슐랭 3스타가 아니었다.

그가 김치버스를 안다고 해서 음식을 더 가져다주거나 값을 깎아주지는 않았지만, 우리는 그에게 전라도 묵은지를 선물했다. 아쥬르멘디를 나서며 많은 생각이 들었다. 식사 한 끼 값은 300유로였지만, 그가 내게 준 영감과 열정의 자극은 돈으로 환산할 수가 없다. 석범이도, 승민이도, 나도 우리 셋 모두 만족했던 점심식사였다.

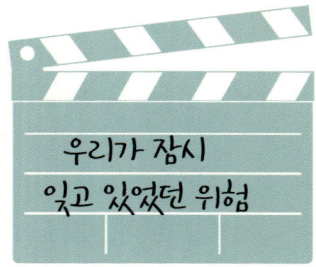

우리가 잠시
잊고 있었던 위험

"에이, 별일이야 있겠어?"

누누의 걱정을 나는 무심코 받아넘겼다.

포르투갈 리스본, 누누와 나는 5년 지기 친구다. 우리는 2006년 무전세계 여행 때 처음 만났다. 포르투갈 파로 해변, 여자친구와 휴가를 마치고 집으로 돌아가려고 짐을 트렁크에 구겨 넣던 누누. 나는 땀을 줄줄 흘리며 나보다 더 큰 배낭을 메고 있었다. 우리는 서로 짧은 인사를 주고받았고, 내 여행 이야기에 푹 빠진 그는 휴가를 하루 더 늘려 나를 여름별장으로 초대했다. 우리는 브라질 보드카 카샤사(cachaca)와 라임, 설탕이 잔뜩 들어간 카이피리냐(Caipirinha)를 밤새워 마시며 우정을 쌓았다. 그리고 5년 뒤, 나는 김치버스와 함께 다시 누누를 찾아갔다. 누누는 그때와는 다른 여자친구와 함께 포르투갈의 수도 리스본 외곽에 살고 있었다. 지난 5년 동안 연락 한 번 없었지만, 그는 내가 찾아왔다는 사실에 흥분을 감추지 못했다. 여자친구와 함께 살면서도 기꺼이 우리에게 거실을 내주고, 차고도 사용하게 해주었다. 그러나 문제는 김치버스의 높이가 일반 차량보다 높아서 차고에 넣을 수 없다는 것. 누누는 주변이 우범 지역이라며 걱정했지만, 별다른 대안도 없었다.

김치버스를 아파트 주차장에 세워두고 우리는 신 나는 밤을 보냈다. 맥주 50병과 그의 동네 친구들, 리스본 지역팀 벤피카 축구 경기와 라자냐…. 아무 걱정 없던 5년 전 그 시절로 돌아간 기분이었다. 다음 날, 일찍 출근한 누누와 상관없이 우리는 늦잠을 잤다. 그날은 저녁에 누누의 친구들을 여럿 초대해서 한식 파티를 여는 일 말고 다른 일정은 없었다. 10시쯤 되었을까. 컴퓨터 앞에 앉아 있다가 씻고 나서 밥은 먹어야겠다는 생각에 차에 두고 온 식재료가 떠올랐다. 햄버거나 만들어 먹을 생각에 치즈를 가지러 차에 다녀오기로 했다. 문을 닫으면 대문이 자동으로 닫히기에 승민이는 집 안에 남아 있고, 석범이는 나와 함께 아래층으로 내려가서 현관문을 붙잡고 있어야 했다. 그 사이 나는 치즈를 가지러 김치버스로 향했다.

평화로웠던 리스본의 아침은 치즈를 가지러 간 순간 산산조각 났다.

따스한 햇볕을 받으며 콧노래를 부르던 나는 운전석 문을 열자마자 뭔가 평소와는 다른 걸 느꼈다.

'뭐지?'

조수석에서 햇살에 반짝이는 유리 조각들을 보고서야 유리창이 깨진 걸 알았다. 무참하게 박살 난 유리창, 충격이었다. 너무 놀란 나머지 말도 나오지 않고 몸이 떨려왔다. 침착하게 차량 뒤편으로 가서 없어진 게 무엇인지 점검했다. 도둑도 급하게 다녀간 듯 훔쳐간 물건이 많은 것 같지는 않았다. 내비게이션과 내 카메라 렌즈, 방수 카메라, 프로젝터와 승민이 카메라 정도. 다행히 중요한 물건은 누누의 집에 옮겨놓았으니 큰 화는 면할 수 있었다. 그 와중에 냉장고에서 치즈를 꺼내 들고 현관문을 지키고 서 있던 석범이에게 돌아갔다.

"석범아, 내가 문 잡고 있을 테니까 가서 차 좀 보고 와."

"네? 왜요?"

"차 털렸어. 혹시 네 짐에서도 없어진 거 있나 확인해보고…."

석범이는 평소에 장난이 심한 내 말을 믿지 않는 눈치였다. 하지만 양치기 소년도 언제나 거짓말만 하지는 않는다. 이번에는 진짜였다.

위험하다는 러시아, 우크라이나, 동유럽도 무사히 지나왔는데, 생각지도 못했던 포르투갈에서 이런 봉변을 당할 줄은 몰랐다. 떠나기 전부터 누군가 차에 래커로 낙서하며 해코지를 할까 봐 걱정했는데 도난이라니. 차가 너무 특이해서 도둑들도 건드리지 않을 거라고 장담했는데 내비게이션을 숨겨두지 않았던 사소한 실수가 화를 부른 것이다. 머릿속이 하얘졌다. 그날 저녁 하기로 했던 파티며, 다음 날 하기로 했던 누구네 광고회사 행사도 취소해야겠다는 생각도 들었다. 뭔가를 신 나게 할 기분도 아니고, 없어진 물건들도 그렇고, 유리창 없이는 차

처참하게 박살이 난 김치버스 유리창

가 달릴 수도 없었다.

하지만 패닉 상태는 생각보다 빨리 진정되었다. 출발 후 이런저런 일을 겪으면서 성숙해진 걸까. 경찰서에 찾아가 신고하고, 정비소에 들러 유리창 수리를 알아보고, 예정되었던 한식 파티도 성공적으로 끝냈다.

우리가 잊고 있던 위험, 그날은 그렇게 지나갔지만 마음이 편하지 않았다. 김치버스는 그날도 유리창 없이 비닐로 바람만 막는 상태로 같은 자리에 있었으니까. 하지만 전날과 마찬가지로 다른 수도 없었고 이젠 가져갈 물건도 없었다. 잃을 것이 없으면 두려울 것도 없다.

1월 어느 날, 한국에서 전화가 걸려왔다.
"TV 다큐 촬영팀인데요…."

출발 전부터 김치버스의 다큐를 촬영하고 싶어 했던 팀이 「인간극장」을 비롯해서 몇몇 팀이 있었다. 어찌 보면 김치버스는 그들에게 괜찮은 아이템이었지만, 400일이라는 부담스러운 기간 때문에 협찬을 얻기가 쉽지 않은 프로젝트였다. 우리는 한국을 떠나 김치버스에 도둑이 들었던 105일째까지, 언제 합류하게 될지 모르는 프로덕션에서 받아온 방송용 카메라와 삼각대를 가지고 있었다. 그들에게는 촬영하겠다는 열정이 있었지만, 쉽게 성사되지 않던 중에 다른 프로덕션에서 전화가 걸려온 것이다. 우리에게 출연료를 줄 수는 없지만, 한 달 정도 따라다니며 촬영하고 싶다고 했다.

나는 2008년 알래스카로 오지탐사를 떠났을 때의 경험 덕분에 방송촬영이 얼마나 귀찮은지 알고 있었다. 그 당시 15일 동안 「KBS 다큐멘터리팀」에서 오지탐사를 촬영했는데, 불편한 점이 한두 가지가 아니었다. 일정은 정해져 있었지만, 방송에서는 다양한 모습을 보여줘야 했기에 올랐던 정상을 몇 번이나 연출해서 다시 오른다거나 우리의 의지보다는 방송에 나올 '그림' 좋은 곳을 찾아가야만 한다거나 해야만 했다. 방송 프로그램을 위해 촬영하며 여행하는 것과 여행하는 것을 촬영하는 것 사이에는 분명히 큰 차이가 있었다. 후자가 문제였다. 그들이 아무리 방해하지 않겠다고 약속해도 필요한 분량의 영상을 얻으려면 우리가 움직이기를 바랄 테고, 그러다 보면 일정이 꼬일 것은 분명했다.

"절대 연출은 하지 않을 거예요. 촬영팀도 젊은 시절에 세계일주를 몇 번씩 하고, 경험도 많은 분들이라 불편한 일도 없을 거고요. 이동만 같이 하고 잠은 숙소 잡아서 따로 잘 거예요."

말은 그렇게 해도 연출할 수밖에 없다는 걸, 나는 잘 알고 있었다. 잠도 따로 잔다고 하지만, 상황이 어디 그렇게 되겠는가. 우리는 길가에 차를 세우고 자기도 하고, 고속도로 휴게소에서 자는 일도 다반사다. 지인이나 외국인 친구 집에서 신세를 진다면 근처에 촬영팀 숙소까지 알아봐 줘야 할 테니 이래저래 귀찮은 일이 아닐 수 없다. 하지만 한 달 정도라면 불편함을 감수하더라도 김치버스를 더 널리 알릴 수 있지 않을까 하는 생각에 촬영을 수락했다. 이제 와서 하는 말이지만, 그때의 결정을 후회한 적도 있었다. TV조선에 촬영을 승낙하고 나서 「MBC 스페셜」, 「다큐 3일」, 「그날」 등 쟁쟁한 지상파 다큐멘터리 팀들이 연이어 전화를 걸어왔기 때문이다. 시청률이 별로 높지 않은 종편보다는 훨씬 영향력 있는 프로그램들이었지만, 먼저 승낙했기에 신의를 저버릴 수 없었다.

여행 110일째 되던 2월 9일, 우리 일행은 다섯 명이 되었다. 세 명이 사용하기에도 좁디좁은 버스에 두 명이 더 탄 것이다. 촬영은 역시 예상대로 흘러갔다. 20일간 촬영하면서 5부작 다큐멘터리를 만들기 위해 시식행사를 일곱 번이나 했고, 3나라 12도시 3,375킬로미터를 달렸다. 하루하루가 얼마나 바쁘게 지나갔는지 모르겠다. 가끔 우리끼리 즐기던 휴식과 낮잠도 중단되었고, 이동, 행사, 인터뷰, 촬영이 잠들기 직전까지 이어졌다. 몹시 피곤한 일정이었지만 뿌듯하기도 했다. 짧은 시간에 더 많이 움직이고, 더 많은 사람에게 우리를 알릴 수 있었지만, 때로 일부러 상황을 만들어 진행하는 억지스러운 연출이 불편했다. 특히, 우리가 만나는 사람들이 소품처럼 사용된다는 생각이 들 때마다 얼굴이 굳어지는 걸 감출 수 없었다.

　가장 아쉬웠던 순간은 스페인 타라고나에서 조르디 산비를 만났을 때였다. 저녁 7시쯤 되었을까. 해는 이미 져버렸고, 우리는 타라고나 근처에 도착해 캠핑장을 찾아 헤매고 있었다. 계절이 겨울인지라 스페인이라고 해도 문을 연 캠핑장이 많지 않았다. 몇 군데를 들락날락하다가 문 닫힌 캠핑장에서 만난 관리인이 바로 산비였다. 캠핑장은 열지 않았지만, 그가 사무실에서 일하는 모습이 눈에 띄기에 무작정 다가가 근처 캠핑장이라도 추천해달라고 도움을 청했다. 산비는 한국을 여행한 적이 있었다며 우리 차에 큰 관심을 보이며 우리를 도와주었다. 이 기회를 놓칠세라 PD는 나를 선동했다.

　"시형 씨, 내일 점심 해준다고 집으로 초대해달라고 해요."

　즉흥적이고 신 나는 제안이었지만, 왠지 PD에게서 나온 그 아이디어가 오로지 방송에 쓸 영상 때문이라는 생각이 들자, 기분이 영 찝찝했다. 다행히도 산비는 불쾌해하지 않았고, 자신의 오후 일정까지 미루며 우리를 초대했다. 어차피 하게 된 일이니 맛있는 한국음식을 만들어주려고 김치찜과 시금치나물, 숙주나물 등을 준비했다. 그리고 다음 날, 산비는 여자친구 엠마와 함께 우리를 초대했고, 또띠아 빠따따와 김치찜을 나눠 먹으며 즐겁게 보냈다. 김치찜에 대한 답례로 산비와 엠마는 우리에게 타라고나를 소개한다며 타라고나 해변과 유적지가 내려다보이는 멋진 관망대로 우리를 안내했다. 모든 것이 완벽했던 흐뭇하고 여유 있는 오후였다. PD가 그들을 보낼 때까지는.

"시형 씨, 여기서 인터뷰 좀 합시다. 저 친구들은 보내고."

산비는 다른 곳도 보여주고 싶어 했지만, 그 인터뷰 때문에 PD에게는 그가 쓸모없어졌던 것이다. 우리 때문에 일정도 오후로 미루고 하루를 할애하여 이곳저곳을 소개해주던 산비가 갑자기 버려졌다는 생각이 들었다. 그렇게 그들을 보내는 것이 너무도 황당했다. 그 후로도 그런 일이 여러 차례 일어났고 그때마다 나는 방송의 작위적인 연출이 점점 더 싫어졌다.

첫 만남 이후에 쓴 일기에 이렇게 적어놓았다.

'처음에는 낯선 사람들이 합류한다는 것이 걱정스러웠다. 그러나 만났더니… 정말 즐겁게 시간을 보내게 될 것 같다는 생각이 들었다. 그분들은 존경스럽다. 요트를 타고 세계일주도 하고, 중국도 일주하고, 앞으로도 세계일주를 할 예정이라고 한다. 지금껏 내가 겪은 시련, 경험보다 훨씬 강렬한 무언가를… 열정이 불타오른다. 열심히 촬영에 전념해야겠다.'

그 후로도 열심히 촬영하며 보람 있는 시간을 보냈지만, 언제부터인가 나는 등을 떠밀려 섭외의 달인이 되어 있었다. 길을 가다가도, 마트에서 장을 보다가도, 차를 세워두고 관광을 하다가도 나는 PD의 거절하기 어려운 권유를 따라 현지인들에게 접근해서 장소를 섭외하고, 행사를 섭외했다. 무전여행하면서 현지인들과 접촉했던 때와 기분이 달랐던 이유는 그들에게 말을 걸며 섭외했던 이유가 전혀 달랐기 때문이다. 순수한 문화교류가 아니라 오로지 촬영과 영상을 만들기 위한 수단이 되어버린 순간, 나는 섭외의 달인이고 뭐고 그들 앞에 당당히 설 수 없었다. 왠지 그들에게 너무 미안한 마음이 들었다.

가이드북은
거짓말하지 않는다

　유럽 젊은이들이 '쿨하다'고 손꼽는 3대 도시 중 하나, 호안 미로, 피카소, 살바도르 달리, 그리고 가우디의 숨결을 느낄 수 있는 화려한 색채의 도시, 황영조 선수가 두 팔을 번쩍 들고 결승선을 통과했던 곳, 광장마다 비둘기가 가득하고 주차할 곳 없으며 양성애자와 도둑들이 들끓는 도시…, 바르셀로나!

　예술, 파티, 스포츠…. 그러나 바르셀로나는 내 관심을 끌 만한 요소가 별로 없었다. 내 머릿속은 온통 수많은 관광객에 쓸려 다니며 주차할 곳을 찾지 못해 쩔쩔매는 우리 모습을 상상하느라 바빴다. 6년 전 이곳에 왔을 때에도 특별한 재미를 느끼지 못하고 위험한 공원에서 노숙했을 뿐 그냥 지나쳤다. 바르셀로나는 가난한 관광객에게는 그저 그런 도시일지도 모른다. 김치버스에는 좋은 일이 있을 것처럼 보이지만 실제로 그렇지도 않았다. 대도시일수록 주차 문제가 심각하고, 법은 더 엄격하며, 즉흥적인 일을 꾸미기 어려웠다.

　그렇다. 그냥 지나치기에는 뭔가 아쉬운 도시, 우리에게 그런 도시가 바르셀로나다. 나는 전에 한 번 와본 곳이지만, 석범이와 승민이는 처음인 데다 학교 선배가 광고 촬영 일로 바르셀로나에 머물고 있다고 해서 하루나 이틀 정도 머물다 가기로 했다.

PD 역시 이곳에서도 우리가 즉흥적인 행사를 진행해주길 원했다. 그래서 우연히 알게 된 '포우'라는 친구가 사는 산골마을에서 돼지를 잡아 소시지를 만드는 마을축제에 참여할 뻔했지만 일정을 맞추기가 쉽지 않았다. 산골마을에 아직 남아 있는 문화인 돼지 도축 축제를 국가에서 불법으로 간주하다 보니 외부인이 참여하기 어렵고, 촬영은 더더욱 불가능했다. 결국, PD도 행사를 포기했다. 그래서 이번에도 우리는 바르셀로나를 대충 한 번 둘러보고 떠나기로 했다.

그런데 문제는 주차였다. 어딘가에 차를 세워두고 걸어서 도시를 구경하기로 했는데, 현지 사람들의 말을 빌리자면 바르셀로나에서 주차하는 것은 복권에 당첨되는 일만큼이나 어렵다. 특히 김치버스처럼 차체가 길쭉하고 차고가 높은 차를 세워둘 만한 장소는 많지 않았다. 휴대전화의 위성지도로 지형을 살펴 널찍한 공원을 찾아냈다. 우리에게는 황영조 선수의 승부수로 유명한 곳, 몬주익 언덕이었다.

대낮이었지만 몬주익 언덕에도 갓길마다 빈자리를 찾기 어려울 정도로 차가 가득 들어차 있었다. 뭐 이런 곳이 다 있는지, 한편으론 황당하기도 했다. 어쨌거나 두어 바퀴 돌다가 눈썰미 좋은 승민이가 빈틈을 발견해 드디어 주차에 성공했다. 그리고 시내로 걸어가서 우리나라에서는 쉽게 볼 수 없는 따개비의 일종인 거북손, 염소 머리, 양의 골 등 독특한 식재료들로 넘치는 전통시장을 구경하고 아직도 건축 중이라는 사그라다 파밀리아 성당으로 향했다. 사그라다 파밀리아 성당은 가우디가 1884년부터 1926년 죽을 때까지 건축한, 유럽에서 가장 유명한 건축물 중 하나다. 바르셀로나를 들르는 관광객이라면 꼭 한번은 찾는 명소이다. 우리 역시 그곳에 가긴 했지만 입장하진 않았다. 촬영 금지인 데다 그런 문화재에 별로 관심이 없기도 했다. 아니, 무료로 입장할 수 없어 예산을 아껴야 했다.

별로 한 일도 없이 시간은 성큼성큼 지나갔다. 사그라다 파밀리아 성당 앞

아직도 지어지고 있는 게으른 사그라다 파밀리아 대성당

에서 승민이는 가이드북을 펼쳐보았다. 현지에서 이리저리 돌아다니며 '아는 만큼 보인다'는 말을 실감한 우리는 출발 전 준비하지 못했던 가이드북을 유럽에 여행하러 온 지인에게서 받았던 것이다. 승민이는 가이드북에서 뭔가 발견한 듯 웃으며 말했다.

"몬주익 언덕은 도둑과 집시의 주 활동지로 악명 높으니 대낮에도 혼자 다니는 일을 삼가라고 쓰여 있네. 하하하…, 우리가 바로 여기에 차를 세워놓고 왔잖아!"

"하하하…, 그래도 우리는 여러 명이니까 괜찮겠지?"

그때 우리는 왜 그런 경고문을 읽고도 낄낄댔을까. 전혀 우스운 내용이 아니었지만, 단지 우리가 그런 '위험한' 곳에 주차했다는 사실이 아이러니처럼 느껴져서 그랬던 것 같다.

석범이와 PD는 외장하드를 사러 갔다가 따로 오기로 했고, 승민이와 나, 감독님은 해가 떨어지기 전에 한인 마트에 들러 장을 보고 김치버스로 돌아왔다. 택시에서 내리자마자 감독님은 카메라를 돌리기 시작했다. 짧은 시간에 많은 영상을 확보하려면 모든 상황을 촬영해야 했다. 자연스럽게 차량에 오르려는 순간, 눈에 들어온 플라스틱 조각들!

'입이 방정'이라는 말이 딱 들어맞는 상황이었다. 열흘 만에 두 번째 도난 사건이 발생한 것이다. 리스본에서 유리창이 깨진 뒤 갈아 끼울 유리를 구하지 못해 랩과 비닐로 차창을 칭칭 감고 다니다가 강화 플라스틱을 구해서 유리창 대신 사용하고 있었다. 부품이 한국에서 도착하기를 기다리며 밀라노에 있는 현대자동차로 가던 중에 이런 일이 일어난 것이다. 이번에는 상황이 훨씬 더 심각했다. 대낮이어서 중요한 짐을 모두 차에 두었기 때문이다.

PD와 감독님의 짐 가방은 통째로 사라졌고, 석범이와 승민이의 노트북, 내비게이션, 전자제품 충전기들, 빨래통에 벗어둔 양말까지 깡그리 털어갔다. 내 노트북만 살아남았다. 차에서 내리기 전에 왠지 이상한 기분이 들어 정리도 할 겸 뒷좌석 박스 뒤편에 밀어 넣었는데 다행히도 그것만은 가져가지 않았다. 미안한 마음과 황당함, 막막함에 말문이 막혔다. 상황을 모르는 PD는 석범이 몰래 깜짝 생일파티를 준비하는 장면을 촬영해두라고 문자를 보내왔지만, 더없이 황당한 촬영소재가 생긴 우리는 어이없이 웃음만 흘렸다. 그때까지 촬영한 사진, 영상을 담은 외장하드도 모두 훔쳐갔다고 생각했는데, 불행인지 다행인지 석범이의 외장하드만 가져가고 우리 외장하드는 살아남았다.

눈물이 멈추지 않았다. 대체 얼마나, 언제까지 이런 일을 겪어야 하는 걸까. 왜 하필 우리 차를 털었을까. 몬주익 언덕이 원망스러웠다. 감독님은 여권까지 잃어버려 훨씬 더 당황스러운 상황이었지만, 끝까지 웃으면서 카메라를 손에서 놓지 않았다. 아마도 이런 것이 진정한 프로의식이리라. 그 덕에 우리는 연출되지 않은 에피소드 하나를 멋지게 촬영했지만, 잃어버린 물건들에 대한 아쉬움은 쉽게 사라지지 않았다.

가이드북은 거짓말을 하지 않는다. 조심하라는 곳에서는 반드시 조심해야 한다. 대낮이든 밤이든 마찬가지다. 하지만 이번에도 우리에게 특별한 대안은 없었다. 중요한 물건은 더 잘 숨기고 차를 오래 비우지 않는 수밖에. 심각한 피해였지만 우리는 아직 달릴 수 있었다. 더는 잃을 것도 없었다.

바르셀로나 전경

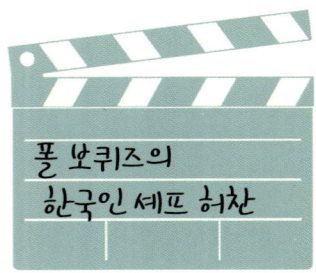

폴 보퀴즈의
한국인 셰프 허찬

1837년 리옹을 방문한 『적과 흑』의 작가 스탕달은 이런 말을 남겼다고 한다.
"런던에는 22종류의 감자가 있지만, 리옹에는 감자를 요리하는 22가지 방법이 있다."

프랑스 요리의 수도 리옹은 알자스로렌의 농산물, 프로방스의 해산물, 론 강과 손 강의 민물생선이 모여드는 식재료의 보물창고다. 그래서 일찍이 다양한 요리가 발달했고, 많은 요리사가 이곳에서 배출되었다. 폴 보퀴즈 역시 그랬다. 리옹, 아니 프랑스의 요리사를 말하면서 빼놓을 수 없는 요리사가 바로 폴 보퀴즈다.

요리사라면 한 번쯤은 들어봤을 이름, 새로운 요리의 창시자라고 불리는 폴 보퀴즈는 1926년 요리사 집안에서 태어나 어린 시절부터 레스토랑의 주방과 친숙해졌고, 16세에 처음으로 리옹의 미슐랭 스타 레스토랑 '라 스와리'의 견습생으로 들어간다. 그리고 33세의 나이에 부모가 운영하던 레스토랑을 이어받아 2년 만에 프랑스 정부가 수여하는 국가최우수장인상인 'MOF'를 받는다. 이어서 1965년 미슐랭 3스타를 받고 48년간 유지해오고 있다. 최근 미국의 CIA에서 20세기 최고의 요리사로 선정되기도 한 그는 자신이 만든 요리대회인 보퀴즈 도르

(Bocuse d'Or)로 더욱 유명해졌다. MOF를 제외하고 가장 권위 있는 보퀴즈 도르의 수상자가 된다는 것은 이미 미슐랭 스타의 반열에 오른다는 것을 의미할 정도로 영광스러운 일이다. 미국, 일본 등 세계 8나라에 퍼져 있는 폴 보퀴즈 조리학교(Institut Paul Bocuse) 역시 그의 명성이 얼마나 대단한지를 말해준다.

이처럼 폴 보퀴즈는 전설적인 요리사다. 그가 설립한 리옹의 폴 보퀴즈 조리학교에서는 전통 프랑스 요리를 가르친다. 폴 보퀴즈 같은 요리사가 되기를 꿈꾸는 프랑스인들과 외국인들에게 프랑스 요리를 가르치는 사람, 이 학교의 교수이자 학교에서 운영하는 레스토랑의 부주방장(Sous-chef)이 한국인이라면 믿겠는가? 그렇게 전통을 중시하고 권위적인 프랑스에서 프랑스 요리를 프랑스인이 아닌 한국인이 가르치다니. 그것도 프랑스 3대 명문으로 알려진 폴 보퀴즈 조리학교, 르 꼬르동 블루(Le Cordon Bleu), 리츠 에스코피에 스쿨(Ecole de Gastronomie Française Ritz-Escoffier)) 중 한 군데에서 말이다.

김치버스 출발 전부터 미국의 CIA, 프랑스의 폴 보퀴즈 조리학교와 르 꼬르동 블루는 김치 홍보와는 별개로라도 한번쯤 방문하고 싶은 요리학교였다. 한국의 조리학교와 어떻게 다른지 비교해보고도 싶었고, '세계 최고'라는 그들의 수업방식이나 시스템이 궁금했기 때문이다. 막연하게 한번 가봐야겠다고 생각했던 학교였는데, 한국인이 그곳에 교수로 있다는 말을 듣고 행사와 홍보에 대한 묘한 희망이 생겼다. 보르도를 떠나 우리가 다음으로 방문할 도시는 리옹이었다. 그 사이에 많은 도시가 있었지만 다큐멘터리 촬영 때문에 다양한 도시를 소개해야 했기에 그처럼 엉뚱하게 프랑스 중부를 가로지르게 되었던 것이다. 하지만 600킬로미터를 달리면서도 불평 한마디 없었다. 폴 보퀴즈 조리학교는 우리에게 그만큼 기대를 품게 한 곳이었다.

2월 23일, 리옹에 도착했다. 이처럼 다큐멘터리 제작을 계기로 한국인 부주

폴 보퀴즈 조리학교는 학교라기보다는 호텔 그 자체를 옮겨놓은 듯했다

실내 곳곳이 실습공간이자 실제 음식을 판매하는 레스토랑으로, 또 그 역사를 느낄 수 있는 박물관이기도 했다

폴 보퀴즈 조리학교 현판

방장 허찬 씨를 만날 수 있었고, 특히 학장의 배려로 학교도 구경하고 학교 레스토랑에서 식사도 할 수 있었다. 잘 짜인 시스템, 완벽에 가까운 시설, 학생들을 명문의 명성에 걸맞은 프렌치 셰프로 길러 내는 인프라까지 역시 폴 보퀴즈 조리학교는 명불허전이었다. 특히 이곳에서는 프랑스 요리가 아니라 프랑스 요리의 기술을 가르친다는 학장님의 말씀이 인상적이었다. 학교 시설을 둘러보면서 우리는 감탄을 연발했다. 요리 열정을 불러일으키는 학교였다. 석범이는 프랑스 유학을 염두에 두고 있지만, 나나 승민이는 그럴 계획이 전혀 없었는데도 한나절 동안 폴 보퀴즈 조리학교를 둘러보고는 이런 곳에서 요리를 배워보고 싶다는 마음이 들었다.

학생들이 운영하는 레스토랑 역시 마음에 쏙 들었다. 학생들은 다섯 가지

코스를 40유로의 착한 가격으로 제공하는 레스토랑에서 직접 음식을 만들고 서빙하며 현장 경험을 쌓고 있었다. 주방은 엄격하게 운영되었고 서빙하는 학생들은 카메라 앞이어서 그런지 약간 긴장한 것 같았지만, 전문 웨이터 못지않게 진지한 자세로 손님들에게 서빙했다. 내가 다니던 학교에서 1년에 한 번씩 5일간 열리던 푸드 페스티벌에서 음식을 서빙하던 것과는 차원이 달랐다. 이들에게는 철없는 학생이 아니라 진지한 '프로'의 분위기가 있었다. 유행에 휩쓸리지 않고 전통을 지키려는 노력이 엿보였고, 정통 프렌치 퀴진의 깊이를 느낄 수 있었다.

허찬 씨는 요리를 공부하는 우리에게 많은 말씀을 들려주었다. 특히, 졸업 후 프랑스 유학을 준비하는 석범이에게 현실적인 조언도 아끼지 않았다. 그는 그저 운이 좋아 비자도 쉽게 받았고, 교수 자리에도 올랐다고 말했지만, 그것은 겸손한 태도였을 뿐이다. 미각이 까다로운 프랑스 사람들에게 프랑스 요리를 가르친다는 것이 운으로 될 일은 아니다.

우리는 허찬 씨 덕분에 리옹을 유럽의 본거지로 삼을 수 있었다. 처음 찾아갔을 때에는 생각지도 못했던 폴 보퀴즈 조리학교에서 김치쿠킹클래스를 열었고, 한 달 후에 다시 찾아갔을 때 열었던 시식행사도 성공적이었다. 허찬. 그는 처음 우리가 폴 보퀴즈를 방문했을 때는 그곳의 교수이자 대단한 한국인 셰프였고, 두 번째 방문했을 때는 같은 요리사의 길을 가는 따뜻한 선배였으며, 세 번째 방문했을 때는 나와 고향이 같은 동네 형이 되었다. 너무도 고마운 동네 형.

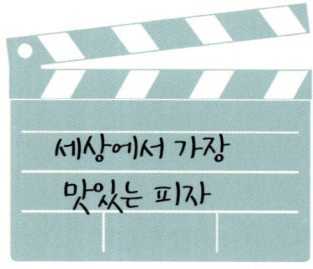

둥근 형태로 지름이 35센티미터 이하여야 하고 가운데 두께가 0.3센티미터를 넘어서는 안 된다. 가장자리 크러스트의 두께는 1~2센티미터, 반죽은 물론 손으로 해야 한다. 쫄깃하고 부드러우며 쉽게 접을 수 있어야 하고, 전기화덕이 아니라 장작화덕에서 섭씨 485도로 구워야 한다. 토핑은 토마토소스와 치즈만 사용해야 하며 종류는 세 가지로 제한한다. 마늘과 오레가노를 사용한 마리나라, 아펜니노 남쪽 산맥에서 생산하는 모차렐라 치즈와 토마토소스, 바질을 올린 마르게리타, 물소 젖을 원유로 하여 만든 남부 캄파니아산 모차렐라 치즈와 토마토소스, 바질을 올린 엑스트라 마르게리타 이렇게 세 가지만 인정된다.

크기, 재료, 화덕의 형태까지 정해진 음식, 바로 나폴리 피자다.

전 세계에서 식품 원자재나 가공식품을 제외하고 요리가 규격으로 정해진 사례는 나폴리피자 하나뿐이다. 피자에 대한 이탈리아 사람들의 자부심은 나폴리 피자법을 제정할 정도로 대단하다. 지구촌 전역에서 다양한 형태로 변형되어 사랑받는 피자. 세상에서 가장 맛있는 피자는 이탈리아 나폴리에서 찾을 수 있다.

로마에서 다큐멘터리 촬영팀과 헤어지고 우리는 곧바로 나폴리로 향했다. 로마에서 약 200킬로미터 떨어진 나폴리는 세계 3대 미항으로도 유명하지만, 우

이리저리 골목마다 다르게 불어오는 바람에 반응하던 빨래들, 좁은 골목에서의 주차시비, 나폴리의 사람 사는 풍경이 너무 좋았다

리는 배를 타고 카프리 섬에 다녀올 일도 아니었기에 기대한 것은 단 하나, 피자였다. 세계 최초의 피자집이 있다는 곳, 평소에도 피자를 무척 좋아하는 나에게 나폴리는 성지 같은 곳이었다. 가는 동안 정보를 검색해서 세계 최초로 문을 열었다는 피자집인 포르토 알바(Port'Alba), 나폴리에서 가장 맛있는 피자를 만드는 집인 다 미켈레(da michele), 마르게리타를 최초로 개발한 집인 브란디(Brandi), 이렇게 세 군데가 유명하다는 사실을 알게 되었다. 하긴, '나폴리피자'라는 이름을 내건 피자집이 전 세계에 수만 곳은 될 텐데, 나폴리 역시 피자집으로 득실거리는 게 아닌가 하는 생각도 들었다.

세 시간쯤 달려 도착한 대도시 나폴리는 우리의 기대를 처참히 꺾어버렸다. 이탈리아 사람들이 유럽에서 운전을 가장 잘한다고 말하는 이유를 충분히 알 수 있었던 최악의 교통 상황과 운전자들의 운전 습관…. 정말 그들과 비교하면 우리나라 운전자들은 양반이었다. 로터리에서 얽히고설킨 차량들, 서로 먼저 가려고 차 머리를 들이미는 운전자들 때문에 아찔한 순간을 몇 번이나 넘겼는지 모르겠다. 도둑도 많다던데 불안한 마음이야 어쩔 수 없었기에 대로변에 겨우 주차하고 세계 최초로 피자를 만들어 팔았다는 피자리아로 향했다. 시민의식이라곤 찾아볼 수 없는 무질서와 바람에 날아다니는 쓰레기들, 꼬질꼬질한 옷을 걸친 걸인들까지, 가진 것도 없지만 경계를 늦출 수 없는 동네였다. 망원렌즈를 꺼내 이것저것 촬영하려면 지나가던 사람들이 다가와서 무슨 카메라냐고 물어대는 통에 불안감을 떨칠 수 없었다. 평소 같았으면 사람 냄새나고 친근한 곳이라고 생각했겠지만, 이전 사건들로 각인된 나쁜 이미지 때문인지 혹시 나를 범행의 표적으로 삼으려는 것은 아닌가 하는 생각마저 들었다.

좁은 골목, 건물 사이를 가로지르는 빨랫줄, 수많은 오토바이와 비둘기 떼를 지나 드디어 세계 최초의 피자 레스토랑 포르토 알바에 도착했다. 명성에 걸맞게

오래되어 보이는 건물이었지만, 점심시간이 지나서인지 손님이 거의 보이지 않았다. 오히려 오는 길에 봤던 이름 없는 피자 레스토랑 앞에는 기다리는 사람들이 줄을 서서 기다리던데, 그곳으로 가는 편이 낫지 나을까 생각하는데 웨이터가 메뉴판을 건네주었다.

이럴 수가! 정말 이 가격이 맞는 건가? 약간 비싼 피자도 있었지만, 우리가 주문한 마르게리타나 마리나라 같은 피자는 가격이 3.5~4유로밖에 하지 않았다. 유럽의 일반 레스토랑에서 피자를 먹으려면 적어도 10유로 이상은 줘야 하는데, 피자의 원조라는 점을 내세워 당연히 관광객들에게 바가지를 씌울 줄 알았던 우리의 예상은 기분 좋게 빗나갔다. 게다가 주문한 피자는 크기로 봐서도 분명한 나폴리 피자였다. 지름이 30센티미터 정도에 토핑이 심플한 피자였다.

아! 그리고 무엇보다도 그 맛이란! 그때까지 한 번도 경험한 적이 없는 환상적인 맛이었다. 나는 피자를 정말 좋아해서 여러 나라의 피자 레스토랑을 다녀봤지만, 이토록 감탄한 적은 없었다. 배가 고프던 차에 먹어서 맛있게 느낀 것도, 그래서 감탄한 것도 절대로 아니었다. 맛의 진솔한 평가가 그랬다. 그렇게 얇은데 어떻게 그런 쫄깃한 식감을 내는지. 담백함에 군더더기가 전혀 없는 최고의 맛이었다. 사람들이 괜히 나폴리, 나폴리 하는 게 아니었다는 생각이 들었다. 레스토랑 세 군데를 모두 찾아가 맛을 보기 위해 조금만 먹으려고 했는데 생각보다 너무 큰 피자가 나오는 바람에 벌써 배가 불렀다. 물론 석범이는 예외였지만.

가장 오래된 레스토랑에서 피자 맛을 봤으니 다음은 가장 맛있는 피자를 만든다는 레스토랑으로 서둘러 갈 차례였다. 게다가 주차해놓은 김치버스가 괜히 걱정되어 발길을 재촉했다. 두 번째 레스토랑 다 미켈레에 도착했지만, 배는 여전히 꺼지지 않은 상태였고, 오후 3시였는데도 실내는 만원이었다. 이것이 가장 맛있는 나폴리 피자집의 위엄인가? 우리는 아쉬운 마음에 피자를 포장해달라고 해서 저녁에 먹기로 했다. 김치버스에서 식은 피자를 데울 방법은 없었지만, 그래도 일단 먹어보자는 생각이었고, 가격 역시 3~5유로로 만만했다. 마리아나와 마르게리타를 들고 차로 향했다.

그날 저녁, 식은 피자를 먹다가 맛이 별로 없으면 프라이팬에 살짝 데워볼까 했는데 한 입 베어 먹고는 생각이 달라졌다. 한번 입에 넣으면 먹기를 멈출 수 없는 맛! 식었지만, 살아 있는 듯한 도우를 느낄 수 있었다. 게다가 그 쫄깃한 버펄로 모차렐라 치즈는 다른 무엇과도 비교할 수 없었다. 정말 남부 캄파니아산 치즈만을 사용한 걸까? 배부르다던 승민이와 나는 피자로 손이 뻗치는 걸 멈출 수 없었고, 예정과 달리 세 번째 레스토랑에 가지 못한 아쉬움으로 속이 상한 석범이는 배부르니 그만 먹자며 말렸던 내게 원망의 눈빛을 보냈다. 나 역시 속으로 맛이 이 정도라면 세 번째 레스토랑에도 들렀어야 하지 않았나 싶었다.

나폴리의 피자는 상상할 수 없는 맛을 냈다. 피자 도우는 누구도 흉내낼 수 없는 감동적인 맛을 선사했다. 여러 나라, 여러 도시를 여행하면서 그곳의 대표적인 음식만은 꼭 먹어보자고 다짐하고 떠났는데, 정작 예산 때문에 그럴 수 없었다. 하지만 나폴리에서만큼은 현지의 대표 음식을 확실히 즐길 수 있었다. 저렴한 가격에 최고의 맛이었다. 나폴리 피자가 세계적으로 유명한 데는 그럴 만한 이유가 분명히 있었다. 나폴리는 형편없는 도로 상황과 지저분한 거리 풍경으로 낙후한 도시라는 인상을 남겼지만, 피자만큼은 세상에서 가장 맛있는 도시였다.

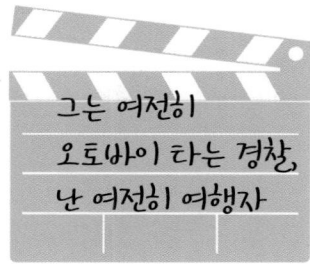

그는 여전히
오토바이 타는 경찰,
난 여전히 여행자

    6년 만이다. 달라진 것이라고는 그가 이혼남이 되었다는 사실뿐, 여전히 오토바이 타는 프랑스 경찰이었고 나는 여전히 여행자였다. 필립은 지난 무전여행 이후로 계속 연락하며 지내는 친구 중 하나이다. 그가 둘째 아이를 출산했을 때에도, 내가 여행을 떠날 때에도, 우리가 생일을 맞았을 때에도 서로 잊지 않고 메일을 주고받았다. 비록 한두 줄이었지만, 그 짧은 글로 어떻게 살아가는지를 서로 이야기했다. 그는 내가 첫 책을 낼 때 우리가 처음 만난 순간을 들려주기도 한 자상한 친구였다.

    내가 무전여행을 떠난 지 한 달 만에 포기하려다가 눈물범벅이 된 채 이탈리아에서 다시 프랑스 국경으로 넘어올 때 필립을 처음 만났다. 그의 가족과 하루를 보내며 참 많은 것을 느꼈던 것 같다. 어려울 때 만났던 만큼 여운도 오래 남았다. 이번 여행에서도 그를 다시 만날 생각이었다. 다만 날짜는 미정이었다.

    3월 어느 날, 이탈리아 남부를 지나 모나코로, 모나코에서 다시 니스로 가서 불쑥 필립을 찾아갔다. 갑작스러운 방문이었지만, 마침 휴가 중이었던 그는 흔쾌히 우리를 반겨주었다. 전 부인인 튜이도 볼 수 있을 줄 알았는데, 튜이는 없고 자녀 두 명만이 함께였다. 그는 이혼했다고 했다. 영화에서 보던 그런 장면, 주말이나 휴가 때만 함께 지낼 수 있는 자녀들과 함께 나를 만나러 온 것이다. 서로 메일을 주고받을 때만 해도 이혼 이야기는 없었는데, 아마도 별로 좋지 않았던 이별이었나 보다. 필립을 만나기 전에는 내 책에 실린 그의 인터뷰 내용과 가족사진을 보여주고 싶어 안달했지만, 정작 만나서 이혼했다는 말을 들으니 괜히 미안한 마음에 그럴 수가 없었다.

　필립의 생활은 많이 달라져 있었다. 아무래도 혼자 지내다 보니 큰 집이 필요 없어 장기 임대한 니스 근교의 캠핑장에서 생활하고 있었다. 가구는 없었지만, 2층 침대와 화장실도 있고 혼자 살기에 충분해 보이는 캠퍼였다. 그는 1664 맥주와 함께 자기 아버지가 만드셨다는 와인을 내왔다. 한적한 오후, 우리는 햇볕 따듯한 캠퍼 앞 나무 데크에 앉았다. 가진 것이 많지 않아도, 여유를 즐길 줄 아는 그가 좋았다.

　그의 오토바이 사랑은 여전했다. 죽을 고비를 넘긴 적도 있었지만 여전히 휴일엔 오토바이와 함께 보냈고, 경찰 근무를 할 때에도 늘 오토바이를 타고 다녔다. 필립의 집이 좁다 보니 저녁은 그의 친구 토마와 수잔의 집에서 함께 먹기로 했다. 마르세유 전통주를 아페리티프로 마시고 니스식 피자와 에스카르고, 김치찜과 파전, 잡채, 밥까지 곁들여 저녁식사는 푸짐했다.

　우리는 저녁 늦게까지 재치 있는 토마 아저씨의 주도로 아주 유쾌하게 이런저런 이야기를 나눴다. 토마 아저씨는 미슐랭 2, 3스타 레스토랑에서 페스트리 셰프로 일했고, 한국에서 리츠칼튼 호텔의 총주방장으로 일했을 정도로 대단한 실력을 갖춘 분이다. 유럽연합 법규에 따라 주방에서 나무도마를 사용하는 것이 금지되었다든지, 앞치마에 리넨을 걸고 다니지 못하게 되었다든지, 아이스크림을 만들 때 지정된 설비가 있는 장소가 필요하다든지, 새로 개정된 유럽연합의 주방법규에 대한 이야기는 정말 솔깃했다. 토마 아저씨는 그렇게 복잡해진 법규들 때문에 은퇴했다며 농담을 했다. 6년 만에 불쑥 찾아온 친구와의 만남치고는 꽤 거창했던 저녁시간은 그렇게 흘러갔다.

다음 날, 필립은 갓 구운 크루아상과 파이를 사 들고 김치버스를 찾아왔다. 휴가의 마지막 날도 자녀들보다는 우리와 함께 보내려는 필립은 김치버스에 도둑이 두 번이나 들었다는 이야기를 귀담아들었는지 새로 맞춰 넣은 조수석 유리창에 붙일 선팅지도 챙겨왔다. 그런 필립에게 우리가 대접할 것은 고작 짜파게티뿐이었다. 예정에 없이 갑자기 찾아온 그의 방문에 준비된 것이 없었던 것이다. 다행히도 그는 이 낯선 음식을 맛있게 먹어주었다.

우리는 헤어지기 전에 앙티브로 향했다. 필립은 니스나 칸보다도 이 유명한 두 도시 사이에 있는 작은 마을 앙티브를 좋아한다고 했다. 중세 분위기가 물씬

토마 아저씨네 뒷마당. 여유, 따스함이 느껴지던 곳

풍기는 고도 앙티브는 주변 도시보다 관광객이 적은 데다 주말마다 특색 있는 골동품을 파는 장이 열리는 아름다운 곳이었다. 로마 시대 노천 원형극장이 그대로 남아 있고, 특히 작은 피카소 박물관이 있는 고풍스럽고 조용하고 아담한 마을, 앙티브. 앙티브 해변에서 바라보는 지중해는 눈이 부시게 아름다웠다. 우리는 한동안 아무 말도 하지 않았다. 처음 헤어졌을 때보다 이번에는 왠지 더 가슴이 뭉클했다. 몇 년 후에 또다시 만날 수 있을까.

바쁜 일상에도 불쑥 찾아온 우리를 반겨준 친구 필립. 나는 김치버스 프로젝트를 진행하면서 늘 뭔가에 쫓기는 기분으로 살고 있었다. 겉으로는 자유로워 보이겠지만, 속내는 치열하기 그지없었다. 다음 일정을 정하고, 행사를 기획하고, 시간에 맞춰 이동하고, 늘 마음 졸였다. 필립은 그런 치열함을 잠시 잊게 해줬다. 그의 캠퍼 앞 나무데크에서 함께 나눈 시간, 토마네 가족과 함께한 즐거운 저녁식사, 한가로웠던 앙티브 산책까지, 필립 덕분에 잠시나마 우리는 여유를 되찾을 수 있었다.

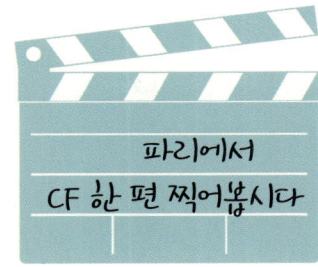

따르릉! 한국 발신번호가 찍히며 울리는 전화.

한국에서 걸려온 전화는 왠지 모르게 반갑다. 대부분 협찬사의 담당자이거나 인터뷰를 요청하는 기자이지만, 아주 드물게 반가운 옛 친구들의 전화가 걸려오기도 한다. 그리고 새로운 기회를 알리는 전화도 있다. 이번 전화가 그랬다. 광주 지역번호라서 김치축제인가, 광주광역시인가 했는데 광주에 있는 문화TV였다. 문화TV에서 우리를 촬영해 CF를 만들고 싶다고 제안했다. 물론 거창한 CF는 아니고 지역방송에 송출되는 광주세계김치문화축제를 홍보하고 김치를 알리는 CF였다. 파리에서 CF 촬영을 하다니! 전혀 새로운 경험이었다. 프랑스 남부해안을 여유롭게 지나던 우리가 리옹을 거쳐 하루 만에 파리로 향해야 하는 빠듯한 일정이 변수였지만, 우리는 승낙했다.

솔직히 말해 조금 귀찮긴 했다. 거리가 너무 멀었고 얼마 전 다큐멘터리 촬영 때문에 방송 연출에 염증을 느끼고 있었기 때문이다. 그래도 광주축제 측도 연결되어 있는 데다가 언제 또 CF를 찍는 경험을 해보겠는가 싶었다. 어쨌거나 우리는 불러주면 간다.

프랑스 남부에서 리옹을 지나 이틀을 달려 파리에 도착했다. 첫 만남은 신선했다. 그런데 웬 스님? 웬 법당? 우리가 문화TV 관계자들을 만난 곳은 파리 근교 도시의 한국 법당이었고, 사찰 가정식으로 차린 푸짐한 점심상이 우리를 기다리고 있었다. 고기도 없고 마늘도 없는 밥상이었기에 뭔가 심심했지만, 건강해지는 기분이랄까? 문화TV 이사장님이신 스님과 사진기자들, 촬영감독님은 그 법당에 머물고 있었다.

성대하게 대접받고 나서 숨 돌릴 틈도 없이 우리는 곧바로 CF 촬영에 들어갔다. 에펠탑 앞에서, 개선문 앞에서, 루브르 박물관 앞에서…. 파리를 여행하지 않은 사람도 알 만한 파리의 세 랜드마크 앞에 김치버스를 임시로 세워두고 조리복을 입은 채 급히 내렸다. 즉석에서 사람들을 불러 모아 다 같이 'I Love 김치'를 외쳤고, 사람들에게 김치를 나눠주었다. 정말 순식간이었다. 대부분 차량을 세워서는 안 되는 곳이었기에 경찰들이 달려와 제지하기도 했다. 파리를 여행하는 한국인 관광객들 눈에는 재미있고 반가울 수 있었겠지만, '뭐야, 왜 저렇게 불법으로 차를 세우고 한국사람 망신을 주는 걸까?'라고 불평하는 사람도 있었을 것이다. 프랑스인들, 외국인들도 마찬가지였을 터였다.

그것은 분명히 우리가 염증을 느끼는 방송의 특성 중 하나였다. 좋은 결과물은 나올 수 있겠지만, 과정은 바람직하지 않았다. 그래도 나름 뿌듯한 촬영이었다. 관광지에 모여 있던 외국인들은 재미있다는 듯이 관심을 보였고, 순간적으로 김치버스 주변은 모여든 사람들로 인산인해를 이뤘다. 우리도 그때 이 기자님이 촬영해준 에펠탑과 김치버스의 사진을 지금도 대표사진으로 잘 사용하고 있으니 그리 나쁘지 않은 셈이다. 반나절 동안 차를 몰고 다니며 여기저기서 'I Love 김치!'를 외쳤다. 과연 이런 장면들로 어떤 CF가 나올지 궁금했다. 하지만 그것이 CF 촬영의 끝은 아니었다.

이틀 후, 우리는 문화TV 관계자들과 재회했다. 이번 미션은 '갤러리에서의

파리의 명소를 순식간에 돌며 'I LOVE KIMCHI'를 촬영하던 그때, 순식간에 많은 일들이 벌어졌다

김치'였다. 파리 12구에 있는 도메닐 가에서 한국 교민이 운영하는 89갤러리를 배경으로 김치행사를 열어야 했다. 평소처럼 김치브리토를 말고, 김치김밥을 만들고, 구운 토르티야와 함께 김치칠리콘카르네를 만들어 사람들에게 나눠줬다. 갤러리 안에 김치 냄새가 가득 퍼졌다.

"파리 갤러리에 김치가 들어온 적 있슈?"

"없슈."

이사장 스님은 현지 스님과 함께 마치 선문답이라도 하듯이 대화하셨다. 이 정도면 CF 촬영은 끝났겠지? 하지만 아니었다. 짧은 시간 우리에게 주어진 또 다른 미션.

사립 명문 학교인 빅토르 위고 중등학교에서 진행하는 급식행사가 남아 있었다. 급식 시간에 학생들에게 한국문화원이 지원한 특별 메뉴가 제공되었다. 학생들은 평소와 같은 샐러드, 메인디시, 디저트가 아니라 밥과 국, 김치와 잡채, 불고기 등 다양한 반찬을 골라 한 상차림으로 한식을 먹을 수 있었다. 학생 3,000명에게 한식을 제대로 시식하게 하려고 이미 많은 준비가 되어 있는 상태였고, 우리는 역시 '김치' 파트를 맡았다. 현장에서 즉석에서 절인 배추를 양념하고 썰어서 학생들에게 나눠주는 임무가 쉽지는 않았다. 이미 다양한 반찬을 받고 자리로 돌아가는 그들에게 김치코너는 맨 마지막 코스였고, 아직 어린 프랑스 학생들이 보기에도 매운 보이는 김치를 받아가기가 선뜻 내키지 않는 것 같았다. 그래도 관심을 보이는 몇몇 학생을 붙잡고 홍보한 끝에 많은 학생에게 김치를 나눠줄 수 있었다. 학생만 3,000여 명이 되다 보니 허리를 펼 틈도 없이 짧은 불어로 입에 단내를 풍기며 김치를 나눠주고 있었다. 그런데 문화TV 이 기자님이 갑작스러운 제보를 해주셨다.

"시형 씨, 밖에 세워둔 차에 애들이 낙서하고 있던데 괜찮아? 원래부터 낙서

빅토르 위고 중등학교에서 김치를 나눠주다

89갤러리에서 음식 설명을 하는 류시형 팀장

1. 지르니까 청춘이다   2. 고난의 행군   **3. 김치버스 르네상스**   4. 새로운 도전, 북미   5. 궁금해하는 모든 것

가 몇 개 있긴 하던데…."

 아뿔싸. 그건 낙서가 아니라 출발 전부터 계획적으로 만들어둔 추억의 노트였는데…. 한국을 떠나기 전 김치버스를 디자인하면서 '우리가 만나는 외국인들과 함께 나눈 추억이나 김치를 맛본 외국인들의 감상을 김치버스에 직접 써놓게 하자.'는 의도로 김치버스 한쪽에 글 쓸 수 있는 공간을 준비했고, 그때까지 우리가 만난 사람 중에서 김치를 알게 된 외국인이나 행사에 참여한 교민이 감상이나 반응을 써놓았다. 그런데 철없는 아이들이 그곳에 낙서를 하고 있다니….

 놀라서 뛰쳐나와 보니 실제로 아이들이 알록달록 유성매직으로 김치버스를 엉뚱한 메시지로 도배하고 있었다. '잘 먹었다', '맛있다'와 같은 좋은 말도 있었지만, 'SEX', 'Vodka', '중국말을 할 줄 아냐?'는 등 그야말로 낙서가 태반이었다. 이것 참. 좋은 일 하러 와서 이게 웬 봉변이란 말인가. 그 이상한 단어들을 매직 블록으로 열심히 지울 수밖에 없었다.

 CF 촬영은 그렇게 끝났다. 일주일간 정신없이 파리 곳곳을 김치버스로 누비면서 우리나라의 김치를 알리는 색다른 경험이었다. 하지만 지울 수 없는 낙서의 상처를 입었고, 방송 연출에 대한 염증을 다시 한 번 느끼기도 했다. 그렇게 제작된 CF를 보기라도 했으면 좋았을 텐데…. 문득 그 CF의 행방이 궁금하다.

런던 신혼집을 습격하다

'별로 친한 사이도 아닌데, 뻔뻔하게도 민폐를 끼쳐도 될까?'

런던에 있는 수정이 집주소를 내비게이션에 입력하면서 잠시 그런 생각을 했다.

"이래도 되는 거냐?"

"뭐, 전 괜찮은데요, 언제든 오라고 했어요."

머뭇거리는 내게 석범이가 당당히 대답했다. 석범이야 이래저래 대화도 했지만, 나나 승민이는 서먹한 사이에 신혼집이라니 더 망설여졌다. 솔직히 석범이도 수정이와 '친한 사이'라고는 말할 수 없었다.

"뭐, 정 맘에 걸리면 다른 데로 가도 되고요."

석범이 떠넘기듯 툭 던졌다. 이런 망할 자식. 하지만 대안 없는 반대는 무의미했다. 물가 비싼 런던, 주차 지옥 런던에서 살아남으려면 지인을 통하는 수밖에 없었고, 우리가 아는 유일한 지인은 수정이였다.

수정이와 우리 인연은 마드리드 퓨전 2012 행사 때 맺어졌다. 지난 1월, 수정이는 마드리드 퓨전도 구경하고, 아는 요리사들도 만날 겸 잠시 스페인에 들렀고, 정식당 정식이 형이 우리에게 수정이를 소개했다. 성격이 밝고 천성이 낙천적인 수정이는 우리가 정식당 일을 도와줄 때 잠시 주방에서 함께 일한 적이 있었다. 그리고 마드리드 관광지를 함께 돌아보았는데 그때에는 수정이 말고도 붙임성 좋은 미진이도 있었고, 스페인 사람이지만 한국말을 잘하는 베아와 그녀의 한국 친구도 하나 있었다. 그렇게 두 시간 정도 함께 다녔던 것이 전부였다. 게다가 나는 사진 찍느라 정신이 없었고, 석범이와 승민이 역시 둘이 이야기하느라 수정이와 어울리지도 못했다.

이처럼 수정이를 '지인'이라고 말하기도 모호한 상황인데 우리는 그녀를 찾아가고 있었다. 전날 도버해협을 건너 근처 도로에서 하룻밤을 보내고 나서 찾아간 런던. 염치없게도 집은 아주 잘 찾는다. 집 바로 앞에 주차하고 수정이에게 전화를 걸었다.

'뚜, 뚜, 뚜….'

"안 받는데요?"

"집에 없나? 집 호수는 모르냐?"

수정이는 3층 정도 되는 빌라 형태의 건물에서 살고 있었는데, 정확한 호수도 모르고 전화도 안 되니 일단 건물 앞에서 기다리기로 했다.

"그런데 정말 이래도 되는 거야?"

"뭐, 어때요, 거북해하면 떠나면 되죠."

"그런데…, 배고프지 않아?"

언제 올지 모르는 수정이를 기대 반 설렘 반으로 기다리면서 우리는 떡볶이를 만들어 먹었다. 그리고 슬슬 졸음이 오기 시작했는데 수정이는 여전히 나타나지 않았다. 아직 한낮이었지만, 아무래도 저녁까지 기다려야 할 모양이었다. 그 순간, 건물 한 창문으로 동양 여자의 모습이 슬쩍 보였다.

"어? 저거 수정이 아냐?"

잠깐 보였지만, 분명히 수정이였다. 우리는 반가운 마음에 수정이 이름을 소리쳐 불렀지만 창에 모습이 비친 여자는 우리 쪽을 바라보지도 않고 뭔가 하던 일에 몰두하고 있었다. 얼핏, 우리가 아무래도 잘못 온 게 아닌가 하는 생각이 들었다. 그래도 계속해서 큰 소리로 이름을 부르자, 그녀는 드디어 고개를 돌려 우리를 내려다보았다. 아! 얼마나 반가웠던지, 마음속의 의심은 씻은 듯이 사라지고 우리는 반가운 얼굴로 재회했다. 수정이는 우리가 언제 도착할지 몰라서 기다리면서 진공청소기를 돌리고 있었고 그 소음 때문에 우리가 부르는 소리를 듣지 못했다고 했다.

수정이가 프랑스인 남편 미켈과 함께 사는 신혼 살림집에서 우리가 머물 공간은 거실 겸 주방이었다. 우리야 전혀 상관없지만, 수정이 부부가 얼마나 불편할까 생각하니 미안한 마음이 앞섰다. 게다가 하루 이틀도 아니고 일 주일, 이 주일씩이나 신세를 지겠다고 찾아왔으니 우리도 참 철면피였다. 수정이는 우리가 온다는 말을 듣고 고맙게도 우리를 위해 새 침구까지 샀지만, 차마 그런 호의까지 덥석 받을 수 없어 그냥 우리 침낭을 쓰기로 했다.

런던에서 지내면서 우리는 리버풀과 옥스퍼드, 맨체스터에 다녀온 이틀을 제외하면 줄곧 수정이네 집에 있었다. 불가리 호텔 페스트리 셰프인 미켈이 출근하고 나면 우리의 하루가 시작되었다. 거실에서 뒹굴며 컴퓨터로 인터넷을 하고, 브런치를 만들어 먹고, 하루 임대료가 1파운드인 시티 바이크를 빌려 타고 포토벨로 마켓, 런던아이, 밀레니엄 브리지, 코벤트 가든 등 런던의 이곳저곳을 돌아다녔다. 대사관과 문화원을 방문해서 행사장소도 알아보고, 현지 마켓도 구경했다. 저녁에는 집에서 모두 함께 한식을 요리해 먹었다. 미켈은 일을 마치고 돌아올 때면 환상적인 맛의 쿠키를 가져와 멋진 디저트를 선사했다. 그러다가 하루는 미켈과 함께 일하는 동료 요리사들을 집으로 불러 한식파티를 열기도 했다.

그들에게는 일상인 2층버스, 우리에겐 투어 버스. 그렇게 2층 맨 앞자리에 앉으면 관광객이 된다

알록달록 파스텔 톤의 포토벨로마켓

런던에 머물면서 우리는 모처럼 관광객 기분을 내보았지만, 여전히 이런저런 사소한 사건들이 끊이지 않았다. 녹내장이 의심되었던 석범이는 새벽 시간에 관광객들을 무료로 진료해주는 런던의 응급실 신세를 지기도 했고, 김치버스는 하루에 두 차례나 영국 경찰에게서 주차딱지를 떼기도 했다. 차가 좌측통행을 하고, 도로도 복잡하며 주차할 곳도 마땅찮은 런던 시내를 김치버스로 돌아다니기는 몹시 번거로워서 우리는 차를 수정이네 집 앞에 세워두고 가끔 운행했는데, 매일 그곳을 감시하는 주차단속원이 우리를 그냥 내버려두지 않았다.

런던에 올 때에는 이런저런 야심 찬 계획들을 세웠지만, 따뜻하고 푸근한 수정이네 집에 있다 보니 몸은 한없이 늘어지고 마음은 놀고만 싶은 관광객이 되었다. 앉으면 눕고 싶고, 누우면 자고 싶고, 마냥 게으름을 떨고 싶었던 우리는 이제 정신을 차려야 했다. 그래도 신혼집을 내줬던 고마운 수정이와 미켈 덕분에 런던 일정은 즐거운 추억으로 가득 채워졌다. 하지만 김치홍보 점수는 빵점이었다.

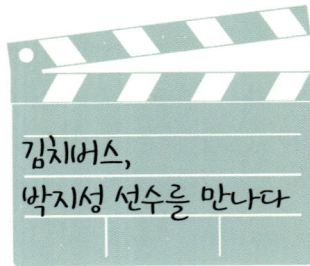

김치버스, 박지성 선수를 만나다

　런던을 떠난 김치버스는 옥스퍼드, 버밍엄, 리버풀을 거쳐 맨체스터에 도착했다. 도시 전체가 대학으로 이루어진 옥스퍼드에서는 대학 관계자들을 만나 행사를 진행해보려 했지만, 우리가 방문했던 4월은 부활절 방학시즌이라 학생들이 없다는 대답만 돌아왔다. 실제로 대학원생들만 남아 있다는 옥스퍼드는 한산하기 이를 데 없었다. 비 오는 버밍엄에서는 진지하게 김치버스의 앞날을 고민하며 발전적인 방향을 찾겠다는 뜻에서 우리끼리 '4.3서약'을 했고, 춥고 바람 불던 리버풀에서는 화이트보드에 글을 써서 차에 붙이고 항구와 박물관, 마켓 등지를 돌아다니며 김치를 홍보했다. 물론 가시적인 성과는 없었지만, 그것은 런던에서의 나태함을 어떻게든 벌충하겠다는 우리의 강한 의지가 담긴 행보였다.

　맨체스터를 방문한 이유 역시 명확했다. 출국 전부터 생각했듯이 박지성 선수를 만나 김치를 전달하는 임무를 완수하기 위해서였다. 미리 만날 약속을 했던 것도 아니고, 만남을 주선해줄 지인이 있었던 것도 아니다. 이번에도 역시 무작정 박지성 선수를 찾아갔지만, 왠지 모르게 만날 수 있을 것 같은 희망이 있었다.

　우리는 보통 김치버스를 길가나 주차장에 세워두고 잠을 잤다. 아침에 일어나면 사람들이 웅성웅성 모여들고, 조깅하다가 슬쩍, 개를 끌고 산책하다가 흘끔

부활절 기간이라 한산했던 옥스퍼드 대학 캠퍼스

들여다보기도 한다. 그러다가 우리와 시선이 마주치면 궁금증을 풀려는 듯 이것저것 묻는다. 그때마다 우리는 성심껏 대답하면서 원하는 정보도 주고 함께 어울렸지만, 이날만은 달랐다. 갈 길이 바빴기에 호기심 어린 시선들을 뒤로하고 맨체스터 유나이티드의 홈구장 올드 트래퍼드로 향했다. TV에서만 보던 올드 트래퍼드 경기장에는 경기가 없는 날인데도 각국에서 몰려든 관광객들이 적잖이 눈에 띄었다. 광장 한편에는 자랑스러운 박지성 선수의 대형 사진이 걸려 있었다.

자, 여기서 박지성 선수를 어떻게 만날 수 있을까. 우리는 일단 기념품 매장으로 들어갔다. 온 김에 이것저것 구경도 하고 사진도 찍고, 탐문하면서 정보를 얻기 위해서였다. 한참을 구경하고 돌아다니는데 한 외국인이 우리에게 말을 걸었다. 그도 박지성 선수의 열성팬이었다.

올드트래포트에서 만난 반가운 박지성 선수의 사진

"너희 한국에서 왔어? 저 빨간 버스, 한국에서 온 거야?"

대부분 외국인은 빨간 김치버스의 강렬한 색채에 깊은 인상을 받고 발걸음을 멈춘다. 한국에서 온, 한국 번호판을 달고 있는 자동차. 그 자체만으로도 그들의 관심을 끌기에 충분하다. 박지성 선수를 만나러 왔다고 대답하니 그는 맨유 선수들이 오늘과 내일 캐링턴 연습 구장에서 훈련한다는 고급정보를 주었다. 물론 팬 페이지나 홈페이지에도 나오는 내용이겠지만, 그런 정보도 없었던 우리는 곧바로 맨체스터에서 차로 30분가량 떨어진 외곽마을 캐링턴에 도착해 연습구장의 위치를 확인했다.

우리는 선수들이 출근하는 연습구장 길목에 차를 세워두고 그곳에서 밤을 보냈다.

우리 선수들이 다니는 길목에 김치버스를 볼 수 있게 비스듬히 세워두고 한참을 기다렸다

　　새벽 6시 반, 일찍 출근하는 선수들에게 김치버스를 보여주고 김치를 나눠주기 위해 서둘러 일어났다. 긴장되는 순간, 우리는 조리복까지 꺼내 입고 나눠줄 김치의 포장까지 완벽하게 마친 상태로 선수들을 기다렸다.
　　9시 반, 선수들이 개인차량을 타고 캠프 안으로 들어갔다. 선수들은 신원 확인을 위해 바리케이드 앞에서 잠시 멈춰 창문 너머 감시카메라를 응시해야 했는데, 그 덕에 우리는 선수들의 얼굴을 확인할 수 있었다. 박지성 선수의 검은색 포르쉐 카이엔이 바리케이드 앞에 멈춰 섰다.
　　"야, 방금 박지성 선수 맞지?"
　　"응! 그런데 출근하는 길이라 사인은 안 해주고 바로 지나가겠지?"
　　대부분 선수가 우리 김치버스를 지나쳐 구장 안으로 들어갔다. 우리는 그들이 훈련을 마치고 나올 때를 기다려야 했다. 훈련 전에는 시간 여유가 없겠지만, 훈련이 끝나면 잠시라도 시간을 내줄지도 몰랐다. 우리는 기다리면서 아침밥을 챙겨 먹는 등 여유를 부릴 틈이 없었다. 선수들이 언제 다시 나올지 몰랐기에 경계를 늦추지 않았다.

11시 반, 생각보다 빨리 선수 한두 명이 퇴근하기 시작했다. 승민이는 중국인 극성 팬과 함께 캠프 입구 쪽으로 걸어갔고, 석범이와 나는 김치버스에서 자리를 지켰다. 아침보다는 많은 팬이 몰려들었고, 기자들도 우리 김치버스에 관심을 보였다. 한 기자는 박지성 선수에게 김치에 대한 생각을 물어보고 우리가 여기 와 있다는 사실을 알리겠다고 했다. 이렇게 무작정 찾아왔지만, 뭔가 이루어질지도 모른다는 기대감으로 마음이 설레었다.

앞쪽에서 보고 미리 연락을 주겠다고 한 승민이는 연락 두절, 석범이와 나는 쌀쌀한 날씨에 조리복을 입고 리플릿과 김치 모형, 묵은지를 손에 들고 언제 나올지 모르는 박지성 선수를 기다렸다.

선수들 중엔 차를 몰고 나오다가 바리케이드 앞에 잠시 멈춰 서서 팬들에게 사인해주는 선수도 있고, 그냥 지나치는 선수도 있다. 특히 루니는 절대로 사인해주지 않는 선수로 유명하다. 팬들은 멀리서 선수들의 차만 봐도 누가 타고 있는지를 알고 도로의 오른쪽 왼쪽을 분주히 오갔다. 이유인즉, 좌측통행하는 영국의 자동차는 운전석이 오른쪽에 있는데, 이에 잘 적응하지 못하는 외국 선수들을 위해 특별히 왼쪽에 운전대가 있는 차를 만들어준다고 한다. 그래서 박지성 선수의 차가 오면 길의 오른쪽에서 기다리고, 루니가 오면 왼쪽에서 기다린다. 팬들에게서 이런저런 이야기를 들으며 기다리는 시간은 그리 지루하지 않았다.

12시경 선수들이 본격적으로 나오기 시작했다. 팬들에게 사인도 해주지 않고 휙 지나친 비디치 선수가 우리 김치버스 앞에 멈춰 서서 이게 대체 뭐냐고

바쁘고 귀찮았겠지만 김치사랑에 우리의 브로슈어까지 들고 사진을 찍어준 에브라

김치버스가 뭐냐고 물어보던 애슐리 영

물었다. 세상에! 세계적인 수비수 비디치가 우리에게 먼저 말을 걸다니! 비디치는 2011년 세계 베스트 플레이어 11에 선정될 정도로 대단한 선수가 아니던가. 뒤이어 등장한 애슐리 영과 에브라는 우리 브로슈어를 들고 친절하게 사진도 찍어줬다. 특히 박지성 덕분에 김치를 알게 된 에브라는 김치버스에 더 큰 관심을 보였다. 간략하게 설명하고 김치를 전달하려고 했지만, 믿음이 부족했는지 우리가 주는 김치를 받지는 않았다. 정말 맛있는 광주의 묵은지를 꼭 전달하고 싶었는데….

　드디어 박지성 선수가 등장했다. 거의 마지막으로 나타난 그의 차를 보자 우리는 더없이 반가웠다. 그도 역시 바리케이드 앞에서 잠시 멈춰 섰지만, 정면을 응시한 채 팬들에게 사인해주기 위해 차창을 내리지는 않았다. 그 순간, 조리복을 입고 김치 모형과 브로슈어, 묵은지를 들고 있는 우리와 눈이 마주쳤다. 바리케이드가 슬슬 열리고 있었다. 나는 다급한 마음에 박지성 선수를 바라보며 손짓으로 김치와 김치버스를 번갈아 가리켰다.

"석범아, 빨리! 너도 빨리 흔들어!"

그러나 박지성 선수는 우리에게 손바닥을 내밀어 정중하게 거절의 뜻을 내비쳤다. 그와 대화하지는 못했지만 우리는 서로 의사를 전달했고, 김치를 들고 있느라 그의 사진을 찍을 수는 없었지만 그래도 우리의 마음은 그에게 전달되었을 것이다. 박지성 선수는 김치버스를 휙, 스쳐 지나갔다. 에브라의 거절보다 훨씬 더 아쉬움이 컸지만, 어쩔 수 없는 노릇이었다.

뒤늦게 여러 선수의 사인을 받아들고 승민이가 돌아왔다. 박지성 선수는 앞에 서 있던 팬들에게도 역시 사인을 해주지 않았던 모양이다. 극성 중국 팬은 그런 날도 있다며 오늘 안 해줬으니 내일은 해주리라며 내일 다시 오겠다고 했다. 승민이 역시 크게 동요했지만 정해진 런던 일정 때문에 더 그곳에서 지체할 수 없었다.

박지성 선수는 대단한 셀럽이었다. 그를 만나는 것만으로도 김치버스의 영광스러운 한순간이 될 만한 대단한 사람. 비록 그와 말 한마디 나누지 못했지만, 김치버스를 보고 박지성 선수도 힘을 냈으리라 믿고 싶다. 어려운 시기에 멀리 한국에서 자신을 찾아와준 한국 팬들에게 보답하기 위해서라도 최선을 다하지 않을까? 그와 스치며 그런 생각이 들었다. 아무것도 안 되리라고 예상하고, 그를 만날 수 없으리라고 속단하고 이곳에 오지 않았더라면, 정말 아무 일도 일어나지 않았을 것이다. 하지만 우리는 생각을 실천했고, 비록 직접 대화하지는 못했지만 결국 그를 만났다. 그 자체만으로 우리는 한 뼘 더 자랐다고 자부한다.

루앙에서 만난 귀인

환상적인 초원과 심장이 조여드는 백악질의 절벽으로 유명한 영국 브라이튼 근교의 관광지 '세븐 시스터즈'를 구경하고 영국을 떠나려던 4월 15일, 김치버스에서 이상 징후가 발견되었다. 운전하던 승민이가 자꾸 기어변속의 타이밍을 놓치는 이유는 바로 클러치의 결함 때문이었다.

"왜 그래? 왜 변속을 못해!?"

"클러치가 안 먹어. 밟아도 기어가 들어가지 않아."

"그럼 어떻게 해? 아예 변속을 못 하는 거잖아. 위험한 거 아냐?"

"멈췄다가 달릴 때에만 처음에 그런 증상이 있고, 달리다 보면 괜찮아져. 처음에도 여러 번 밟으면 되더라고."

흠…. 그전까지 웬만한 차량 고장은 견뎌냈기에 어느 정도는 내성이 생긴 터였다. 출발 전 엔진 고장, 터보 고장, 출발하고 나서도 파워스티어링 휠, 부동액 연결호스, 수도관 동파, 차량전원 인버터, 사이드브레이크 등 다양한 고장을 해결하다 보니 이 정도 문제는 별것 아니라는 섣부른 생각이 들었다.

영국 도버 해협을 건너 칼레 근처 길가에서 저녁을 보낸 뒤 파리로 돌아가기 전 우리가 들른 프랑스 북부 노르망디 지방의 루앙에는 석범이의 동기이자 내

세븐시스터즈는 왠지 우리에게 영국을 떠나지 말라고 말하는 것 같았다. 궂은 날씨에도 불구하고 절경을 자랑하던 이곳, 나중엔 좀 더 여유를 갖고 찾고 싶다

후배인 소진이가 살고 있었다. 루앙은 고딕양식 건물들이 잘 보존되어 있는 아름다운 도시였다. 잔 다르크의 처형지로 잘 알려진 이 도시의 중심부에는 그녀의 죽음을 기려 세운 성당이 있다.

우리는 몇 차례 통화 끝에 루앙의 대학 근처 길가에서 소진이를 만나 점심을 함께 먹으려고 했지만, 골목길에서 클러치가 계속 말썽을 부렸다.

"소진아, 집에 가서 기다리고 있어, 잠깐 정비소에 들러서 차 좀 손보고 갈게."

인터넷으로 검색해보니 클러치 박스의 오일만 교환하면 괜찮을 것 같기도 했다. 우리는 곧바로 차량정비소를 찾았다.

김치버스를 정비하러 가면 대번에 받아주는 일이 없다. 일반 정비소는 대형차를 고칠 수 없다고 하고, 대형차 정비소에 가면 현대자동차는 수리하지 않는다며 현대자동차 전문 정비소를 소개해준다. 그래서 현대자동차 대리점이나 정비소에 가면 승용차만 정비할 뿐, 대형차는 고칠 수 없다며 또다시 대형차 정비소로 돌려보낸다. 우리는 이런 뺑뺑이에 이골이 나 있었다. 유럽 어디를 가나 이런 식이었기에 대형차정비소에서 사정을 설명하고 어떻게든 정비받는 것이 유일한 해답이었다. 이번에도 마찬가지이겠거니 했지만, 혹시나 하는 마음에 소개받은 현대자동차 대리점으로 향했다.

루앙의 현대자동차 대리점에서는 현대자동차 외에도 지프 같은 브랜드도 취급하고 있었다. 역시 큰 기대는 하지 말아야겠다는 생각이 앞섰다. 우리 사정을 설명하니 잠시 기다리라고 하더니 다른 사람을 소개해주겠다고 했다. 그렇게 소개받은 사람이 바로 스테판 형이다. 한눈에 한국인이라는 것을 알아볼 수 있었다. 이런 곳에서 한국인 딜러를 만나다니! 정말 다행한 일이었다. 적어도 다른 정비기술자들과는 달리 우리를 이리저리 보내지 않고 문제를 해결해줄 수 있지 않

생각지도 못했던 루앙에서의 일주일

을까? 나중에 알게 된 사실이지만 스테판 형은 한국인이 아니라 아버지가 한국인이고 어머니가 프랑스인인 교포 2세였다. 스테판 형은 우리 사정을 듣더니 사장님을 소개했다. 쉰 듯한 목소리가 인상적인 사장님은 어떻게든 고쳐주겠다고 약속했다. 차의 상태를 점검한 결과, 김치버스의 클러치는 오일 부족이 아니라, 아예 못 쓰게 되었다는 것을 알게 되었다.

"그럼 어떻게 해야 하죠?"

"일단은 클러치 디스크를 포함해서 관련 부품이 모두 필요해요. 엔진 모델과도 맞아야 하는데, 유럽에는 이런 차종이 없으니 부품을 한국에 주문해야 하지 않을까요?"

잠시 들른 루앙에서 일주일 넘게 체류하게 생겼다. 줄줄이 예정된 파리 일정은 모두 취소해야 했고, 김치버스를 정비소에 맡기면 당장 잘 곳도 없었다. 부품을 수배해보니 벨기에에서 구할 수 있다는데, 수리비까지 합쳐 비용이 400만 원이 넘는단다. 우리는 루앙이 어떤 도시인지도 몰랐고, 그저 학교 후배 얼굴이나 보자고 들렀다가 이런 일이 생길 줄이야.

우리는 늘 최악의 상황과 직면했지만, 불가능한 상황은 없었다. 절망에 빠져 있을 시간이 없었다. 김치버스는 당연히 고쳐야 했고, 어쨌거나 우리는 루앙에서 일주일 넘게 머물러야 했다. 돈이 들더라도, 그건 피할 수 없는 상황이었.

우리의 딱한 사정을 알게 된 스테판 형이나 사장님은 몹시 안타까워했지만, 사장님은 집에 갓 태어난 아기가 있어 우리를 재워주기가 곤란했으므로 마당에 텐트를 치고 자는 건 어떻겠냐고 묻기도 했다. 우리는 우선 김치버스의 상태가 확실해지기를 기다리며 첫날은 스테판 형이 데려다 준 가장 저렴한 유스호스텔에서, 둘째 날은 스테판 형의 부모님 댁에서 머물렀다. 그리고 셋째 날이 되었다. 설마 했는데, 역시 일주일 이상 기다려야 한다는 결론이 나왔고, 가격 역시 사장님이 싸게 해주려고 노력했음에도 견적이 300만 원 넘게 나왔다.

장기 체류를 해야 하는 상황이 되자, 스테판 형은 우리를 자기 가족이 운영하는 한식 레스토랑 '쥰(Joon)'으로 데려갔다. 소진이를 만나러 잠시 들른 루앙에서 고장 난 김치버스. 김치버스를 인연으로 만나게 된 스테판 형, 그리고 스테판 형의 가족이 운영하는 한식 레스토랑…. 뭔가 알 수 없는 인연이 우리를 인도하는 것은 아닌지. 우리는 스테판 형의 가족 덕분에 레스토랑 위층에 딸린 작은 방에서 며칠을 편안하게 지낼 수 있었다.

루앙에서 보낸 며칠은 요리를 마음껏 해볼 수 있는 특별한 날이었다. 한식당 주방에서 매일 한식요리를 만들었고, 새로운 메뉴를 개발하는 데 작게나마 도움을 줄 수 있었다. 우리는 스테판의 형인 프레드릭에게서 프랑스식 디저트를 배

루앙의 한식레스토랑 Joon, 지금도 있을까

웠고, 그 답례로 맵지 않은 비빔밥 소스나 호떡, 몇 가지 생선구이 양념 등을 가르쳐주었다. 한식 레스토랑 준을 운영한 지 2년째, 어느 정도 자리는 잡았지만 생각보다 장사가 잘되지 않아서 팔려고 내놓으셨단다. 아버님도, 어머님도, 그리고 레스토랑 일 때문에 부인, 아들과 떨어져 지내는 프레드릭 형도 지쳐 보였다. 아예 한국에 들어가서 장사하고 싶다는 말씀도 하셨다. 그럼에도 우리가 이 가족을 도와줄 수 있는 일은 많지 않았다.

김치버스의 수리가 끝나고 루앙을 떠나던 날, 우리는 고마운 마음에 몇 가지 김치요리를 준비해 정비소 사람들과 도움을 주셨던 분들께 대접했다. 클러치 외에 다른 부분들까지 완벽하게 정비된 김치버스. 갑작스러운 루앙 방문에 예상하지 못했던 좋은 인연과 추억을 만들었다.

유럽을 떠나기 전, 한 번 더 들러 같이 하루를 보냈을 정도로 그리운 곳이 되어버린 루앙. 루앙의 몇 안 되는 한식 레스토랑 준. 지금쯤 번창한 레스토랑이 되었기를!

3유로의 저녁식사와 300유로의 저녁식사

　전 세계를 누비며 각 지역의 특별한 음식, 유명한 레스토랑의 별식을 맛보는 경험은 요리를 공부하는 사람이라면 누구나 꿈에 그리는 일이다. 어디를 가면 무엇을 꼭 먹어봐야 하고, 어디까지 가서 무엇을 맛보지 못한다면 평생 후회하리라는 식으로 요리사에게는 끝없는 갈증이 있다. 우리도 예외는 아니었다. 호기심을 채우려고, 혹은 지식을 쌓으려고 많은 경험을 원했다. 예산을 세울 때에는 그런 욕구를 달래줄 비용도 고려했지만, 후원을 얻기는 쉽지 않았다. 앞서 말했듯이 예상했던 금액의 절반 밖에 후원금을 얻지 못했기에 지출을 줄일 수 있는 부문에서는 무조건 아껴야 했고, 그중 가장 만만한 부문이 먹거리였다. 한 끼 정도는 굶어도 죽지 않는다. 또 식사할 때 격식을 차려 반드시 여러 가지 음식을 먹을 필요는 없다. 우리는 자연스럽게 음식을 간소화했고 싼 먹거리를 찾았다. 지금 생각해보면 요리를 공부하는 우리에게는 참으로 서글픈 현실이었다. 마트에 가면 우리나라에서는 볼 수 없는 특별한 채소들과 가공식품들이 있다.

　'하얀색 가지는 어떤 맛일까.'

　'저 울퉁불퉁한 토마토는 뭐지?'

　'염소 고기 맛은 어떨까?'

구경만 할 뿐, 맛볼 수 없는 상황은 정말 고역이었다. 어쩌면 다시는 돌아올 수 없는 순간들이 그렇게 지나가고 있었다.

4월 25일 비가 억수같이 쏟아지던 날, 김치버스는 벨기에의 수도 브뤼셀에 도착했다. 전날 악몽 같았던 캠핑장에서 머무른 터라 이래저래 기분이 좋지 않았다. 보통 열흘이나 보름에 한 번 정도는 캠핑장에 갔다. 물탱크에 물도 채우고, 밀린 빨래도 하고, 뜨거운 물로 샤워도 마음껏 하고 싶었기 때문이다. 그런데 재충전 장소가 되어야 할 캠핑장에서 보낸 하루가 빨래건조기도 고장 났고, 시설은 불편해서 아까운 돈만 버린 악몽의 시간이 되어버렸다. 우리는 덜 마른 빨래를 건조시키려고 빨래방을 찾아 한참을 돌아다녔다. 빨래를 기계에 넣고 잠시 비를 피해 도시를 관광하는데 석범이 어렵게 말을 꺼냈다.

"형, 혹시 오늘 저녁에 특별한 일정이 없으면 제가 어디 좀 다녀와도 될까요?"

"어디 가려고!?"

"여기에 미슐랭 2스타 평가를 받은 레스토랑이 있다고 해서 한번 가보려고요."

석범이는 나나 승민이보다 금전적으로 여유가 있었다. 그리고 그 여유를 최고급 레스토랑을 경험하는 데 사용하기를 아끼지 않는 친구였다. 특별한 일정도 없었고, 한 번쯤 개인행동을 해도 괜찮겠다 싶어 승낙했다.

"그래, 다녀와. 망신당하지 않게 깔끔하게 차려입고 가. 긴 바지 입고 가라고."

노르망디에서 긴 바지를 잃어버린 후로 반바지만 입고 다니던 석범이는 미슐랭 2스타 레스토랑 헤르토그 얀(Hertog Jan)에서 품격 있는 식사를 즐기기 위해 새로 바지까지 샀다.

저녁 7시, 우리는 한적한 주택가에 있는, 미슐랭 2스타의 위엄이 서린 레스토랑 헤르토그 얀 앞에 김치버스를 세웠다.

"잘 다녀올게요."

브뤼셀에서의 매직아워

　빌려준 카메라를 한쪽 어깨에 메고, 밑단을 대충 접어 올린 새 바지를 입은 석범이의 뒷모습을 보며 우리는 중국에서 온 벼락부자 아들 같다며 낄낄댔지만, 마음 한구석에서는 부러움을 느끼고 있었다.

　석범이를 보내고 나서 우리는 이번 여행에서 처음으로 단둘이 저녁을 먹었다. 점심때 먹다 남은 달걀과 설탕 묻힌 빵 두어 조각과 라면 세 봉지. 평소와 다를 것 없이, 아니 계란빵 덕분에 평소보다도 풍족한 한 끼 식사였지만, 왠지 쓸쓸한 저녁이었다.

　"석범이가 라면을 참 좋아하잖아. 그런데 우리가 세 개 다 먹어버리면 억울해하겠지?"

　200유로짜리 코스 요리를 먹으러 간 석범이가 라면 때문에 억울해할 리 없지만, 우리는 괜히 그렇게 자신을 위로했다.

　저녁을 후다닥 해치우고 컴퓨터를 하고, 일기를 쓰고, 시각은 자정이 다 되어 가는데도 석범이는 돌아오지 않았다. 슬슬 걱정되기 시작했다. 10시가 되었을 때에도 농담을 주고받았는데 11시가 되자 점점 심각해졌고, 12시가 되자 레스토랑으로 가볼까 어쩔까 몹시 초조해졌다. 혹시 50미터도 되지 않는 거리를 걸어오다가 불량배라도 만났나? 별의별 생각이 다 들었다. '총무를 맡은 석범이가 지갑이라도 잃어버리는 날에는 김치버스고 뭐고 큰일인데…' 하는 걱정도 살짝 들었다.

목이 빠지라 기다리고 있는데, 12시가 조금 넘어서야 석범이가 돌아왔다. 손에는 헤르토그 얀의 책이 들려 있었다.

"조석범, 너 왜 이렇게 늦은 거냐!"

"아, 음식이 너무 천천히 나왔어요. 나중에 다 먹고 나서는 주방도 슬쩍 구경했고요."

"그래도 다섯 시간이라니. 만한전석(滿漢全席)이라도 먹은 게냐? 그리고 손에 든 책은 뭐야?"

"아. 이거…."

잔소리만 해대는 형들 앞이라 석범이는 말끝을 흐렸다. 석범이는 코스 요리와 책값을 포함해서 모두 300유로를 썼다고 했다.

"으이그, 또 상술에 놀아났구먼! 얼른 씻고 자라!"

말은 그렇게 했지만, 석범이가 먹고 찍어온 사진들도 궁금했고 요리들이 어땠는지도 궁금했다. 하지만 우리는 궁금하지 않은 척했다. 불쌍한 자존심이었을까? 우리 둘이 먹은 저녁은 3유로, 석범이가 먹은 저녁은 300유로였다. 석범이는 우리가 스페인 아쥬르멘디에서 했던 것과 같은 경험을 헤르토그 얀에서 했을 것이다. 요리사로서 꼭 필요한 경험을 한 석범이가 은근히 부러웠다.

아래는 헤르토그 얀 레스토랑에 다녀온 석범이가 남긴 글이다.

나는 먹을 것을 좋아한다. 자취생으로서는 엥겔지수가 엄청나게 높은 편이다. 평소에는 굶거나 싸구려 면류로 연명하면서도 색다른 미식을 경험할 때에는 가격을 고려하지는 않는다. 물론 계산서의 동그라미가 다섯 개가 넘는다면 고려해볼 만한 문제지만.

김치버스를 시작하면서도 내심 전 세계의 맛있는 음식을 맛볼 수 있으리라는 기대감이 있었다. 블라디보스토크에서는 전 세계 모든 아이스크림을 다 먹어보자는 계획을 세웠지만, 한 개에 그치고 말았다. 여하튼 세계의 맛있는 요리를 섭렵하겠다며 여러 군데 미식 - 문자 그대로 gastronomic한 - 레스토랑에 가겠다고 세웠던 목표가 시간이 흐르고 사정이 어려워지면서 열 군데가 다섯 군데로 줄고, 세 군데로 줄고, 결국 나 혼자 미슐랭 별점을 획득한 레스토랑을 방문한 경험은 한 번에 불과했다.

이탈리아에서 처음 시작된 미식의 역사는 프랑스의 누벨 퀴진(nouvelle cuisine)을 거쳐, 스페인의 분자 요리(Gastronomia molecular), 그리고 현재는 북유럽 등지에서 로컬 푸드(local food)와 컨템퍼러리 퀴진(contemporary kitchen) 등이 유행하고 있다.

스페인의 아쥬 르멘디, 프랑스의 폴 보퀴즈 조리학교, 세종(Saisons)을 경험한 나는 꼭 벨기에, 네덜란드 혹은 스칸디나비아 음식을 접해보고 싶은 열망이 컸다. 결국, 나는 브뤼셀 근처 캠핑장에 도착했을 때 헤르토그 안에서 식사하겠다는 말을 조심스럽게 꺼냈다.

시형이 형은 개인행동을 싫어했지만, 셰프로서 미식 경험의 중요성을 이해하고 있었기에 의외로 선선히 내 요청을 허락해주었다. 나는 곧바로 서툰 영어로 헤르토그 안에 한 사람 자리를 예약했다. 다음 날 브뤼셀 시내를 둘러보고 나서 형들은 예약한 시각인 저녁 7시에 나를 레스토랑 앞에 내려주었다. 나는 카

석범이가 먹고 온 300유로의 저녁식사, 사진만 봐도 부럽다

카메라를 끔찍하게 아끼는 시형이 형에게 어렵사리 말을 꺼내 카메라까지 빌려서 가져갔다.

　헤르토크 얀, 게르트(Gert de Mangeleer) 셰프와 오너인 요하킴(Joachim Boudens) 소믈리에는 2002년부터 여기서 일하기 시작했고, 2005년에 레스토랑을 인수했으며, 다음 해인 2006년에 1스타, 2009년 2스타, 2011년 3스타를 받았다. 나는 사실 2스타로 알고 갔고 그렇게 잘 먹고 나왔는데, 3스타를 받았다는 사실은 다음 날에야 알게 되었다.

　셰프 게르트, 34세. 현재 컨템퍼러리 퀴진의 중심지인 벨기에의 차세대 에이스 셰프이다. 아니면 어쩌면 이미 대세일지도 모른다. 그의 모토는 '단순함은 단순하지 않다(Simplicity is not simple).' 그의 자연적이고 아름다운 색감의 요리가 좋았다. 주방에서 눈인사를 나누다가 나중에 김치버스와 요리에 대한 이야기를 나누었다.

　처음 나를 안내해준 요하킴, 32세. 헤드 소믈리에이자 2005년과 2011년에 벨기에 최고 소믈리에 상을 받았으며, 홀 매니저를 겸했는데 아주 친절하고 바빴던 셰프 대신에 김치버스와 이 레스토랑에 관한 이야기, 개인적인 이러저러한 이야기를 하였다.

　도착하여 아주 잠깐의 수고 끝에 셰프의 책, 식전주, 와인, 물과 커피가 모두 포함된 6코스를 주문했고, 식전 빵을 시작으로 아뮤즈 부쉬(Amuse Bouche)와 애피타이저, 메인디시, 치즈, 디저트까지 환상적인 5시간의 식사를 즐겼다. 천천히 음식이 나와서 형들이 걱정할까 봐 10시에 휴대전화로 문자를 한 통 보냈지만, 생각보다 아주 늦은 시각에 끝났다. 레스토랑을 나오니 날짜가 바뀌어 있었다.

　그날의 경험은 내게 큰 자산으로 남았다. 음식을 먹으면서도 메뉴를 100퍼

와인 페어링까지… 조금 더 많이 알고 갔으면 좋았을 텐데

센트 이해하지 못한 점은 언어 소통에 대한 목마름, 식재료나 조리법 공부에 대한 배고픔으로 남았고, 그날 느꼈던 행복감을 생각하면 290유로는 전혀 아깝지 않았다. 물론 다음 날부터는 벨기에의 로컬 패스트푸드 퀵버거에 목매는 가난한 여행자로 변하긴 했지만.

퀸스데이,
행사 안 할 거냐고!

　시식행사 40회, 그것이 출발 전 김치버스가 세운 목표였다. 현지에서 김치를 알리는 방법으로는 광장처럼 인파가 집중된 곳에서 순간적으로 여는 게릴라성 행사를 선택했다. 차를 보내고, 달려서 이동하고, 현지에서 행사 장소를 물색하고, 행사 성격에 따라 메뉴를 정하고, 재료를 사고, 요리하고, 사람들에게 홍보하는 등 한 차례 행사를 진행하는 데 꽤 많은 시간이 걸리므로 열흘에 한 번 정도가 무리 없는 주기라고 생각했다. 물론 출발할 때부터 일이 꼬이는 통에 한 달을 쉬고 다음 한 달 만에 열 번 넘게 행사를 치러내기도 했지만, 어떻게든 40번의 약속된 행사를 치러야 했다.
　우리의 시도가 자발적인 의지에서 비롯된 것이 아니었다면 40회만 끝내고 나머지 시간을 마음 편히 놀며 보낼 수도 있었겠지만, 우리는 한국 음식을 알리는 일에 큰 자부심을 품고 있었고, 의무감과 책임감, 사명감마저 있었기에 김치를 알릴 작은 계기라도 생기면 절대로 이를 마다하지 않았다. 하지만 가끔 귀찮을 때도 있었고, 행사에 관해 세 사람의 의견이 일치하지 않는 날도 있었다. 네덜란드 암스테르담에서 맞은 퀸스데이(Queen's Day)가 바로 그런 날이었다.
　퀸스데이는 네덜란드 베아트릭스 여왕의 어머니 율리아나가 탄생한 날로

풍차마을 잔세스칸스(위). 좁은 암스테르담의 주차공간, 저 멀리 김치버스 한 대만 두 대의 주차공간을 염치없이 차지하고 있다(아래)

네덜란드의 가장 큰 축제일이다. 온 도시가 밤낮을 가리지 않고 축제 분위기로, 70만 명이 넘는 유럽의 젊은이들이 네덜란드에 찾아와 축제 전야부터 북새통을 이룬다. 사람들이 많이 모이는 장소라면 당연히 홍보 효과도 뛰어나고, 김치버스의 이동 경로와도 거의 일치했기에 우리는 퀸스데이에 암스테르담으로 향했다. 예상했던 대로 암스테르담 거리는 온통 오렌지색으로 물들어 있었다. 관광객들도 오렌지색 옷을 사 입고 저마다 독특한 오렌지색 소품으로 온몸을 치장한다. 가난한 우리는 당연히 그런 치장에 돈을 들이지는 않았다. 그저 바라보는 것만으로 축제를 즐기며 암스테르담 거리 곳곳을 돌아다녔다. 그날의 임무는 김치버스가 행사를 진행하기에 마땅한 장소를 찾는 일이었다.

"여기서 하면 어떨까?"

"안 돼, 이런 데서 일을 벌였다간 쫓겨날 거야."

"여긴 어때?"

"주차가 어렵지 않겠어? 게다가 차를 세워도 불법 주차니까…."

우리는 좀처럼 의견 차이를 좁히지 못했다. 승민이는 어딘가에서 꼭 행사를 하려고 했고, 나는 장소가 마땅치 않으면 굳이 하지 않아도 된다고 생각했다. 우리는 종종 이런 갈등을 겪었다. 승민이는 어떻게든 행사를 시도하려 했고 나는 그런 부담에서 벗어나려 했다. '할 수도 있고 못 할 수도 있다. 꼭 행사를 해야만 김치를 알리는 것이 아니라 많은 사람을 만나 직접 소통할 수 있으니 그것이 오히려 더 효과적인 홍보가 아닐까?'라고 자유롭게 생각했다. 내 출발점은 여행이었고 뒤늦게 합류한 승민이의 출발점은 김치였기에 우리는 처음부터 생각이 다를 수밖에 없었다. 결국, 승민이도 내게 더는 행사를 강요하지 않았다. 하지만 감정이 상했는지 말도 붙이지 않았다. 꽃시장을 둘러보던 중 이슬비가 내리기 시작해서 우리는 김치버스로 돌아왔다. 김치버스 안에는 냉기가 흘렀다. 승민이는 입

퀸스데이를 맞은 암스테르담은 온통 오렌지컬러, 너도나도 흥에 겨워 지칠 줄 모르는 파티를 시작한다. 우리도 그 틈에 잠시 묻어 김치전 행사!!!

을 굳게 닫아버렸고, 나 역시 맺힌 감정을 굳이 풀려고 하지 않았다. 석범이는 늘 그렇듯이 방관하는 태도였다.

승민이는 저녁도 먹지 않겠다고 했다. 나는 석범이와 김과 스팸, 장조림을 반찬으로 조촐한 저녁식사를 마쳤다. 석범은 김치버스 안의 무거운 분위기가 답답했는지 운동을 하겠다며 비가 그친 밖으로 나갔다.

4월 29일, 190일 차 일기

사실 '행사'라고 부르기에는 유치한 수준이지만, 우리 여행 목적을 생각할 때 이런 '행사'를 계속하지 않으면 우리의 존재 이유를 잃어버리는 듯한 불안감이 생긴다. 오늘은 김치 모형을 들고 다니며 호기심을 보이는 사람들에게 김치를 소개했지만, 나는 그것만으로도 충분하다고 생각한다. 무엇엔가 얽매여 마음이 내키지 않는 일을 억지로 하기 싫다. 그래서 어렵다. 승민이는 김치버스 없이도 거리로 나가 무엇이든 하자고 주장할 때가 많았고, 나는 김치버스 없이는 무엇이든 하고 싶은 마음이 없었다. 김치버스의 존재 이유는 무엇이고, 김치버스는 왜 달릴까. 김치를 알리기 위해 달린다. 어떻게? 시식회를 통해. 그럼, 얼마나 자주? 매일? 글쎄 자주 할수록 좋겠지. 하지만 오늘은 아니었다. 행사를 한다면 선착장이 가장 적절한 장소가 아닐까? 퀸스데이 당일인 내일 아침은 어떨까. 행사에는 언제나 어렵고 성가신 문제가 따라붙는다.

나도 답답한 마음에 펜을 들어 일기를 썼다. 내가 너무 부정적인 생각들로 가득 찼던 걸까. '대책 없는 낙천주의자'라는 닉네임을 십 년째 사용하고 있으면서도 팀의 리더가 되고 보니 여행에서도 의무감이 무겁게 느껴진다. 나는 늘 현실적으로만, 비판적으로만 생각하고 있었다.

'그래, 한번 해보자. 많은 사람이 찾는, 제대로 된 행사가 아니더라도 그냥 재미있게 우리 개성대로 진행할 수 있지 않을까?'

전에 암스테르담을 여행한 적이 있는 나는 김치버스의 행사장으로 적당한 곳이 떠올랐다. 바로 암스테르담을 가로지르는 바닷가의 무료 페리 선착장. 암스테르담은 사실 남과 북이 분리된 섬으로 이루어져 있다. 하지만 그 폭이 그리 넓지 않고 다리도 몇 군데 있는데다가 자전거를 타고 오가는 시민이 많아 무료 페리를 상시 운영하고 있었다. 대부분의 관광지가 있는 번화한 암스테르담의 남쪽은 골목도 좁고 운하들이 거미줄처럼 얽혀 있어 버스가 이동하기에 어려움이 많은 반면, 북쪽은 공업지대와 주거지역이 혼재하기에 김치버스를 주차할 만한 넓은 주차장도 많았다. 그리고 많은 사람이 10분 간격으로 운행하는 페리를 타고 오가기에 북쪽 선착장은 행사하기에 아주 적절한 장소였다. 나는 자고 있던 승민이를 깨웠다.

"승민아, 행사하러 가자. 장 보러 갈 시간이 없으니 선착장에 가서 오가는 사람들에게 밀가루로 김치전을 부쳐주자."

시큰둥하던 승민이도 슬며시 마음을 열었다. 상대에게 먼저 다가가 손을 내미는 것, 차이를 인정하고 다른 사람의 의견을 존중해주는 것. 그것이 퀸스데이 행사의 바탕이 되었다.

김치전을 많은 사람에게 나눠주지는 못했다. 배가 도착할 때마다 대략 사오십 명의 시민이 내렸지만, 대부분 김치버스를 지나쳐 총총히 사라졌고, 나는 그중 네댓 명에게 말을 걸고 김치 이야기를 꺼낼 수 있었다. 그렇게 오십 명 정도가 시식하고 나니 주변이 잘 보이지 않을 정도로 어둑해졌다. 하루 70만 명의 관광객이 찾는다는 퀸스데이에 걸맞은 성대한 행사는 아니었지만, 그 나름대로 뿌듯한 행사였다. 우리가 서로를 조금 더 이해하게 해준 행사였고, 어디서 무엇이든 할 수 있다고 생각하면 이루어진다는 것을 다시 한 번 깨닫게 해준 행사였다.

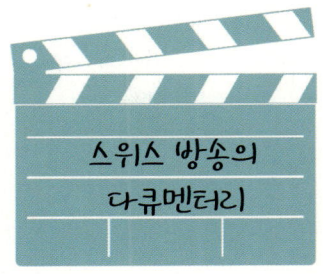

스위스 방송의 다큐멘터리

2011년 6월, 김치버스 팀은 처음으로 지상파 방송에 소개되었다. 후원사를 구하지 못해 계속 출발을 미루던 차에 어느 지상파의 꽤 유명한 프로그램 제작진이 김치버스가 세계일주를 떠나기 전 준비하는 과정을 카메라에 담고 싶다고 했다. 처음에 우리는 출연을 극구 사양했다. 왜냐면 그들이 촬영하려는 '준비 과정'을 진행하지 못하고 있었기 때문이었다. 아니, 준비하고는 있었지만, 그들이 생각하는 그런 준비가 아니었다. 그냥 머릿속에서, 노트북과 다이어리에서만 진행되던 준비였으니까.

"아무래도 안 될 것 같아요. 좋은 기회지만, PD님께서 생각하시는 그런 준비를 하고 있지 않아서 촬영한 만한 내용이 없을 겁니다."

"괜찮아요. 그림이야 만들면 되니까요."

"네?"

그때까지만 해도 그 말의 의미를 몰랐다. '뭐라는 거야? 뭘 만든다고?' 의문이 남았지만, 방영할 수 있다니, 우리가 마다할 이유는 없었다. '혹시 후원사들이 이 방송을 보고 후원을 결정할 수도 있지 않을까? 그리고 기획서에 언론에도 소개되었다고 써넣을 수 있겠지.'

제네바의 멋진 풍경, 어느 도시든지 강이나 호수를 끼고 있는 곳은 그만의 운치가 있다

나중에 알고 보니 우리를 촬영한 상황은 모두 '허구'였다. 김치버스도 없던 시절인데 촬영 팀은 흰색 캠핑카를 렌트해왔고, 마을과 학교도 섭외해두었다. 우리가 장 보는 장면을 촬영하고, 대학교와 서울 근교의 마을에 가서 어르신들을 모아놓고 김치 요리를 만들어드리는 장면, 차 안에서 먹고 자는 장면까지 촬영했다. 우리가 세계일주를 떠나기 전에 전국을 돌며 준비하는 과정을 그렇게 조작하여 소개한 것이다. 우리의 말과 행동을 제외하면 모든 것이 '연출'이었다. 그 방송을 본 많은 지인이 우리가 실제로 그렇게 준비하고 있다고 믿었다. 우리의 목적을 알리는 데 효과가 있었다고 좋게 생각할 수 있겠지만, 거짓을 보여준다는 것이 마음 편할 리 없었다.

2012년 5월, 우리는 스위스 프랑스어권 국영 방송국 RTS에서 이와 비슷한 제안을 받았다. RTS는 우리가 카우치서핑으로 만난 친구인 조사나와 알란에게 연락했고, 우리를 초대하고 또 멋진 행사들을 기획해준 그들이 승낙했기에 우리는 출연을 거절할 수 없었다. 스위스 국영 방송에 출연하는 것은 좋은 기회였지만, 문득 작년 6월의 촬영이 떠올라 마음이 불안했다.

'하루 만에 촬영을 마치겠다니, 과연 그럴 수 있을까? 혹시 또 우리를 방송 도구처럼 사용하면서 연기하라고 강요하는 건 아닐까?'

조사나와 알란에게는 알리지 않았지만, 걱정스러운 마음을 감출 수 없었다.

방송의 목적은 카우치서핑으로 초대받은 김치버스 팀이 현지인 50여 명과 한식 파티를 즐기는 이런저런 모습을 보여주는 데 있었다. 카우치서핑도 현지인과 외지인이 공간을 나누며 문화를 교류하는 활동이고, 김치버스의 시식행사도 외지인의 음식문화를 현지인과 함께 나누는 활동이었기에 '문화 교류'라는 공통의 주제를 부각하여 저녁 뉴스에 방송할 예정이라고 했다. 이 행사는 한 달 전부터 방송국과 조사나가 이메일을 여러 차례 주고받으며 조율해서 방송에 맞춰 상

게스트로 김치버스가 와서 한식을 선보인다는 말에 원래 참가자보다 훨씬 많이 찾았던 CS(카우치서핑) 소셜파티

황을 조작하는 등의 부담은 없었다.

    촬영은 저녁 7시, 제작 PD가 조사나와 알란의 집에 머무는 우리를 인터뷰하면서부터 시작되었다. 어려움은 없었다. 여행의 동기와 목적 등을 묻는 말에 짧은 영어로 열심히 대답했다. 그리고 음식 재료를 준비해서 파티 장소로 이동하는 동안, 촬영 팀은 달리는 김치버스의 주위를 파리처럼 맴돌며 이런저런 장면을 깨알같이 촬영했다. 50여 명의 현지인이 북적거리는 파티 장소에서도 카메라는 정신없이 움직였다.

    우리는 방송이고 뭐고 신경 쓸 틈도 없이 오로지 요리를 만드는 데 온정신을 집중해야 했다. 모든 사람이 음식을 기다리고 있었고, 우리 셋은 촬영 때문에 일정이 조금 늦어져 더 분주하게 움직였다. 닭볶음탕, 잡채, 불고기, 김치볶음밥,

겉절이…. 50인분을 작은 주방에서 만들다 보니 생각보다 시간이 오래 걸렸다. 음식이 완성되고 우리는 그들 앞에서 멋지게 한국음식을 자랑했다. 박수가 터져 나왔고 파티가 시작되었다. 우리는 그제야 한숨 돌릴 수 있었다. 사람들에게 맛이 어떤지 물어보고, 그동안 여행하면서 겪은 일들의 이야기보따리를 풀어놓았다. PD는 파티가 끝날 때까지 여기저기서 사람들을 인터뷰하느라 정신없이 움직였다.

우리는 다음 날 방영된 뉴스를 제네바를 떠나 저녁이 되어서야 조사나가 보내준 링크를 통해 인터넷으로 시청했다. 김치버스 안에서 얼마나 키득거리며 웃었는지. 우리의 짧은 영어는 프랑스어로 동시통역되어 나왔고, 요리하는 모습이며 김치버스의 모습 등이 자세히 비쳤다. 우리나라 TV 방송의 작위적인 연출에 염증을 느끼던 우리에게 스위스에서의 방송 촬영은 즐거운 추억이 되었다. 결국, 문제는 방송 자체가 아니라 누가 어떻게 만드느냐에 달렸다는 생각이 들었다.

5월 13일, 전날 밤의 숙취를 무릅쓰고 아침부터 부지런히 움직인 우리는 제네겐으로 향하고 있었다. 유럽을 여러 차례 여행했으면서도, 지도를 여러 차례 봤으면서도 스위스의 제네겐은 처음 듣는 생소한 지명이었다. 스위스라면 취리히, 인터라켄, 베른, 루체른, 로잔 정도를 알고 있었는데, 최근에는 체르마트, 뮈렌, 라우터부르넨, 루가노, 툰 등 다양한 지역으로 관광객이 몰려들고 있다. 그런데 제네겐은?

우리나라 관광객들에게 잘 알려진 마테호른을 볼 수 있는 체르마트로 가는 길목에 있는 작은 산골마을 제네겐은 현지인들조차 잘 모르는 후미진 곳이다. 우리가 체르마트나 비스프에서 시간을 보내지 않고 곧바로 제네겐으로 향한 데에는 카우치서퍼의 초대 때문이었다. 스위스 일정은 그 나름 정확히 짜여 있었고, 행사장소 섭외나 숙박 문제, 현지정보 확보 등에 카우치서핑의 도움을 많이 받았다. 우리를 제네겐으로 초대한 친구는 아드리안. 그는 집 주소를 알려주고 우리가 도착하기만을 기다리고 있었다.

비스프를 지났을 때 내비게이션이 가리킨 곳은 경사가 몹시 급한 오르막이었다. 무게가 4톤이나 되는 김치버스는 힘겹게 급경사를 오르기 시작했다. '등산

구불구불 산길을 내려오는 동안 곳곳에 숨어 있는 보물을 발견하듯 마주친 마을들

할 때처럼 한동안 오르고 나면 능선을 타듯이 경사가 완만하겠지.' 했던 예상은 5분이 채 지나지 않아 여지없이 무너졌다. 오르막길은 끝없이 이어졌고, 게다가 꼬불꼬불한 길이 계속됐다. 운전에 능란한 승민이가 아니었다면, 오르내리는 차가 많아 길이 막혔더라면, 아주 위험했을 좁은 길을 달리며 조수석 창문 밖으로 절벽이 내려다보였다. 그저 기분 좋게 경치를 감상할 분위기는 아닌 상황에서 10분 정도 산길을 더 오르니 드디어 'Zeneggen'이라고 적힌 표지판이 보였다.

해발 1,500미터 높이에 있는 이곳은 주민이 수십 명밖에 되지 않을 듯한 아주 작은 마을이었다. 아니, 마을이 아니라 천국이었다. 제네겐의 첫인상은 세상에 어떻게 이런 곳이 있을까, 하는 생각이 들 정도로 절벽 위에 자리 잡은 천국 같은 곳이었다. 우리는 투명한 햇살을 받으며 아드리안을 기다렸다. 그간의 피로를

천국 같았던 제네겐

단숨에 날려버리는 청명한 바람이 불어왔다. 휴대전화의 송수신 감도를 표시하는 액정의 막대기도 거의 바닥에 붙어 있었다. 이 순간만큼은 우리 셋 모두 컴퓨터든 휴대전화든 문명의 이기에서 멀리 떨어져 있었다.

아드리안은 가족과 함께 전통적인 스위스 시골집에서 살고 있었다. 그는 끔찍한 자동차 사고로 다리에 큰 부상을 당하고 요양하며 지내고 있었지만, 품성이 밝은 친구였다. 그런 그의 모습과 천국 같은 마을 풍경이 하루를 머물고 떠나려던 우리를 이틀간 붙잡아두었다.

"저녁은 우리 별장에서 먹을래?"

"별장? 여기서 멀리 가야 해?"

"아니, 바로 집 근처야."

그날 저녁, 그를 찾아오는 여러 나라 친구들이 거쳐야 하는 통과의례인 듯, 우리는 아드리안 가족의 산장으로 향했다. 띄엄띄엄 널찍하게 떨어져 있는 집들을 지나 산길에 차를 세우고 1분 정도 비탈을 걸어 올라가니 별장이 나왔다. 전기도, 화장실도, 물도 없는 그 건물은 나무꾼이나 양치기가 잠시 쉬어 가는 산장 같은 곳이었다. 그래도 침대와 이불, 의자와 테이블은 있었다.

아드리안은 익숙한 몸놀림으로 촛불을 켜고, 준비해온 식량을 꺼내놓았다. 여러 종류의 치즈와 돼지고기, 소고기 살라미, 브랜디의 일종인 포도증류주 슈납스(schnaps)까지 모든 것이 이곳 주민이 직접 만든 식품이었다. 실제로 아드리안이 집을 구경시켜줄 때 봤던 지하창고에는 술과 가공식품들이 저장되어 있었다. 산골마을 사람들은 가축의 젖을 짜서 치즈를 만들고 고기를 직접 훈제한다. 포도를 수확해서 와인을 만들고, 증류해서 슈납스를 만든다. 우리는 자급자족하는 삶의 체험 현장에라도 온 듯이 강렬한 인상을 받았다. 우리가 언제 이런 경험을 해볼 수 있겠는가.

없는 것 빼고 다 있었던 아드리안의 지하창고

초만 켜둔 산장 안은 금세 사람들의 온기로 따듯해졌다. 슈납스를 마셔서 몸에 열이 오른 건지도 모르겠다. 어쨌든, 그렇게 첫날밤은 아드리안이 준비한 퐁듀와 와인, 슈납스로 즐겁게 보냈다.

다음 날 아침 7시, 전날 마신 슈납스 때문인지 몸 상태가 좋지 않다는 석범이를 홀로 남겨두고 우리는 하이킹을 떠났다. 인적 없는 대자연, 해발 2,100미터 고지까지 가볍게 올라 만년설로 덮인 풍경을 감상했다. 5월이었지만, 지대가 워낙 높아 곳곳에 눈이 쌓여 있었다. 잊을 수 없는 풍경이었다. 돌아오는 길에는 헬리콥터를 타는 기분을 즐길 수 있었다. 아드리안은 마치 관광 가이드라도 된 듯이 우리가 제네겐을 백배 즐길 수 있게 여러 가지 재미를 선사했는데, 그중 하나가 바로 '헬리콥터 타기'였다. 진짜 헬리콥터를 타는 것이 아니라, 봉고차의 뒷문을 열어놓은 채 꼬불꼬불한 내리막길을 달리면 절벽 아래로 내려다보이는 풍경과 스치는 나무들로 마치 헬리콥터를 타고 빙글빙글 돌며 하강하는 듯한 기분이 들게 했다.

아드리안은 자급자족하는 산골 친구답게 오후에 김치버스의 고장 난 에어컨 벨트를 수리해줬다. 별다른 장비도 없이 뚝딱 고쳐놓는 솜씨가 보통이 아니었다. 사실 에어컨이 작동하지 않았던 이유는 벨트 때문이 아니라 에어컨 가스가 떨어졌기 때문이었지만.

저녁에는 이웃 사람들과 그의 친구들을 불러 모아 한식으로 함께 저녁을 먹었다. 이전에 본 적이 없는 동양 사람들도 구경하고, '한국음식'이라는 것도 맛을 보러 이 집 저 집에서 대충 스무 명이 모여들었다. 우리는 해물전골과 찜닭, 잡채와 밥, 김치를 준비했는데 예정된 행사가 아니어서 재료를 제대로 구할 수 없었기에 잡채는 동남아시아 어딘가에서 볼 수 있는 샐러드 비슷한 모양새가 되었고, 해물전골은 원래 만들려던 볶음요리가 냉동 해산물에서 물이 많이 나오는 바람이 전골이 되어버렸다. 그래도 맛있다며 먹어준 마을 사람들과 아드리안의 친구들이 고마웠다.

제네겐에서 보낸 이틀은 순식간에 지나갔다. 아드리안은 얼마든지 더 머물러도 좋다고 했지만, 떠나지 않으면 여행자가 아니다. 마치 흥겨운 주말을 보내고 월요일이 되자 정신을 차린 사람들처럼 우리는 제네겐을 떠났다. 여행을 다녀와서 가장 많이 듣는 질문 중 하나는 어디가 가장 좋았느냐는 것이다. 다른 질문에는 우리 세 사람의 취향에 따라 서로 다른 대답을 하겠지만, 가장 아름다웠던 곳을 꼽으라면 우리는 제네겐이었다고 이구동성으로 대답할 것이다.

김치버스의 이동경로는 그때그때 달라졌다. 보고 싶은 사람, 가 보고 싶은 곳이 있으면 그리로 향했다. 누군가 요청하거나 우연히 찾아오는 기회도 버리지 않았다. 물론 우리의 사명은 세계에 김치를 알리는 일이었지만, 우리는 여행의 즉흥성을 놓치지 않는 자유로움을 소중히 여겼다.

유럽 일정이 거의 끝나가던 오월, 유럽의 웬만한 곳은 다 지나 스위스와 독일에 머무르던 우리는 북유럽 일정만을 남겨두고 있었다. 물가 비싼 북유럽에서 어떻게 효율적으로 지낼지를 고민하던 중 오지탐사대 후배인 상록이의 연락을 받았다(오지탐사대는 매년 대한산악연맹 주관으로 청소년 50여 명을 선발해 각 대륙의 오지로 탐사를 보내주는 일종의 대학생 프로그램이다). 상록이는 '트론헤임'이라는 곳에서 교환학생으로 공부하는 중인데, 한국으로 돌아가기 전에 김치버스를 꼭 한번 보고 싶다고, 우리가 있는 곳으로 찾아오겠다고 했다.

'트론헤임? 거기가 어디지?'

어차피 우리도 북유럽 일정을 정하는 중이어서 상록이도 만날 겸, 새로운 곳에 김치도 알릴 겸 노르웨이의 트론헤임으로 찾아갈 생각이었다. 하지만 그 생각은 지도를 펼친 순간 사라졌다.

지리적으로 북위 60도 이북 지역을 '북극권'이라고 하는데, 트론헤임은 북극권에 속해 있었다. 원래 우리는 노르웨이의 수도 오슬로에 가기로 하고, 베르겐까지는 갈지 말지 고민하고 있었는데 트론헤임은 베르겐에서도 무려 700킬로미터나 북쪽에 있었다. 그러면 북유럽 전체 일정이 4,000킬로미터로 순식간에 늘어난다. 털털거리는 김치버스가 과연 북극권의 산길을 달릴 수 있을까. 리터당 4,000원이나 하는 기름값은 또 어떻게 할 것인가. 북유럽의 비싼 물가 때문에 독일의 한인마트에서 라면을 잔뜩 사갈 생각이었는데, 이래저래 예산은 또 구멍이 나는 상황이었다.

하지만 '북극'은 왠지 가슴 설레는 단어였다. 어느 항공사 TV 광고에서 봤던 카피가 떠올랐다. '북유럽, 어디까지 가봤니?' 김치버스가 북극권까지 다녀온다면, 이것은 정말 대단한 일이 아닐까? 그리고 우리 가슴을 설레게 한 또 하나의 TV 광고가 있었다. 트론헤임으로 향하는 길목의 애틀랜틱 로드가 나오는 자동차 광고였다. 일반 차량으로도 오르기 어려울 것 같은 휘어진 언덕길을 김치버스가 달린다고 생각하니 트론헤임은 포기하기에 너무도 아쉬운 도시였다. '불러주면 어디든 간다.'는 김치버스도 이번만큼은 결정이 쉽지 않았다. 고민은 베르겐에 도착할 때까지도 계속되었다. 그때까지 김치버스는 북유럽에서 이렇다 할 시식 행사를 하지 못한 상황이었고 그 때문에 결정은 더욱 어려웠다. 명확한 홍보행사를 하지 않고 며칠이 지나면 프로젝트의 목적과 방향성에 혼란이 생기기 시작한다. 그런 와중에 특별한 이유 없이 트론헤임까지 기름을 낭비하며 가는 것은 무의미했다.

베르겐을 떠나며 내비게이션에 트론헤임을 목적지로 입력했다. 언제 우리가 계산기 두드리며 여행했나 싶은 생각이 들었기 때문이었다. 의미를 찾는 것도, 홍보를 하는 것도 중요했지만, 가보고 싶은 마음이 너무 컸다. 우리가 하고 싶

은, 즐거운 일을 해야 한다는 생각이 이성적인 판단에 앞섰다.

    5월 31일, 아름다움의 극치라는 피오르는 산에 올라야만 볼 수 있는 건지, 아니면 우리가 관람 포인트를 몰랐기 때문인지, 대체 어떤 것이 피오르인지 알 수 없었지만 심산궁곡 트론헤임을 찾아가는 길은 정말 최고의 장관을 보여주었다. 북극권으로 향하는 길은 구불구불한 해안선 길의 연속이었다. 그 덕에 아름다운 풍경들은 실컷 감상했지만 돌아가야 하는 길이 너무 멀어 두 차례나 페리를 타야만 했고 예상치 못했던 경비를 지출했다. 김치버스에 탄 채 페리로 이동하는 경험은 나름 매우 신선했다.

    트론헤임에 도착하기 직전에 만난 애틀랜틱 로드의 절경은 그야말로 우리의 기대를 훨씬 뛰어넘었다. 경사가 극단적으로 높이 꺾여 있다고 생각했던 도로는 사진에서만 그런 느낌이 들었을 뿐이어서 아쉽긴 했지만, 세상에서 가장 아름다운 드라이브 코스로 선정된 도로인 만큼 다른 말이 필요 없었다. 스위스의 제네겐 이후 처음 보는 절경이었다. 주변에 아무것도 없이 오로지 도로만이 뻗어 있을 뿐인데도 그토록 많은 사람이 찾는 이유가 분명히 있었다.

    애틀랜틱 로드에서는 우리만의 특별한 추억거리도 생겼다. 바로 '조석범 실종사건', 한동안 사진을 찍고 산책하며 쉬다 출발했는데, 잠시 후 석범이에게서 전화가 왔다. '응? 뭐야 뒷좌석에서 왜 전화질이야'라며 뒤를 돌아보니 석범이가 없는 것이다. 이유인즉 애틀랜틱 로드를 떠나기 전 잠시 화장실 가려고 차에서 내렸던 석범이가 차에 탄 줄 알고 우리끼리 출발했던 것이다. 평소에 우리가 장난이 심한 편이긴 했지만, 화장실에서 나온 석범이는 깜짝 놀랐단다. 항상 앞좌석에 앉는 우리 둘은 뒷좌석의 석범이를 별로 신경 쓰지 않았고, 석범이도 평소에 이어폰을 끼고 노트북과 놀기에 소통이 별로 없었다. 그러다 보니 이런 일이 벌어진 것이다. 석범이가 휴대전화를 차 안에 두고 화장실에 갔더라면 승민이와

아찔한 각도의 애틀랜틱 로드, 털털거리는 우리의 98년식 김치버스가 달리는 덴 아무 문제가 되지 않았다

나는 석범이가 차에 없는지도 모른 채 트론헤임에 도착했을지도 모른다. 석범이는 우리의 계략이라고 의심했지만 우린 정말 몰랐던 일이었다.

그러나 한참 낄낄거리며 달리던 우리는 아차! 하는 순간에 죽을 고비를 넘기고 웃음기가 싹 가셨다. 좁은 길에서 맞은편에서 달려오는 트럭을 피하려다 갓길 도랑에 바퀴가 빠져 차가 전복될 뻔했다. 차가 오른편으로 45도 이상 기울어지고 차 안에 있던 짐이 모두 쏟아지며 아수라장이 되었던 그 5초 사이에 머릿속에서는 별의별 생각이 다 떠올랐다. 가장 큰 생각은 '아 이제 끝이구나, 김치버스 프로젝트는 끝났구나.' 하는 생각이었다. 5초 후 김치버스는 멀쩡하게 다시 도로에 진입했다. 기적과도 같은 일이었다. 지나가던 운전자들이 차를 세우고 우리에게 다가와 괜찮으냐며 걱정할 정도였으니 김치버스 프로젝트에서 가장 위험한 순간이었다. 700킬로미터를 달리며 갑자기 내리는 유월의 눈을 맞는 특별한 경험도 했다.

이런저런 추억을 쌓으며 우리는 마침내 트론헤임에 도착했다. 올라온 만큼 다시 아래로 내려가야 한다는 사실이 부담스러웠지만, 상록이의 얼굴을 보니 역시 잘 왔다는 생각이 들었다. 상록이가 그렇게 그리워하던 김치, 김치찌개, 삼겹살을 곁들여 밥을 세 그릇이나 비우는 모습을 보니 흐뭇한 아빠미소가 절로 나왔다. 북극권까지 김치를 싣고 올라온 한국 차량이 있었을까. 시작은 가벼운 초대와 북극권이라는 여행자의 로망에서 비롯되었지만 상록이에게는 평생 잊지 못할 추억이 되었다. 우리에게도 역시 쉽게 경험할 수 없었던 자연 풍경과 여행의 추억을 갖게 해준 일정이었다. 700킬로미터나 달려 도착한 북극권 트론헤임, 그곳에서 오래 지체할 순 없었다. 이틀간의 짧은 휴식을 취하고 우린 다시 스톡홀름으로 향했다.

함부르크에서
독일인이 되다

　북유럽은 장마 때인지, 며칠간 쉬지 않고 비가 내렸다. 그 탓에 스웨덴 스톡홀름을 지나 덴마크까지 가는 길에는 코펜하겐에서 귀국하려는 상록이와 재회해 즐거운 시간을 보낸 것 빼고는 별 행사일정 없이 손발이 묶인 채 이동만 했다. 며칠간 내리던 비가 덴마크를 지나면서부터 조금씩 잠잠해졌다. 우린 요구르트와 빵, 치즈로 호사스러운 아침식사를 마치고 함부르크로 향했다. 암스테르담에서 만난 데니스와의 약속을 지키기 위해.

　4월 29일 암스테르담에서 승민이와 감정싸움을 하다가 시도한 페리 선착장 게릴라 행사에서 우리는 데니스를 만났다. 어둠이 내려앉아 사람 얼굴을 분간하기 어려울 정도가 되었을 때, 우리는 행사를 마치기로 하고 정리하기 시작했다. 오렌지색 옷에 웃기는 축제안경을 끼고, 머리도 해괴하게 장식한 외국인 두 명이 우리 행사의 성격을 물어왔다. 우리는 남은 김치전을 한 입씩 먹여주며 김치버스에 대해 설명했고, 그중 하나였던 데니스는 우리의 여행 이야기에 푹 빠져들었다. 김치버스는 어디든 달려가지만, 유럽 일정이 6월 말에 끝나기에 북유럽을 지나 프랑스로 간다고 했더니 데니스는 함부르크에 들러달라고 했다. 그렇게 우리는 함부르크에서 행사를 하기로 약속했다.

똑같은 높이의 갈색 벽돌 건물들, 왠지 삭막하면서도 귀여운 구석이 있었던 함부르크

    그 후 한 달 반 정도 서로 메일을 주고받으며 행사의 디테일이 정해졌다. 데니스는 생각지도 못한 레스토랑까지 빌리며 우리보다 더 행사에 신경을 써주었다. 길 가다 만난 한 번의 인연으로.

    6월 9일, 함부르크의 펄(Perle) 레스토랑 앞에서 데니스와 만났다. 오랜만에 다시 만나서 그런지, 지난번에는 어둠 속에서 이상한 분장을 하고 있었기에 그런지 약간 어색한 두 번째 만남이었다. 레스토랑 홀 매니저 올리와 인사를 나누고 39번째 행사를 준비했다. 전날 재워둔 불고기, 잡채, 김치제육볶음, 김치김밥, 밥과 김치까지 음식은 모두 준비되었기에 우리는 여유로웠고 모든 것이 순조로웠다. 유로 2012 예선경기 때문에 사람들이 많이 오기는 어려울 것 같다고 걱정하던 데니스도 어느새 40명 넘게 들어찬 홀을 보고는 무척 만족한 눈치였다.

이날은 한식뷔페였다. 잡채나 김치도 좋아했지만, 가장 인기 있는 메뉴는 김밥과 불고기였다. 행사에 참여한 독일 친구들은 저마다 의미 있는 선물을 가져왔다. 자기 고향의 전통주, 마지팡, 축구선수 카드, 양초, 함부르크 맥주와 맥주잔 등 마음이 담긴 선물이었다. 김치버스 안은 외국인들에게서 받은 기념품들이 쌓여 가고 있었다.

이른 저녁식사를 끝내고 우리는 응원단으로 변신했다. 이날의 주요 행사는 김치행사가 아니라 독일과 포르투갈 유로 2012 축구경기 응원이었다. 여행하면서 문화생활을 즐기지 못했던 우리는 이날의 축구 응원에 기대가 더욱 컸다. 축구 열기가 뜨거운 독일이 강호 포르투갈과 맞붙는 예선전은 유로 2012의 4대 빅매치 중 하나였다. 놓치고 싶지 않은 경기, 그리고 경기장에서 직접 관람하지는 못하지만, 그들과 함께 응원하며 독일의 축구 열기를 함께 느끼고 싶었다.

양쪽 볼에 독일 삼색기를 그려넣고, 털 장식이 달린 머리 장신구도 쓰고, 등에는 함부르크 깃발과 독일 깃발을 둘러메고 응원장소로 향했다. 우리나라도 월드컵 때 시청광장이나 광화문광장 같은 곳에 모두 모여 응원하듯이 독일도 마찬가지였다. 대부분 펍에 모여 함께 맥주를 마시며 응원하고, 광장에 모여 단체응원을 하기도 한다. 우리는 처음에 사람들이 많이 모이는 곳으로 가려다가 너무 혼잡하다고 해서 근처 펍으로 발길을 돌렸다. 지하철에서, 거리에서 지나가는 독일인들이 우리 일행을 보고 환호했다. 한국인 세 명이 독일을 응원하니 얼마나 기분 좋겠는가. 펍에서도 우리는 사람들의 시선을 한몸에 받았다. 상황이 이렇게 되었으니 설령 우리가 포르투갈 팀의 팬이라고 하더라도 독일 팀의 광팬이 될 수밖에 없었다.

경기가 시작되고 맥주가 끊임없이 나왔다. 데니스는 우리의 행사 덕분에 정말 즐거운 하루가 되었다며 친구들과 번갈아가며 맥주를 샀다. 화장실에 자주

데니스가 준비한 성의를 봐서 하긴 했지만, 너무 촌스러웠던 분장들

김치버스 행사는 메인이 아니었다. 이날은 독일인이 되는 날

드나들기가 쉽지 않은 야외 펍인지라 한두 병만 마시고 경기에 집중했다. 어디를 가나 응원문화는 비슷한 듯, 다 같이 목청 높여 응원가를 불렀는데, 그 노래를 잘 모르는 우리도 열심히 따라 불렀다. 우리는 독일 팀이 공을 넣으면 그 자리에 있던 독일인들보다 더 열렬히 환호했고, 실수를 저지르면 더 아쉬워했다. 그렇게 응원에 열중하다 보니 나 스스로 독일 사람이 된 듯한 기분마저 들었다.

그날 경기는 다행히(?) 독일이 포르투갈에 이겼다. 흥분하고 술에 취한 근육질 독일 남성들이 분노가 아니라 기쁨을 표현하는 모습을 보며 우리는 안도의 한숨이 내쉬었다. 행사도, 응원도 잘 마친 늦은 저녁, 우리는 함부르크에서 가장 오래되었다는 펍에서 한잔 더 마시고 나서야 헤어졌다. 펄 레스토랑 앞 길가에 세워둔 김치버스에서 밤을 보내고 다음 날이 되자, 코카콜라 직원인 데니스가 콜라 한 박스와 그 지역 맥주 12병을 들고 찾아왔다. 이별의 시간, 언제 다시 먹을지 모르는 독일 케밥(kebab)을 먹고 함부르크를 떠났다.

포르투갈 친구 누누가 우리 페이스북에 올린 독일 팀 응원사진을 보고 삐친 것을 제외하면 함부르크 일정은 모든 것이 완벽했다. 우리가 그 경기를 포르투갈 사람인 누누와 그의 친구들과 함께 봤더라면…, 우리는 포르투갈 사람이 되지 않았을까? 웃음이 피식 나왔다.

카페 데 위제

    6월 12일, 유럽 일정을 정리하기 위해 우리는 파리로 돌아왔다. 8개월의 유럽 일정을 마무리하는 장소로는 유럽의 관문인 파리가 제격이었다. 짐을 보내기에도, 김치버스를 배에 싣기에도, 마지막 행사를 하기에도 파리만한 곳이 없었다. 이번 여행에서 파리에 두 번이나 왔지만, 관광은 한 번도 하지 못했다. 지난번 왔을 때에도 CF촬영과 행사준비로 정신이 없었고, 이번 역시 큰 행사가 두 건이나 잡혀 있었다. 하지만 행사를 마치고, 짐을 보내고, 김치버스를 보내고 7월 3일 뉴욕행 비행기에 오르기까지 공백으로 남은 며칠간 우리는 자유롭게 시간을 보낼 수 있었다. 그간의 추억이 뇌리를 스치고 지나갔다. 벌써 유럽에서 마지막 날들을 보내게 되다니!

    우리는 파리에 도착한 날 아침부터 바쁘게 움직였다. 대사관에 찾아가 일주일 후에 있을 행사에 관해 의논하고, 인터넷으로 알아봤던 배송업체에 찾아가 견적을 받았다. 개선문 광장, 샹젤리제 거리를 하루에 몇 번이나 지나갔는지 모를 만큼, 빨간 김치버스를 타고 파리 시내를 누비고 다녔다. 지나가는 한국 관광객들이 손을 흔들어주고 사진을 찍을 때마다 뭔가 가슴이 뿌듯해지는 것을 느끼기도 했다. 파리에는 유럽의 다른 어느 도시보다도 한국 관광객이 많았다.

정신없이 하루가 지나고, 다음 날 우리는 프라하의 인연, 미원 씨를 다시 만났다. 미원 씨는 예전 승무원 시절 친하게 지내던 동기들을 만나러 여행을 왔고, 김치버스가 파리로 온다는 소식을 페이스북을 통해 듣고는 우리를 초대했다. 약속 장소는 파리 3구의 번잡한 골목에 있는 카페 데 뮈제(Café des musées). 파리에서 흔히 볼 수 있는 비스트로라고 생각했는데 안에 들어가니 신문기사 스크랩도 여기저기 붙어 있는 것이 제법 유명한 곳인 듯했다. 지하와 안쪽까지 이어진 홀도 넓었고, 겉보기와 다르게 규모도 꽤 컸다. 우리는 그곳에서 미원 씨의 친구라는 현오 아주머니를 만났다.

이야기를 들어보니 카페 데 뮈제는 현오 아주머니와 남편인 피에르 씨가 운영하고 있었고, 파리 지역 최고의 비스트로로 상을 받은 경력도 있는 대단한 레스토랑이었다. 더욱이 피에르 씨는 전에 자신이 운영하던 레스토랑에서 미슐랭 스타 하나를 받은 경력도 있었다. 몰랐으면 그냥 지나쳤을 텐데 이처럼 대단한 곳이라니 주방을 구경하고 싶어졌다.

"주방을 좀 구경할 수 있을까요?"

"응? 주방은 왜? 너희 요리하는 애들이니?"

미원 씨가 김치버스를 간략하게 소개했지만, 우리가 대학에서 조리를 전공했고, 요리사를 꿈꾸고 있다는 사실은 모르는 듯했다. 우리는 단순한 여행자에서 요리사로 한 단계 업그레이드되어 피에르 씨와 함께 주방 곳곳을 구경하며 셰프들과 인사를 나눴다. 그리고 아주머니의 갑작스러운 제안이 이어졌다.

"너희 여기서 한식 요리, 한번 해볼래?"

대사관 주관행사도 해야 하고 짐도 정리해야 하는데, 이곳에서 행사를 한 번 더 치르는 것은 일정에 부담이 되었다. 그러나 솔직히 더 부담스러웠던 것은 우리가 요리해야 하는 곳이 파리에서 비스트로 1위를 수상한 적이 있는 레스토랑이라는 점이었다. 우리가 자칫 잘못하면 이곳을 찾는 미식가들이 한식을 저평가할 수도 있다는 생각이 들었다. 그만큼 우리는 요리에 자신이 없었는지도 모르겠다. 하지만 우리는 언제나 그랬듯이 아주머니의 매력적인 제안을 받아들였다. '그까짓 것, 한번 해보면 되지 않겠어?' 하는 생각에서였다.

행사일은 19일, 100인분의 코스요리를 모두 한식으로 구성하기로 정해졌고, 그 메뉴를 다음 날 아주머니댁에서 미리 선보이기로 했다. 피에르 아저씨의 검증과정이랄까. 한번 만들어보게 하고 메뉴를 바꾸거나 추가할 수 있게 하려는 계획인 듯했다.

다음 날, 아주머니 댁 주방에서 우리는 분주하게 움직였고 다섯 가지 코스요리를 선보였다. 피에르 아저씨는 대체로 좋다고 평했지만, 몇 가지를 더 추가하고 디저트도 한식으로 하자고 말씀하셨다. 마땅한 디저트가 생각나지 않았다. '한식에서 후식이 발달하지 않은 이유는 이미 요리에 단 것을 많이 사용했기 때문이다.'라는 말을 언젠가 들은 기억이 났다. 떡을 해야 하나? 한과? 정과? 여러 가지 생각이 머릿속에서 오갔지만 마땅한 답을 찾지 못했는데 피에르 아저씨는 호떡을 추천하셨다. 호떡? 우리는 호떡을 길거리 음식으로 생각하지만, 외국인들은 호떡을 훌륭한 디저트로 생각하는 모양이었다. 의아했지만, 우리는 그렇게 하기로 했다. 일은 점점 불어났다. 메뉴를 추가하고 디저트까지 한식으로 한다는 말은 그만큼 우리가 해야 할 일이 많아지는 것을 뜻했다. 카페 데 뮈제에서 일하는 셰프 여섯 명이 도와준다고는 했지만, 설명하고 가르치는 데 시간이 더 걸릴 판이었다. 하지만 이미 엎질러진 물, 최선을 다해보기로 했다.

4일간의 혹독한 스케줄의 첫날, 아침 7시 기상부터 힘들었다. 뭐든 처음이 어려운 법이다. 졸린 눈을 비비며 출발하려는데 차량 물탱크에서 물이 새는 것을 발견했다. 수리하기에는 너무 늦었다. 물이 새는 대로 출발해 아클리마타시옹 공원에 도착했다. 불로뉴 숲 북쪽에 있으며 규모가 매우 큰 이 공원에 '서울 정원'이라는 한국식 정원이 있다는 사실을 아는 사람은 드물다. 하지만 이곳을 찾는 프랑스 사람들에게는 아주 유명한 정원으로 우리는 10주년 기념행사에 초대되었다.

비가 오락가락하는 중에 저녁 6시까지 버티면서 대략 300인분의 시식행사를 진행했다. 틈틈이 김치도 20포기쯤 담그며 퍼포먼스도 보여주었다. 그렇게 여섯 시간 동안 웃음 띤 얼굴로 끊임없이 음식을 나눠주고 김치를 설명하는 쉽지 않았다. 게다가 비까지 내렸으니 행사가 끝날 때쯤에는 녹초가 되었다.

둘째 날도 같은 상황이었다. 전날과 다르게 비도 그치고 날씨는 쾌청했지만, 솔직히 그것도 우리에게는 걱정거리였다. 주말에는 3만 명이 넘는 인파가 공원을 찾는다는데, 어제는 비가 오락가락하는 날씨에도 300명을 상대로 음식을 만들고 나눠줬지만, 오늘처럼 맑은 날은 얼마나 많은 사람이 행사에 참여할지 알 수 없었다. 게다가 우리는 전날 외진 자리를 배정받았지만, 호평을 듣고 나니 대사관에서는 사람들이 훨씬 많이 지나는 곳에 김치버스를 배치했다. 11시 20분에 시작한 시식행사는 3시 반이 되어 끝났다. 800인분의 음식이 순식간에 바닥났기 때문이었다. 어찌 보면 다행이었다. 그 덕에 우리는 6시까지 차 안에 틀어박혀 부족했던 수면을 보충할 수 있었으니까.

그리고 셋째 날이 되자, 우리는 8시 반에 한인마트에서 장을 보고 카페 데 뮈제로 향했다. 당일 만들어야 하는 음식 외에 몇 가지는 전날 만들어둬야 했다. 수정과를 끓이거나, 연근정과를 만들거나 떡갈비를 잡아놓고 오징어를 재워놓는 일 등은 짧은 시간에 끝낼 수 없었다. 피에르 아저씨는 가공품이나 냉동식품을 되도록 사용하지 않는 등 자신이 세운 원칙을 지키는 분이었기에 오징어도 생물 한 팩만 준비되어 있었고, 그것도 엄격한 테이스팅을 거쳐 사용할 수 있었다.

아클리마타시옹 공원에 있는 서울 정원 조성 10주년 기념 행사

아클리마타시옹에서의 성공적인 시식행사

따라서 오징어 20팩을 처리하는 일은 다음 날로 미뤄졌다. 떡갈비도 문제였다. 정육점에서 간 고기를 사는 것이 아니라 직접 좋은 부위를 골라 갈아야 했기에 분쇄기를 사용했는데 기계가 갑자기 고장 나버렸던 것이다. 따라서 그 일 역시 다음 날로 미뤄졌다. 결국, 우리는 폭풍 전야에 있는 것처럼 긴장한 채 수정과와 연근정과만 만들어놓고 주방을 떠났다.

대망의 4일 차, 저녁 6시부터 시작되는 서비스 시간에 맞추기 위해 아침부터 14시간을 화장실 한 번 안 가고, 식사 한 끼 안 먹고 물만 마시며 일했다. 메뉴는 김치육회, 해물파전, 잡채, 떡갈비, 두 종류의 김치, 상추생채와 밥, 연근정과, 수정과, 호떡. 나는 두 시간 동안 손바닥만 한 오징어 수백 마리와 사투를 벌였고, 승민이는 허리를 펴볼 새도 없이 떡갈비 550개를 만들었다. 석범이도 정신없이 잡채에 들어갈 재료를 다듬고 해물파전, 생채 등을 준비했다. 일본인 셰프 호노와 토니, 피에르 아저씨와 크리스토퍼, 수수 등 카페 데 뮈제의 셰프들이 우리를 도와주기 시작한 시각은 5시. 발등에 불이 떨어졌다. 호떡도 작은 크기로 100개를 준비했는데 프랑스 사람들은 많이 먹는다며 크게 만들기를 원했고 그 바람에 호떡 만들기는 원점으로 돌아갔다.

손님들이 들어오기 시작하자, 나와 승민이와 몇몇 셰프는 1층에서 주문을 받아 요리를 세팅했고, 석범이는 다른 셰프들과 아래층에서 부족한 음식을 만들어 올려보냈다. 그렇게 저녁 10시 반이 되자, 서비스가 끝났다. 아무런 생각도 들지 않았다. 몸은 피곤해서 당장에라도 쓰러질 것만 같았지만, 우리는 진심으로 행복했다. 그 대단한 셰프의 레스토랑에서 한식코스 요리를 만들어 서비스하다니.

그날 카페 데 뮈제를 찾았던 100여 명의 손님 중에는 파리 구청장, 요리사 등 다양한 단골이 있었는데 하나같이 우리가 만든 음식을 칭찬해주었다. 레스토랑의 메뉴를 한식으로 바꾸는 게 어떻겠냐고 피에르 아저씨에게 농담을 던질 정도로 반응이 좋았다. 우리도 피에르 아저씨를 실망시키지 않으려 노력했고, 아주머니도 그랬다. 유럽 일정을 멋지게 마무리한 최고의 행사였다.

    우리는 유럽에서 다양한 행사를 진행했다. 학교에서 강의도 하고, 길거리에서 음식을 나눠주기도 했다. 공원, 빌딩 숲, 광장, 대사관과 문화원 등 어디든 가리지 않고 달려갔다. 하지만 우리 음식을, 한식을 코스로 만들어 레스토랑에서 서비스해본 적은 없었다. 거저 나눠주는 것이 아니라 판매한다고 생각하니, 유명한 레스토랑의 헤드 셰프가 된다고 생각하니 더 신경을 쓸 수밖에 없었다. 카페 데 뮈제 행사는 다른 어떤 행사보다도 우리를 훌쩍 성장하게 해준 것 같았다. 즉흥적으로 기획하고 준비기간도 짧았지만, 우리에게는 유럽 일정에서 가장 성공적인 행사로 기억되었다.

굿바이, 유럽

한국에서 출발하면서부터 김치버스의 대륙 간 이동은 걱정거리였다. 컨테이너에 들어가지도 않는 큰 차를 보내는 방법도 문제였지만, 이동하는 데 걸리는 시간과 비용이 만만치 않았기 때문이다. 유럽을 떠날 날이 다가오자, 우리는 김치버스를 보낼 적당한 장소를 찾고 있었다. 유럽에서 미국으로 향하는 선박은 대부분 프랑스 북부 도시 르아브르나 네덜란드 암스테르담에서 떠나는 듯했다. 영국이나 스페인에서 떠나는 배도 있겠지만, 언어가 다르다 보니 자료를 찾기가 쉽지 않았다. 한참을 고민한 끝에 루앙 근처에 있는 르아브르에서 김치버스를 북미 대륙으로 보내기로 했다.

김치버스를 보내는 일은 정말 복잡했다. 가장 귀찮은 문제는 차량과 차량 내부의 짐을 분리해서 따로 보내야 한다는 점이었다. 차 안에 짐을 넣은 상태로 보내면 간편하겠지만, 통관 절차나 짐의 분실 위험 때문에 그럴 수 없다고 했다. 어쩔 수 없이 우리는 짐을 파리의 물류업체 창고에 내려놓고, 르아브르로 이동해서 김치버스를 선적한 다음, 기차를 타고 파리로 돌아와 비행기를 타고 떠날 준비를 해야 했다.

우리는 마지막 행사를 마치고 나서 물류업체 창고 근처 캠핑장으로 향했다.

이사라도 하듯이 버릴 물건을 버리고, 냉장고도 비워야 했다. 우리는 짐을 최대한 줄이자는 의견에 모두 동의했다. 출발할 때 가져왔지만 필요 없었던 것들, 한 번도 사용하지 않았던 것들을 과감히 버리기로 했다.

가장 먼저 폐기할 것은 냉장고였다. 언젠가 갑자기 고장 나서 냉장기능이 작동하지 않았다. 냉매를 교체할 때가 되었는지도 모르겠지만, 분명한 원인을 찾을 수 없었다. 전시상품으로 절반 값에 샀던 광파오븐도 폐기 대상이었다. 전력만 있다면 요긴하겠지만, 김치버스에서는 사용할 수 없었다. 광파오븐이 전기를 그렇게 많이 잡아먹는지는 그때 처음 알았다. 가전제품 두 개를 들어내니 김치버스 내부가 한결 넓어졌다. 전력 문제를 안고 있는 소형 열풍기도 처리 대상이었다. 동유럽의 추위를 견디기 어려워 샀는데, 정작 차의 시동을 끄면 전력이 부족해 사용할 수 없었다. 우크라이나 키예프의 아파트에서 한 번, 캠핑장에서 한 번 사용했던 것이 전부였다. 그래, 버리는 게 남는 거다. 이사를 자주 할수록 짐이 많아진다. 생활의 편이는 차이가 없는데 짐이 많아지는 이유는 버리지 못하기 때문이다. 생수병을 꽂아 사용하는 소형가습기 역시 한 번도 사용하지 못했다. 어처구니없게도 구멍에 맞는 생수병을 찾을 수 없었기 때문이고, 생각과 달리 김치버스 안은 건조하지도 않았다. 그리고 가장 쓸모없었던 처리 대상은 소형세탁기였다. 용량은 2킬로그램쯤 될까? 매일 속옷과 양말, 수건 등을 빨아야 하는 수고를 덜어보려고 구매한 제품인데, 한 번도 사용하지 않았기에 제대로 작동하는지조차 확인하지 못했다. 우리는 매일 빨래할 만큼 근면하지도 않았고, 세탁기를 사용하는 데 필요한 전력이나 물의 공급 등 불편한 구석이 한둘이 아니었다.

LPG 가스통도 차에 실을 수 없는 데다 미국에서는 규격이 달라 충천할 수 없었기에 버리기로 결정했다. 그 밖에도 냄새만 풍기는 석범이 신발, 스페인에서 받았던 보냉팩, 효과가 떨어지는 손전등, 고장 난 잭까지 차 안에는 버릴 것투성

욕심이 과했다는 생각보다는 시행착오라는 생각을 했다. 필요할 거라고 생각하며 무리해서 챙겼던 물건들이 결국엔 버려지는 물건들일 줄이야

이였다. 사실, 버릴 것이 더 있었지만, 무엇이든 버리기를 싫어하는 승민이의 반대로 그대로 둔 것이 많았다. 그러나 나중에 확인한 사실이지만, 그때 승민이의 주장은 옳았다.

쓸모없는 것들을 다 버리고 나서 우리는 이삿짐을 꾸리기 시작했다. 참 많기도 했다. 처음에 러시아로 들어올 때 이것저것 챙겼던 것이 모두 짐이 되어버릴 줄이야! 우리는 다음 날 곧바로 루앙의 준 레스토랑에 들러 작별인사를 하고, 르아브르로 이동해서 김치버스를 선적했다. 서류를 받아들고 항구를 떠나는데 기분이 묘했다. '북아메리카'라는 새로운 지역에서 새로운 시작을 앞두고 한편으로 설레고, 다른 한 편으로는 400일간의 일정이 끝나가는 데 대한 섭섭함도 느껴졌다. 김치버스와 헤어진 우리는 다시 배낭여행자가 되어 파리로 돌아왔다.

버스가 없는 동안 숙박비 지출은 골칫거리다. 뉴욕에서는 지인의 소개로 머물 곳을 섭외해두었지만, 미국으로 떠나기 전 일주일간 파리에서 머물 곳이 필요했다. 나는 그동안 연락 한 번 하지 않았던 동생뻘 되는 친구에게 전화를 걸었다. 그는 파리에서 호스텔을 운영하고 있었다.

"우리는 세 명인데, 너희 호스텔에서 일주일 정도 지낼 수 있을까?"

그래도 아는 사람이라 숙박비를 좀 싸게 해주지 않을까, 하는 생각에서 연락했는데 싸기는커녕 성수기여서 방을 내주기가 어렵다는 대답이 돌아왔다. 비싼 호텔로 가야 할 것인지, 아니면 파리 근처 시골마을에서 저렴한 숙소를 구해야 할 것인지, 이런저런 생각이 오가는 중에 석범이 아이디어를 냈다.

"전에 CF촬영할 때 갔던 법당에 물어보면 어떨까요?"

그렇다. 지난번 파리 CF촬영 때 감독님 일행이 머물렀던 지인법단 스님은 나중에라도 와서 지내라고 말씀하셨다. 우리 중에 불교 신자는 없었지만, 지푸라기라도 잡는 심정으로 법당에 전화했고 그때 마침 스님은 안 계셨지만, 보살님이 계시니 와도 된다는 답변이 돌아왔다. 빠듯한 예산에 지출을 줄일 수 있다고 생각하니 천군만마를 얻은 듯 기분이 좋아졌다. 평소 칭찬에 인색한 나였지만, 그날만큼은 석범에게 칭찬을 아끼지 않았다.

일주일 중 하루는 피에르 아저씨 댁, 그리고 4일은 지인법단, 마지막 하루는 파리로 여행하러 온 친구들과 만나 마지막 밤을 유스호스텔에서 보내기로 했다. 한 가지 섭섭했던 것은 지인법단에서 머무는 동안에는 술과 고기, 마늘과 파를 먹을 수 없다는 점이었다. 그러나 먹지 말라고 하면 더 먹고 싶은 것이 사람 마음이 아니던가. 우리는 결국 일을 저질렀다. 보살님이 없을 때 라면을 끓여 먹은 것이다. 마늘이나 파가 들어가지 않은 라면 수프가 있을까? 딱 한 가지가 있다. 보살님이 라면을 드시는 것을 보고 우리도 라면을 사서 끓여 먹었는데 보살님이 드신 라면에는 마늘도 파도 없어서 우리가 먹은 라면과 달랐다. 아무 말 없이 아침을 차려주신 보살님은 앞으로는 절대 경거망동해서는 안 된다고 힘주어 말씀하셨다. 설거지할 때 물을 아끼라는 말씀도 함께.

우리는 남은 며칠간 여유 있는 관광객이 되어 파리 곳곳을 돌아다녔다. 우리가 스스로 자신에게 허락한 짧고 달콤한 휴가였다. 하루는 용돈을 5유로씩을 나눠 가지고 각자 가고 싶은 곳에 다녀오기도 했고, 낮잠을 실컷 자기도 했다. 내가 좋아하는 몽마르트르 언덕에도 두 번이나 올라갔다. 물론 우리는 돈이 들지 않는 관광을 했다. 입장료가 있는 곳에는 가지 않았고, 지하철도 하루 한 번 이상 타지 않고 걸어 다녔다. 하지만 그마저도 고맙게 생각했다. 지난 8개월간의 여정이 꿈결처럼 느껴졌다.

유럽에서 보낸 마지막 날은 자전거 여행을 떠나온 창섭이와 정준이를 만나 함께 파리를 여행하고 저녁에는 고기와 치킨을 먹고 맥주와 와인과 보드카까지 마시며 유럽 일정이 무사히 끝났음을 자축했다.

다음 날, 복도에서 자던 정준이를 깨워 인사를 나누고 바닥에서 자던 승민을 깨워 공항으로 향했다. 그리고 더블린까지 물 한 잔 주지 않았던 에어링거스 비행기를 타고 숙취와 함께 유럽을 떠났다.

굿바이, 유럽.

화려한 뉴욕생활?
'빈대와 잉여'의 50일

　바람 한 점 없이 후덥지근한 뉴욕의 아침, 알람을 맞추지도 않았는데 6시 반에 눈이 떠졌다. 시차 때문인지, 갑자기 편안해져 익숙하지 않은 잠자리 때문인지 밤새 뒤척였다. 낮과 밤이 바뀌어 일을 하는 앤디 형은 아직 집에 들어오지 않았다. 가는 비가 내리는 뉴욕, 창밖에 보이는 허드슨 강과 맨해튼. 좋구나. 이런 여유, 아침으로 과일과 빵 몇 조각을 챙겨 먹고 창가에 앉아 하루를 시작한다.

　로망의 도시 뉴욕은 언제나 한 번쯤 살아보고 싶은 도시였다. 프랑스에서 김치버스를 실은 배가 미국에 도착하는 데 걸리는 시간은 대충 2주일. 뉴욕을 즐기기엔 충분한 시간이었다. 예전 같았으면 조바심에 김치버스 행사장소를 알아보러 사방팔방으로 돌아다녔겠지만, 왠지 미국은 별로 걱정되지 않았다. 말도 잘 통하고, 어딜 가든 널찍해서 주차하기도 그리 어렵지 않을 것 같고, 물가도 유럽보다 저렴했다. 그 덕분에 뉴욕에서 보낼 2주일은 달콤한 휴식처럼 느껴졌다.

　게다가 우리가 맘 편히 지낼 수 있었던 이유는 2월 김치버스 다큐멘터리를 촬영하러 왔던 장영삼 감독님이 소개해준 앤디 형 덕분이다. 앤디 형은 NYPD 소속 뉴욕경찰이다. 미국 드라마나 영화로만 보던 뉴욕경찰이라니, 괜히 신기했다. 왠지 모르게 멋있게 보이는 뉴욕경찰 앤디 형은 뉴욕의 밤을 지킨다. 앤디 형의 집은 그리 넓지 않은 원룸 아파트였지만, 우리 셋이 자기엔 충분했다. 미국에 도착한 날 저녁, 공항에서 우리를 픽업해서 한국 설렁탕보다 맛있는 '미제 설렁탕'까지 사주고, 집까지 내준 앤디 형. 호텔같이 깨끗한 앤디 형 집에서 우리는 뉴욕 생활을 시작했다.

첫 한 주일은 아무 걱정 없이 정말 행복했다. 굳이 섭외하러 쫓아다니지 않아도 행사가 척척 잡혔고 앤디 형 덕분에 뉴욕 곳곳을 차로 다니며 편하게 관광도 했다. 뉴욕에서 보고 싶었던 지인도 많이 만났다. 미국에 오면 꼭 가 보고 싶었던 식당에도 들르고 뉴욕에서 해보고 싶은 일도 다했다. 매일 아침에 들어오면 '오늘은 뭐할래요? 뉴욕에 오면 뭐가 해보고 싶었어요? 어디에 가고 싶었어요?'라고 묻는 앤디 형. 나는 무엇보다도 나처럼 사진을 좋아하는 앤디 형이 멋진 사진을 찍을 수 있는, 현지인만이 아는 몇 군데 포인트를 소개해줘서 정말 좋았다.

보통 하루는 운동으로 시작했다. 매일 아침 7시에 일어나 아파트 지하의 체육관에서 운동하고 돌아와 샤워를 마치면 앤디 형의 퇴근시간과 딱 맞는다. 앤디 형과 여유 있는 아침식사를 즐기고 책을 보거나, TV나 컴퓨터를 즐기다가 점심을 먹는다. 오후에는 낮잠을 자거나 아파트 1층에 딸린 수영장에서 수영했다. 앤디 형이 매일 사오는 식재료들로 식사는 항상 푸짐했고, 과일은 다 먹지 못해 골아버리기 일쑤였다.

"형, 저 과일 너무 아깝네요…."

"그러니까 부지런히 먹어. 여행 다니면서 제대로 못 먹었을 거 아냐."

부족함이 없는 일주일이었다.

그러나 곧 문제가 터졌다.

7월 9일, 우리는 프랑스 물류회사에서 청천벽력 같은 통보를 받았다.

'이런저런 이유로 출항이 미뤄졌고, 또 이런저런 이유로 항해가 늦어졌고,

주민들을 위한 수영장이 내려다 보이는 앤디 형네 테라스

그래서 귀하의 화물이 미국에 도착하는 시점은 8월 4일이다.'

우리에게 숙소가 필요한 기간이 일주일, 길어야 열흘이어서 장영삼 감독님이 앤디 형을 소개해줬고, 앤디 형도 그렇게 알고 있는데 한 달이나 더 길어질 판이었다. 마음이 불안해지면서 앤디 형에게 어떻게 말을 꺼내야 할지 머리가 아팠다. 아무리 우리가 철면피라지만, 한 달은 무리였다. 뉴욕의 게스트하우스, 한 달간 저렴하게 임대할 아파트, 유스호스텔을 검색했다. 하지만 뉴욕은 세계적인 대도시답게 아무리 찾아봐도 하루 10만 원은 줘야 했다. 한 달이면 300만 원, 절망적이었다. 그렇잖아도 부족한 예산을 더 줄여보려고 애쓰던 판에 날벼락을 맞은 기분이었다. 어디 후미진 시골에 여행이라도 다녀와야 하나? 차에서 텐트라도 가져올 걸 그랬나? 별의 별 생각이 들었다. 다른 지인들의 집에서 신세 지기도 어

뉴욕 시내는 언제나 활기찬 모습을 보여주었다(위) 독립기념일을 기념하는 맨해튼의 불꽃놀이(아래)

려웠다. 온종일 머리를 싸맸지만 뾰족한 방법이 없었고, 결국 앤디 형에게 사실대로 말하기로 했다.

"형, 저희가 여기 언제까지 있어도 될까요?"

"음… 내년 이맘때까지? 하하하… 농담이야. 있고 싶을 때까지 편하게 있어요. 8월 중순에 손님이 오시는데, 그때까지는 괜찮아요."

"아… 그래도 저희 때문에 불편하실 것 같아서요."

"왜, 난 좋은데? 혼자 지내다가 이렇게 멋진 동생들도 생겼잖아."

더는 말을 계속할 수가 없었다. 앤디 형의 배려에 하루하루가 감동의 연속이었는데, 이렇게 편하게 말해주다니. 게다가 우리를 친동생처럼 생각해주는 따뜻한 마음에 또 가슴이 울컥했다.

그렇게 우리는 앤디 형네 집에서 약간은 불편한 한 달을 보내게 되었다. 그 '불편함'은 미안해서 몸 둘 바를 모르는 감정이었다. 형이 아침에 퇴근하고 돌아와서 '어디 안 가요?'라고 물을 때에도 그랬고(물론 앤디 형은 뉴욕에 처음 온 우리를 생각해서 묻는 말이었지만), 형이 쉬는 날 저녁에 우리를 위해 친구 집에서 자는 것도 그랬다. 아침에 퇴근하고 들어오는 앤디 형은 낮에 자야 했는데 우리 때문에 시끄러워서 잠을 설칠까 봐 밖에서 일이 있는 척하고 거리를 방황하기도 했다.

앤디 형의 집은 차가 없으면 돌아다니기 어려운 '용커스'라는 지역에 있었는데, 마트에 가려고 해도 왕복 한 시간은 족히 걸어야 했다. 돈이 없으니 맨해튼으로 자주 나갈 수도 없었고, 설령 나간다고 해도 지하철을 타고 맘껏 돌아다니는 것이 아니라 두 발로 걸어야 했다.

북미의 첫 도시 뉴욕은 모두가 꿈꾸는 멋진 도시였고, 우리에게도 그랬다. 50일간 뉴욕에 머무르며 앤디 형의 따스한 배려 속에 편안한 밤을 보냈고, 그곳에서 만난 사람들을 통해 다양한 경험을 했다. 빠듯한 예산은 우리를 '빈대'와 '잉여' 인간처럼 만들어버렸지만, 그럼에도 나름의 즐거움을 찾았다. 지하철과 버스 운행 체계가 훌륭한 맨해튼을 우리는 일본식 슬리퍼를 신고, 카메라를 메고, 두 발로 얼마나 걸어 다녔는지 모른다. 언제나 다시 돌아가고 싶은 곳 뉴욕은 김치버스 여정에서 가장 오랫동안 머문 도시였지만, 가장 큰 아쉬움을 남긴 도시이기도 했다.

지금도 센트럴파크의 다람쥐들이 생각나고, 사람들이 문 앞에 길게 줄지어 선 셰이크 셰익(Shake Shack) 버거 가게, 모마(Moma)미술관, 이스트 빌리지 겐까(げんか)에서 마시던 저렴한 맥주도 그립다. 왠지 우중충했던 브루클린도 그립고, 하늘공원 같았던 하이라인 파크도 그립다. 한국보다 더 한국 같았던 H마트, 한국의 어느 소도시에 와 있다고 착각할 정도로 한국 상점이 많은 플러싱도, 매일 오가던 용커스 역과 그랜드센트럴 역도 그립고, 무엇보다도 앤디 형이 그립다.

처음 생각과 다르게 뉴욕은 화려한 도시가 아니라 그리운 도시가 되었다. 미국 도착이 늦어지는 김치버스 때문에, 아니 그 덕분에 뉴욕은 우리에게 언제나 그리운 도시가 되었다.

앤디 형의 오픈카을 타고 뉴욕 시내 드라이브

뉴욕에서의 유일한 일거리는 차량등록이었다. 행사도 알음알음 순조롭게 섭외되고 있었고 유럽에서 예정보다 많은 행사를 진행했기에 부담감도 별로 없었다. 하지만 차량등록 문제는 여간 골칫거리가 아니었다. 사실 유럽과 시스템이 다른 미국에서 차량보험 문제는 예견된 것이었다. 한국을 떠나기 전, 전 세계에서 유효한 자동차보험에 가입하려 했지만, 기간 때문에 비용이 만만치 않았다. 1년간 4~500만 원에 가까운 돈을 보험료로 낸다는 것은 엄두도 내지 못할 일이었다. 따라서 우리는 현지에서 그때그때 보험에 가입하기로 하고 마음 편히 한국을 떠났다.

첫 번째 관문은 러시아였다. 러시아 블라디보스토크에서 차가 세관을 통과하려면 반드시 보험증서를 제출해야 했다. 그때 우리는 관세사를 통해 어렵잖게 한 달 기간의 보험에 가입했다. 나중에 모스크바에서도, 우크라이나에서도 마찬가지였고, 스위스 국경에서도 그린카드를 쉽게 발급해주었다. 한 달짜리 보험은 비용 면에서 그리 큰 부담은 아니었다. 심지어 한국에서 보험에 가입하지 않기를 잘했다는 생각마저 들었다. 유럽의 다른 나라에서는 국경을 통과할 때 보험증을 제시하라고 요구하지도 않았기에 우리는 보험 가입을 차일피일 미루며 지냈다.

뉴욕은 화려하다. 맨해튼에서의 하루하루는 지루할 틈이 없다

그리고 다행히도 사고 없이 유럽을 떠나 미국으로 향했다.

미국에서는 당연히 보험에 가입할 생각이었다. 괜히 불안하게 다니기보다는 3개월짜리 보험 하나 들어두면 마음 편히 운전할 수 있으리라 생각했던 것이다. 미리 알아본 보험료도 다른 나라와 비교할 때 그리 비싸지 않았다. 하지만 문제는 보험가입 절차였다. 미국은 주마다 법이 다르게 적용되어 보험문제도 복잡했다.

우리는 뉴욕 맨해튼 31가 코리아타운에 있는 보험회사를 찾아갔다. 아무래도 한국인이 경영하는 회사여서 일이 쉽게 풀릴 줄 알았는데, 한국 번호판을 달고 들어온 버스가 보험에 가입한 선례가 없다 보니 답을 찾기 어려웠다. 보험에 가입하려면 거주지 주소와 차량 번호가 있어야 하는데 김치버스에는 한국 번호판밖에 없었다. 차량의 형태도 문제였다. 미국에 수출되는 차량이 아니어서 정보를 정확하게 입력할 수 없었다. 주소는 앤디 형 집 주소를 써넣어도 되겠지만, 미국 번호판이 없는 것이 문제였다. 그러나 하나하나 차근차근 풀어나가면 세상에 해결하지 못할 일은 없다. 쇠뿔도 단김에 빼랬다고 곧바로 근처 42가에 있는 뉴욕 교통국(DMV)으로 향했다. DMV는 면허증을 교부받으러 온 사람들로 북적이고 있었다. 창구에서 사정을 설명하고 우리 차량을 등록하겠다고 했더니 담당자는 대뜸 우리에게 물었다.

"거주지 주소는 있습니까? 보험증은 있어요?"

응? 보험증이라니? 보험사에서는 자동차보험에 가입하려면 차량이 등록되어 있어야 한다고 말하지 않았던가.

"자, 다음 사람!"

순식간에 나는 창구에서 밀려났다. 영어가 그리 유창한 편이 아닌 탓에 아무 말도 못 하고 돌아섰다.

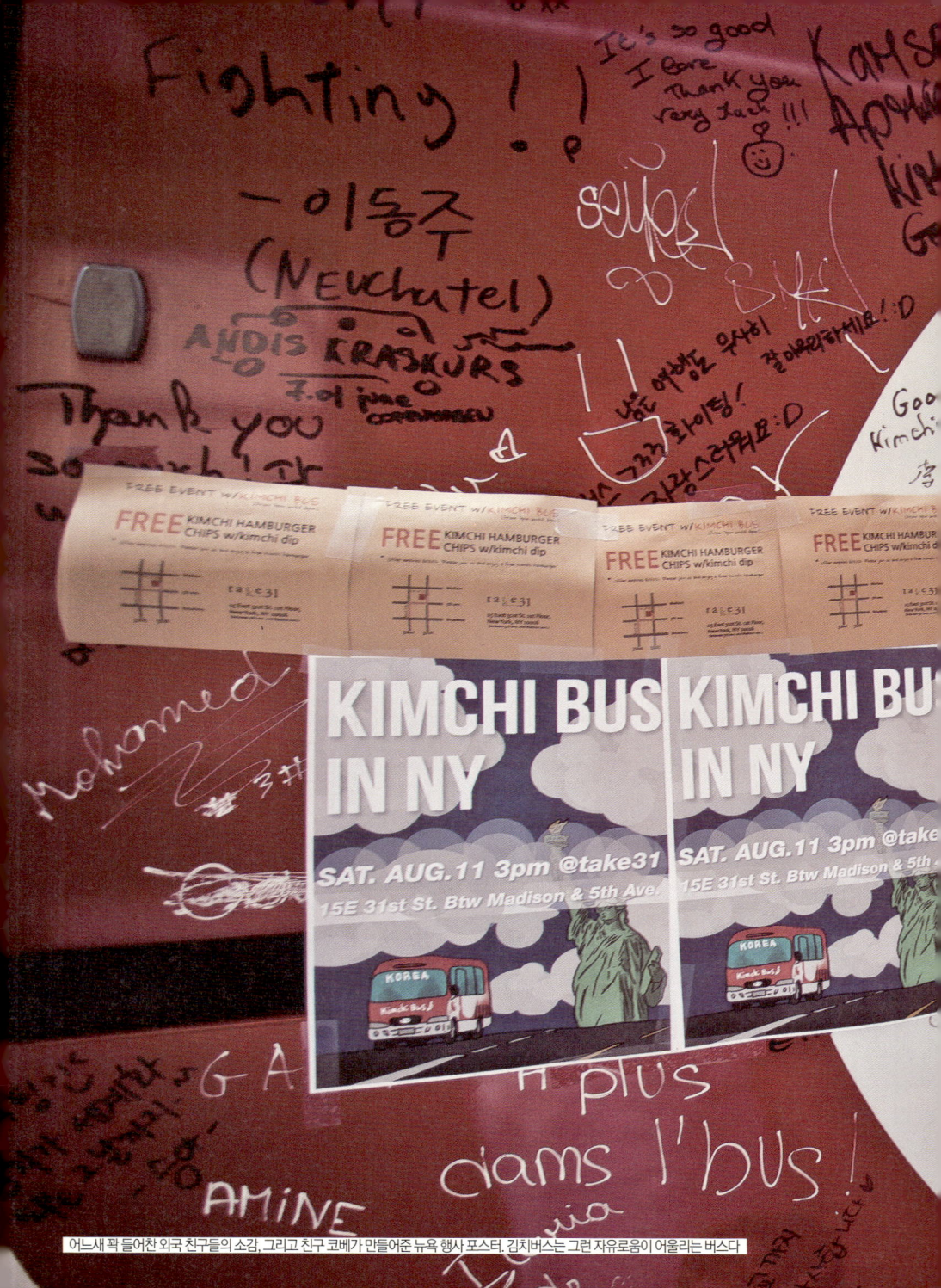

어느새 꽉 들어찬 외국 친구들의 소감, 그리고 친구 코베가 만들어준 뉴욕 행사 포스터. 김치버스는 그런 자유로움이 어울리는 버스다

뉴욕에 거주하는 한국인들에게 물어봐도 별다른 해답을 얻을 수 없었다. 대체 이건 무슨 상황인가….

상황을 요약하면 이렇다. 미국 볼티모어 항구에서 차량을 찾으려면 번호판이 있어야 한다. 번호판을 받으려면 차량을 등록해야 하고, 차량을 등록하려면 보험이 있어야 하고, 차량 검사에 통과해야 한다. 되짚어보자면, 차량 검사를 하려면 차가 있어야 하는데, 차가 있으려면 번호판이 있어야 하고, 번호판을 얻으려면 차량이 등록되어야 한다….

빠져나올 수 없는 미로 같았다. '닭이 먼저냐 달걀이 먼저냐'는 수수께끼도 아니고 대체 이게 무슨 경우인가. 게다가 뉴욕 DMV에서 차량이 어느 항구로 도착하느냐고 물었을 때 내가 볼티모어 항으로 온다고 했더니 "그럼, 뉴욕에서는 등록할 수 없고 볼티모어가 있는 버지니아 주에서 등록해야 한다."고 가르쳐주었다.

나는 곧바로 버지니아 주 교통국에 전화해서 상황을 설명하고 차량을 등록하겠다고 했다. 그랬더니 담당자는 이렇게 말했다.

"집이 뉴욕이라고 하셨죠? 그럼, 뉴욕 주에서 차를 등록하셔야 합니다."

대체 뭘 먼저 해야 하는지 알 수가 없었다. 뉴욕 경찰인 앤디 형에게 물어보았더니 차량도 등록하고, 보험도 꼭 들어야 한다고 했다. 게다가 차량을 등록해서 번호판을 받으면 나중에 미국을 떠날 때 그 번호판을 발급받았던 주의 DMV에 반납해야 하는 복잡한 상황이 하나 더 추가되었다.

결국, 우리는 뉴욕의 한국영사관을 찾아갔다. 그러나 영사관에서도 이런 경우가 없었기에 어디에 전화해서 물어봐도 확답을 주는 곳이 없다고 했다. 하지만 우리가 가진 '일시수출입서류'를 보고는 '이 차량은 일시수출입이어서 등록하지 않아도 될 것 같기도 한데요….'라는 모호한 답변을 들려주었다.

우리는 볼티모어 항구로 전화를 걸어 차량을 인수할 때 번호판이 꼭 필요하냐고 물었다. 그쪽에서는 꼭 그렇지는 않지만, 차량을 인계받고 나서 일주일 안에 반드시 번호판을 달아야 한다고 알려주었다.

우리가 할 수 있는 일은 없었다. 차를 등록하지도 않고, 보험에 가입하지도 않은 채 우리는 볼티모어로 향했고 예상치 못했던 3일간의 대기 끝에 김치버스를 찾았다. 미리 섭외해둔 한인정비소에서 차량정비도 완벽히 마쳤고 무료로 부품까지 교체했다. 김치버스보다 며칠 늦게 도착한 이삿짐도 찾고, 북미 일정에서 사용할 김치도 뉴욕 '정식당'에 들러 김치냉장고에 가득 채워넣었다. 이처럼 많은 사람의 도움으로 우리는 북미 일정을 시작할 수 있었다. 처음부터 걱정했던 등록, 보험, 번호판은 문제 되지 않았다. 러시아, 우크라이나, 독일, 오스트리아에서 그랬듯이 달리는 김치버스를 잡을 경찰도 없었고, 주차 문제로 경찰과 마주쳤을 때에도 우리는 당당하게 응대했다.

전례 없는 일을 할 때에는 당연히 여러 가지 어려움이 앞을 가로막는다. 그렇다고 해서 그 일이 불가능하다는 뜻은 아니다. 전에 그 일을 했던 사람이 없었을 뿐만 아니라 하지 못한 사람도 없었으니까.

정신없는 맨해튼과는 너무 다른 여유를 느낄 수 있었던 곳 뉴욕의 또 다른 느낌

지옥 같았던 2박 3일, 몽고메리로 향하다

　필라델피아를 떠나 몽고메리로 향하던 8월 19일. 김치버스 여정을 시작한 이래 가장 힘들었던 악몽의 2박 3일이 시작되고 있었다. 물론 처음 출발할 때만 해도 그런 일들이 벌어지리라고는 상상조차 하지 못했다. 기대에 부풀었던 현대자동차 행사도 예정되어 있었고, 햇살 가득한 플로리다 비치에서 보낼 여름휴가도 우리를 기다리고 있었다. 한국에 있을 때 우리는 유럽의 어느 환상적인 해변에서 입을 수영복까지 챙겨 출발했지만, 바다에 들어갈 여유가 없었기에 이번 플로리다행에 대한 기대는 어느 때보다도 컸다. 특히, 승민이가 그랬다. 지난해 플로리다로 40일간 여행을 다녀왔던 승민이는 그때 만났던 친구들도 찾아보고, 우리를 멋진 곳으로 안내하겠다며 한껏 들떠 있었다. 플로리다의 마이애미와 키웨스트까지 가는 일정은 승민이의 적극적인 권유로 정해졌다 해도 과언이 아니다. 가보지 못한 나는 나대로, 다녀온 승민이는 승민이대로 들뜬 상태로 마이애미를 향해 필라델피아를 떠났다.

　아침 8시 반에 출발해서 밤 12시 반까지 꼬박 16시간을 달렸다. 1,500킬로미터를 이틀 만에 주파하기 위해 먹는 시간도 아끼려고 점심도 대충 라면으로 때우고 저녁도 햄버거를 사서 달리면서 먹었다. 이날은 특별히 나도 운전대를 잡았

뉴욕을 벗어나는 도로, 새로운 도전에 대한 설렘으로 가득했다

다. 지난 1월 스페인 마드리드로 향하는 길에서 졸음운전을 했다가 승민에게 운전대를 빼앗긴 이래 특별한 일이 없으면 승민이가 운전하는 것으로 은연중에 정해졌고, 승민이 역시 운전을 체질적으로 좋아해서 전담하게 되었다. 나로서는 운전 부담에서 벗어나 여행이 편해졌지만, 운전대를 넘겨주고 나니 어디로 가자고 쉽게 말을 꺼내지 못하는 불편을 느끼고 있었다. 그러나 이번 여행은 하루 500킬로미터 이상을 달리는 강행군이어서 나도 운전대를 잡은 것이다.

차는 막히고 갈 길은 멀었다. 설상가상으로 엔진 과열현상이 지속적으로 우리를 긴장시켰다. 더구나 계기판이 어두워서 눈을 뗄 수가 없었다. 비까지 내리기 시작했다. 결국, 800킬로미터를 달리고 나서 잠시 쉬려고 영업이 끝난 어느 주유소에서 차를 세웠다가 다시 출발하려는 순간, 시동이 걸리지 않았다. 갑자기 배터리가 방전된 걸까? 아니면 어디가 문제일까? 우리는 차도로 나가 도움을 요청했다.

마침 주유하러 왔다가 영업이 끝난 걸 알게 된 두 청년이 의심스러운 눈초리로 우리를 바라보았다.

"도와주세요."

"무슨 일이죠?"

그들은 그렇게 물으면서도 경계를 늦추지 않았다. 총기 문제가 빈번하게 발생하는 미국에서 밤 12시 반 외진 곳에 나타난 동양인 남자들. 나였다면 뒤도 돌아보지 않고 가버렸을지도 모른다.

"시동이 걸리지 않아요."

미국인들은 고등학생 시절에 기본적인 차량정비를 배운다. 웬만한 고장은 집에 있는 차고에서 수리할 정도의 실력은 갖추고 있으니 그들도 처음에는 자신감을 보였다.

"그럼, 우리와 함께 차를 밀어서 움직이게 하고 시동을 걸어볼까요?"

승민이는 운전대를 잡고 우리 넷은 김치버스를 밀었다. 4톤의 김치버스는 흔들거리기는 했지만, 시동을 걸 정도로 굴러가지는 못했다. 결국, 그들은 끈으로 자기네 차를 김치버스에 연결해 끌어보려고 했지만, 끈이 툭! 끊어져 버렸다. 이제 사람들에게 도움을 청하기에는 너무 늦은 시각이었다. 상황이 곤란해졌으니 그들마저 우리를 포기하고 가버리면 어쩌나 했는데, 뜻밖에도 그들은 자신들의 멀쩡한 새 차 앞범퍼로 우리 김치버스 뒤범퍼를 밀어붙였다. 두 차의 범퍼가 심하게 휘면서 드디어 김치버스가 움직였고 털털거리며 시동이 걸렸다. 그들은 우리 차에 시동이 걸린 것을 확인하고는 여행 즐겁게 하라며 떠나갔다. 그 뒷모습이 우리에게는 멋진 인상으로 남았다.

우리는 그것으로 문제가 해결되었다고 믿었다. 하지만 그 정도 난관에 그칠 김치버스가 아니었다. 이번에는 배터리 쪽에서 고약한 냄새를 풍기며 흰 연기가 피어올랐다. 그대로 달리다가는 무슨 봉변을 당할지 몰랐기에 우리는 또다시 휴게소에서 멈춰 섰다. 이번에는 대체 어디에 문제가 생긴 걸까. 우리는 문제를 해결하지 못한 채 잠이 들었다.

다음 날, 밤새 악몽에 시달리다 아침에 깨어보니 죽으라는 법은 없는 듯, 우리가 밤을 지낸 휴게소 맞은편에 있는 정비소가 시야에 들어왔다. 문을 여는 10시 반까지 기다려서 김치버스를 견인하게 했다.

고장의 원인은 배터리를 충전시켜주는 '알터네이터'의 결함이었다. 이 부품은 쉽게 구할 수 없어 한국에서 공수해와야 하는데, 그러려면 일주일 넘게 기다려야 했다. 이번에도 상황은 최악이었지만, 늘 그렇듯이 '최악'이 '불가능'은 아니었다. 정비소에서는 배터리를 완전히 충천해 달리면 하루는 버틸 수 있다고 알려주었다. 몽고메리까지 남은 거리는 700킬로미터. 주유할 때에도 되도록 시동을 끄지 않고 계속 달린다면 어떻게든 몽고메리까지는 갈 수 있을 것 같았다. 학교 동기였던 민건이형네 집에서 일주일간 머무르며 부품을 기다려 수리하면 되겠지 싶었다.

그렇게 시한부 인생처럼 김치버스는 다시 시동을 걸고 정비소를 떠났다. 하지만 출발한 지 5분 만에 엔진온도가 급격히 올라갔기에 어쩔 수 없이 길가에 차를 세우고 시동을 꺼야 했다. 분명히 낡은 호스 어딘가에서 부동액이 새고 있었지만 고칠 수가 없었다. 엔진의 열이 식을 때까지 20분쯤 기다렸다가 부동액을 보충했지만, 1분 만에 다시 온도가 올라갔고 우리는 또다시 멈출 수밖에 없었다. 20분 쉬고 5분 달리고, 10분 쉬고 1분 달리기를 몇 차례나 반복하며 앞으로 나아갔다. 이렇게 자주 시동을 껐다 켜면 배터리가 완전히 방전되어 언제 다시 차가 서버릴지 모르는 상황에서 우리는 겨우 또 다른 정비소를 찾아갔다. 부동액이 새는 호스를 고치고 출발하면서 '이제는 정말 문제없겠지.' 하고 조금은 안심했다.

몸도 마음도 지칠 대로 지쳐 우리는 몽고메리까지 490킬로미터를 남겨둔 지점에서 하루만이라도 여유 있게 보내기로 했다. 망해서 문을 닫은 듯 폐허가 되어버린 어느 가게 앞에 차를 세우고 돗자리를 폈다. 석양을 마음껏 즐기며 치킨을 곁들여 맥주를 마셨다. 밤이 깊어지고 사방이 적막해지자, 나체로 야외 샤워까지 하면서 자유를 만끽했다. 그래, 살다 보면 이런 날도 있고 저런 날도 있다.

셋째 날, 급한 마음에 7시에 일어나 시동을 걸었다. 혹시 안 걸리면 어쩌나 해서 조마조마했는데 다행히도 우렁찬 소리와 함께 시동이 걸렸다. 이 정도면

하루하루가 스트레스의 연속이었던 몽고메리행, 그날 만난 노을은 잊을 수가 없다. 힘들었던 시간이었던 만큼이나 달콤하게 다가왔던 로맨틱한 우리들만의 시간

490킬로미터쯤이야 갈 수 있지 않을까. 계기판을 보며 한참을 달렸다. 혹시나 했는데 역시나 엔진 온도가 올라가기 시작했다. 차를 세우고 엔진룸을 열자 저절로 한숨이 나왔다. 이번에는 누수 정도가 아니라 아예 호스가 끊어져 있었다. 밑 빠진 독에 물 붓기였다. 전날처럼 1분 달리고 20분 멈춰 서서 엔진을 식히고 물을 채우기를 반복했다. 이런 상태로 몽고메리까지 가기는 무리였다. 배터리가 아예 죽어버리거나 물탱크의 물이 완전히 떨어지기 전에 우리가 먼저 스트레스로 터져버릴 것만 같았다.

플로리다 바다에서 해수욕은 고사하고 몽고메리 현대자동차 공장에서 예정된 행사부터 취소해야 했다. 갑작스러운 취소 통보로 후원사의 원망을 들으며 거북이걸음을 하는 김치버스를 몰고 한인 정비업소가 많다는 애틀랜타에 겨우 도착했다. 그러나 정비소에서는 우리 차를 거들떠보지도 않고 고칠 수 없다는 냉랭한 반응만 돌아왔다. '같은 한국사람끼리 좀 도와주면 안 되나?' 하며 우울한 얼굴로 떠나려는 순간, 차의 시동이 걸리지 않았다. 기막힌 타이밍이었다. 망할 배터리 덕분에 우리는 겨우 정비사들을 설득할 수 있었고, 비록 배터리 문제를 해결하진 못했지만 호스를 수리하고 배터리를 충전해 몽고메리에 무사히 도착했다.

악몽 같은 2박 3일이었다. 지난 300일간 온갖 사건사고에 시달렸지만, 이번만큼은 웃어 넘기기가 쉽지 않았다. 하지만 그런 막막한 상황에서도 우리는 석양과 달빛 샤워를 즐겼고, 몽고메리에 도착하지 않았는가. 무슨 일이든 결국 지나가게 마련이구나. 어떤 식으로든 해결되는구나. 장자의 가르침이든 유대 경전의 한 대목이든 '이 또한 지나가리라'는 말은 진리였다.

전화위복, 시장님의 초대를 받다

힘겹게 도착한 몽고메리의 민건이 형네 집에는 방이 남아돌아 며칠 신세를 지고 가기로 했다. 최근에 이사해서 그런지, 집이 커서 그런지 뭔가 휑한 느낌이 들었다. 한층 더 뜨거워진 여름 햇볕에 묵은지가 시어질까 걱정되어 김치냉장고도 집 안에 들여놓았다. 우리는 모든 걱정거리가 사라진 기분으로 차의 부품을 주문하고 기다리는 일만 남겨두고 있었다.

형이 사는 지역은 새로 형성된 빌라촌 같은 곳으로 미국의 대부분 주택단지가 그렇듯이 차가 없으면 꼼짝도 하기 어려운 동네였다. 빌라 주민들을 위한 수영장이 있긴 했지만, 우리는 집 안에 틀어박혀 컴퓨터에만 매달려 있었다. 간혹 시내를 나가더라도 몽고메리 시내는 마치 영화 세트장처럼 썰렁했고, 쇼핑센터 주변에서만 사람들을 볼 수 있었다. 오랜만에 김치버스 행사영상들을 정리해 유튜브에 업로드도 하고, 차량고장으로 엉켜버린 일정도 다시 정했다. 그렇게 이틀을 보낸 저녁에 초인종이 울렸다.

"혹시 집 앞에 세워둔 김치버스 때문인가?"

민건이 형이 불안해하며 현관문을 열자, 문 앞에는 옆집에 사는 뚱뚱한 아저씨가 서 있었다. 혹시 차를 빼라는 건가?

"집 앞에 있는 버스 주인이 이 집에 있나요?"

아. 불길한 예감은 언제나 잘도 들어맞더라! 민건이 형이 변명거리를 찾고 있는데, 아저씨가 말을 계속했다.

"내가 몽고메리 시청에서 근무하는데, 어제 이 버스를 보고 너무 신기하고 재밌어서 사진을 찍어 시장님께 보여드렸더니 시장님께서 차 주인을 꼭 한번 뵙고 싶다고 하십니다. 일정이 어떻게 되시는지 궁금해서 여쭤보러 왔어요."

'응? 주차 문제가 아니라, 시장님의 초대라고?'

얼결에 우리는 시장님과 만날 약속을 정하기로 했다.

'그나저나 시장님을 만나면 뭘 해야 하지? 한국요리를 해드려야 하나? 김치를 전해드려야 하나?'

어떤 식의 만남인지 알 수 없어 머릿속이 복잡해졌다.

다음 날, 우리는 시동이 걸리지 않는 김치버스를 앞뒤로 밀며 한참 고생하다가 관리인 아저씨의 도움으로 겨우 시동을 걸어 정비소로 이동했다. 몽고메리 현대자동차 공장의 차장님이 섭외해준 정비소여서 부품만 가져오면 고쳐주겠다는 약속을 받아둔 터였다. 그런데 우리가 가져간 부품에 나사 하나가 부족했다. 나사 하나라도 크기가 맞지 않으면 누수가 생기고 나중에 사고가 발생할 수도 있다기에 어떻게든 똑같은 나사 찾으려고 정비소 안을 샅샅이 뒤졌다. 그렇게 여기저기 고장 난 부분을 고쳐 결국 김치버스는 다시 달릴 수 있게 되었다.

이틀 후인 8월 27일은 시장님과 약속이 있는 날이었다. 우리는 예정에 없이 일주일을 허비하여 갈 길이 바빴기에 시장님과 미팅을 마치면 곧바로 몽고메리를 떠날 생각이었다. 그런데 김치버스를 몰고 약속장소인 몽고메리 시내 어느 공원 옆 주차장에 도착하니 아무도 없었다. '분명히 여기가 약속장소인데 왜 아무도 없지?' 하고 의아해하는 순간, 갑자기 여기저기서 사람들이 튀어나오더니 앰

프와 강연대를 설치하는 등 분주히 움직였다. 우리가 도착하기만을 기다리고 있었던 걸까?

구경꾼들이 모여들고 방송국 카메라 3대가 자리를 잡았다. 그때 시장님이 등장했다. 생각지도 못한 만남이었다. 카페나 사무실에서 만나 잠시 이야기를 나누고 김치버스를 보여줄 생각이었는데, 갑자기 이런 행사가 시작되다니…. 시장님은 연설을 시작했다.

"여기 이 김치버스가 지난 300여 일간 전 세계를 돌고 미국에 도착해 두 번째로(실제는 두 번째가 아니었지만, 시장님은 김치버스가 뉴욕 다음으로 방문한 도시가 몽고메리라는 점을 강조하고 싶은 듯했다.) 이곳 몽고메리에 도착했습니다…."

그러고는 나를 단상으로 불러냈다.

"네, 안녕하세요. 김치버스 팀장 류시형입니다. 오늘 이렇게 참석하여 자리를 빛내주셔서 감사합니다…."

무슨 말을 했는지도 모르겠다. 아무런 준비 없이 불쑥 연설을 하라니!

연설이 끝나자 시장님과 관계자들, 기자들, 초대된 요리사들까지 우리가 만든 음식을 맛보겠다고 웅성웅성 김치버스 주위로 몰려들었다.

혹시 어떤 만남일지 몰라 미리 김치브리토를 몇 개를 만들어두긴 했는데, 모두에게 나눠주기에는 턱없이 적은 양이었다.

"석범아, 일단 절반씩 나눠, 나눠서 냅킨에 싸서 드리자."

인터뷰하고, 시장님과 함께 사진 찍고. 몽고메리 주의 기념품을 선물로 받고. 30분도 채 지나지 않아 상황은 종료되었다. 기자들은 글을 쓰러 떠나고 방송국도 장비를 챙겨 황급히 자리를 떴다. 관계자들도 사라지고 결국 요리사 한 사람과 행사에 참석했던 몇 사람만 남았다가 우리를 그 지역의 유명 BBQ 전문점으로 초대했다.

시장님과 지역방송국까지, 생각지도 못했던 만남

　시장님에게 잠깐 인사만 하려고 들른 자리였는데, 그곳 주민을 상대로 공개 연설을 하고 언론에 보도까지 되었다. 그리고 BBQ 전문점에서 만난 교민들의 초대로 우리는 몽고메리에서 하루를 더 머물게 되었다.
　'엘리자가 말했어요. 세상은 생각대로 되지 않는다고. 하지만 생각대로 되지 않는 건 정말 멋지네요. 생각지도 못했던 일이 일어나니까요.'
　예상치 못했던 자동차 고장, 예상치 못했던 행사, 예상치 못한 초대…. 애니메이션 『빨간 머리 앤』에 나오는 명대사처럼 일이 정해진 대로만 풀린다면 우리 인생은 정말 따분할지도 모른다.

오션시티에서 쫓겨나다

고속도로, 대도시, 맥도날드, 주유소, 다시 고속도로, 대도시…. 기대와 달리 미국 동부 일정은 삭막한 회색의 도시를 여행하는 기분이었다. 뉴욕에서 볼티모어로, 그리고 다시 뉴욕으로, 또 몽고메리로, 다시 뉴욕으로. 85번과 95번 고속도로를 얼마나 오갔는지 모른다. 게다가 뉴욕에서 워싱턴이 약 400킬로미터, 워싱턴에서 몽고메리는 1,300킬로미터로 가까운 거리도 아니었다. 도중에 마땅히 들를 만한 도시도 없었기에 왕복 3,000킬로미터가 넘는 거리를 무료하게 차만 타고 오갔다. 도중에 있는 샬럿이나 리치먼드에서 뭔가를 기획하고 싶었지만, 그것도 여의치 않았다. 그 지역에 대한 정보도 부족했고, 아는 사람도 없었다. 무엇보다도 더위에 지친 우리 사기가 땅에 떨어지고 있었다.

8월 28일, 예기치 않았던 몽고메리 행사를 끝내고 우리는 다시 뉴욕을 향해 출발했다. 9월로 예정된 워싱턴 김치축제만 없었다면 플로리다로 향했을 것이다. 뜨거운 태양 아래 선글라스를 끼고 태닝 베드에 누워 한껏 여유를 누리며 칵테일을 즐기는 모습은 상상으로 끝났다. 우리 셋 중에서 가장 아쉬워한 사람은 승민이었다. 지난여름 여행한 플로리다에 다시 가고, 그때 알게 된 외국인 친구도 다시 만나고 싶었을 테니 아쉬움이 큰 듯 지도와 달력을 번갈아 보며 일정을 조개 다녀올 방법을 궁리하는 모양이었다.

이틀째 되던 날 내가 승민에게 말했다.

"승민아, 내가 생각한 미국은 이런 게 아니었거든, 이렇게 회색 도시와 고속도로만 오가는 게 아니라 대자연도 보고, 국립공원, 해변에도 가 보고…. 캘리포니아나 알래스카를 여행할 때에는 이렇지 않았던 것 같은데…."

내 말에 승민이가 동조했다.

"그러니까 말이야. 언제 그런 길을 달려볼 수 있을까?"

"그럼, 우리 리치먼드 쪽으로 가지 말고 그냥 동부 해안 쪽으로 갈까? 어차피 이틀 정도 시간 여유도 있고, 동부 해안을 따라 달려서 뉴욕으로 가도 되잖아. 해변에서 수영도 하고! 어차피 리치먼드에 가도 도심에서 어영부영하다가 그냥 지나칠걸?"

자연과 함께하는 '힐링'이 필요했던 우리는 그렇게 즉흥적으로 여정을 결정했다.

해질 무렵 도착한 버지니아 비치는 기대 이상으로 우리를 흥분시켰다. 곧게 뻗은 해변, 길을 따라 늘어선 서핑숍, 레스토랑, 그리고 그 끝에 붉게 걸린 노을까지 모든 것이 완벽했다. 우리는 길가에 대충 주차하고 바다로 달려갔다. 얼마만의 여유인지…. 모래를 밟으며 파도소리를 듣고, 뛰어노는 아이들을 바라보며 우리도 한동안 산책을 즐겼다. 관광지여서 그런지 주차할 곳이 없어 늦은 저녁까지 애를 먹었지만, 그날 밤 우리는 아주 만족했다.

다음 날 우리는 체서피크 만을 가로질러 델라웨어 주의 오션시티로 이동했다. 전날 너무 늦게 도착했기에 물놀이를 온전히 즐기기에는 시간이 부족하기도 했고, 하루의 여유가 있으니 적당한 해변에서 놀고 싶기도 했다. 그러기에 오션시티는 아주 적절한 장소였다. 버지니아 비치처럼 이름부터 오션시티가 아닌가!

버지니아 비치, 사색을 즐길 수 있었던 텅 빈 해변도 좋았고 사람들이 북적거리던 야외 콘서트도 좋았다

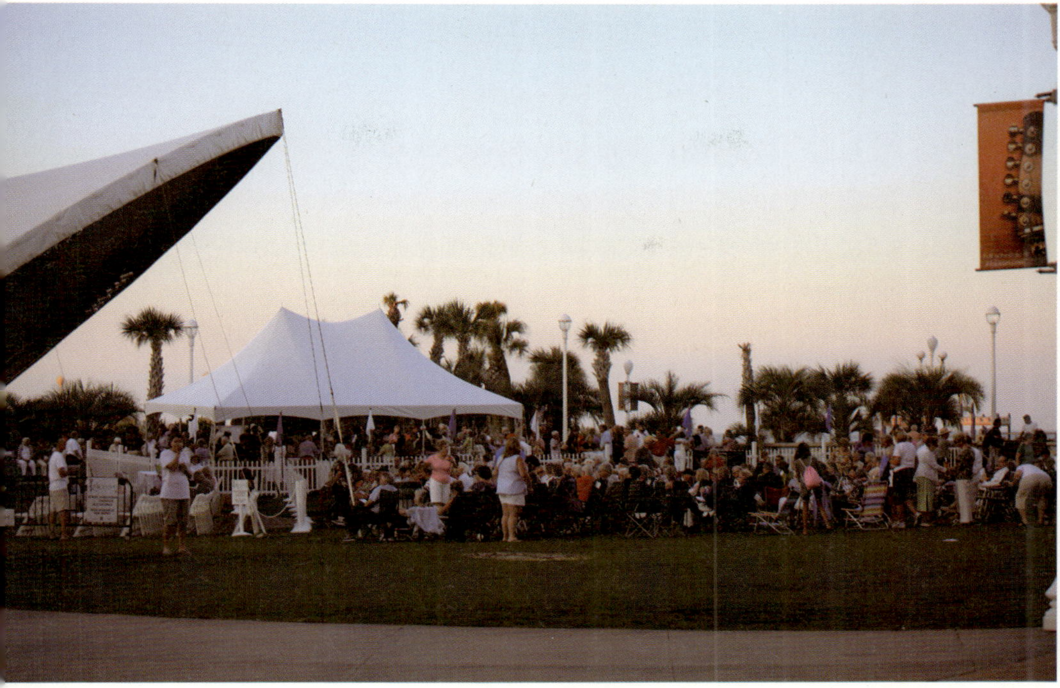

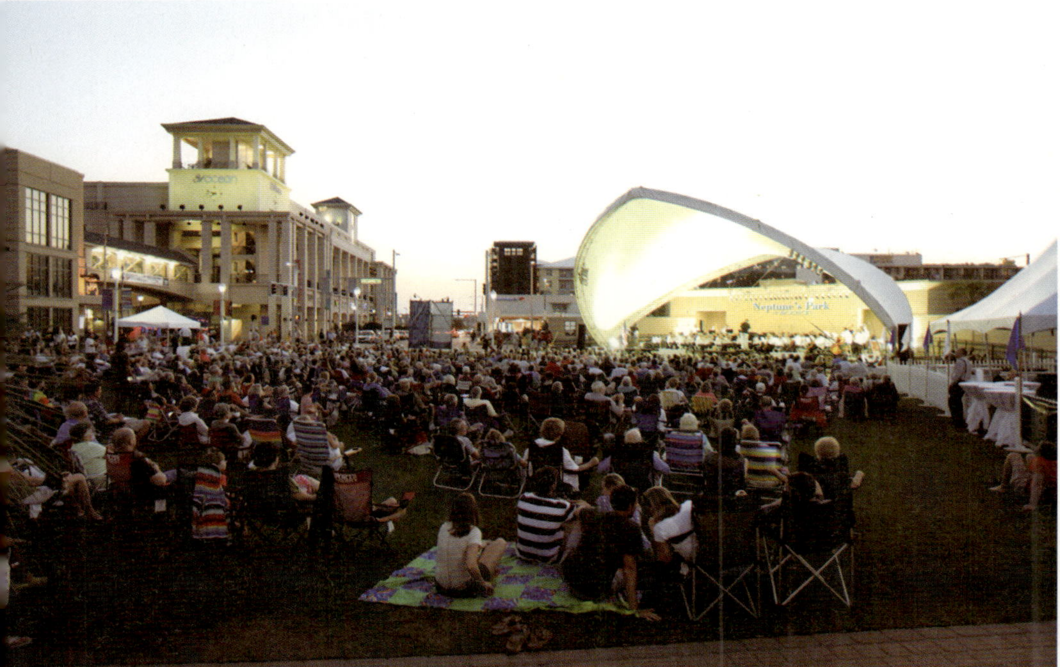
Neptune's Park

지도를 봐도 해변이 끝없이 이어져 있어 이번만큼은 정말 여유 있게 수영을 즐길 수 있을 것 같았다. 캠핑카를 타고 있으니 여름 시즌에는 바다에 가면 언제든 수영을 즐기는 여유 있는 여행을 하리라 기대했는데 단 한 번도 그러지 못해 아쉬웠던 터였다.

주택가 뒤편에 있는 오션시티 해변에서 승민이와 나는 물속에 뛰어들어 센 파도에 몸을 맡긴 채 맘껏 해수욕을 즐겼다. 뭘 잘못 먹었는지 몸이 아프다며 물에 들어가지 못했던 석범이도 그날 밤에는 우리와 함께 해변을 산책하면서 삭막한 도시에서 쌓인 피로를 말끔히 씻어냈다.

우리는 제대로 힐링의 시간을 보냈던 오션시티를 그냥 떠나기가 아쉬웠다.
"떠나기 전에 게릴라 행사를 한번 해보면 어떨까?"

행사를 하자는 제안에는 모두 공감했다. 사실 미국 동부에서는 이리저리 이동만 했을 뿐, 이렇다 할 행사를 제대로 못 해서 뭔가 무기력한 기분이 들고 마음 한구석이 늘 불편했다. 따로 준비할 것도 없이 차 안에 있는 재료로 즉흥적으로 시도하는 해변 게릴라 행사! 수영복 차림으로 김치전을 먹는 미국인들의 모습은 상상만 해도 즐겁지 않은가?

안에서 김치를 썰고, 밀가루를 반죽하고, 전을 부치는 동안 밖에서는 테이블을 펴놓고 배너를 설치했다. 어디서나 눈에 띄는 김치버스를 보기만 해도 지나가던 사람들이 발길을 멈추는데, 음식까지 나눠준다니 순식간에 인파가 몰리기 시작했다. 김치를 아는 사람도 있었지만, 김치전은 생소한 음식이었고, 행사는 성공적으로 진행되고 있었다. 그렇게 한참 동안 김치에 대해 설명하고 김치전을 나눠주고 있는데 갑자기 경찰이 다가왔다.

"당신들 어제 여기서 잤소?"
"네, 차 안에서 잤어요. 이게 우리 캠핑카예요. 우리는 한국의 김치를 알리러

반바지에 슬리퍼, 해변에서의 김치버스 행사

전 세계를 여행하고 있어요. 김치를 파는 게 아닙니다."

"오션시티에서는 법적으로 차 안에서 자는 게 금지되어 있어요. 그리고 허가받고 이런 행사를 하고 있는 겁니까?"

"아니요."

미국 경찰이 얼마나 권위적이고 위압적인지 잘 알고 있었지만, 굳은 표정으로 딱딱하게 질문을 던지는 경찰관을 보니 우리가 미국에 있다는 사실이 새삼 실감 났다. 공연히 말대답하다가 잡혀가는 건 아닐까? 슬슬 걱정되기 시작하는데 경찰관은 우리에게 서류뭉치 내밀었다.

"내 상관이 올 텐데, 그 사람이 당신들을 어떻게 할지 결정할 거요. 일단 이것부터 작성하시오."

행사 시작 30분 만에 모든 것이 중단되었다.

테이블을 걷어 차에 싣고, 부치던 김치전도 모두 치운 다음, 초조하게 서류 작성하며 그의 상관을 기다렸다. 괜히 이런 진술서를 썼다가 나중에 미국에 입국할 때 문제가 되는 것은 아닌지 걱정스러웠고, 별로 잘못한 일도 없이 푸대접을 받으니 억울한 마음도 들었다. 우리는 혹시 이런 일이 생길까 싶어 게릴라 행사를 자주 하지 않았는데, 막상 이런 상황이 벌어지니 대처 방법도 떠오르지도 않았다.

10분 후에 나타난 그의 상관은 웃으면서 '주민 신고가 들어와서 어쩔 수 없다.'면서 앞으로 여기서 이런 일을 벌이면 안 된다고 타이르듯 말했다. 아, 그 친절한 말투가 어찌나 고맙던지! 앞으로는 절대 허가 없이 일을 벌이지 말아야겠다고 생각했다. 정말, 이 정도 경고로 끝난 것이 천만다행이었다. 미국에서는 자나 깨나 경찰 조심!

프로비던스를
아시나요?

　　미국 동부 일정은 자유로웠지만, 자유롭지 못했다. 무슨 말이냐면, 어디든지 마음대로 다닐 수 있었지만, 9월 중순에 워싱턴 DC에서 열리는 김치축제에 참석하기로 1년 전 출발할 때 이미 약속했기에 그때까지는 꼼짝없이 동부에 머물러야 했다. 뉴욕, 볼티모어, 필라델피아, 몽고메리까지 돌고 워싱턴 쪽으로 다시 올라왔지만, 뭔가를 시도하기에는 남은 시간이 애매했다. 이럴 줄 알았으면 무리해서라도 플로리다에 다녀왔어야 하지 않았나, 하는 후회가 살짝 들었다. 우리는 지도를 펴고 어디로 갈지, 한참을 고민했다.

　　'위쪽 국경에 있는 나이아가라 폭포는 한번 가 보고 싶은 곳인데, 지금 다녀오는 게 좋으려나. 아니야. 어차피 나중에 캐나다 일정을 하면서 가는 게 나을 것 같아. 그럼, 중부에 있는 국립공원에 다녀올까. 흠…. 그것도 왕복하는 시간과 기름값이 좀 아깝긴 하지. 아예 저 멀리 메인 주를 지나 캐나다 핼리팩스에 한번 다녀올까. 이럴 때가 아니면 언제 그런 곳에 가보겠어. 그래, 동북쪽 해안선을 따라 달려보자.'

　　지도를 펴놓고 고민하던 우리는 핼리팩스로 가기로 결론을 냈다. 그리고 가는 길에 보스턴 근처 대학원에 다니는 친구 한송이도 만나기로 했다.

미국에서 가장 작은 주 로드아일랜드의 주도 프로비던스에 도착하다

워싱턴을 떠나며 한송이에게 연락했다.

"한송아, 너희 집 주소 좀 알려줘. 내가 그쪽으로 가고 있는데 얼굴이나 보자."

"아 그래? 주소는 로드아일랜드 주, 프로비던스…."

보스턴 바로 아래 있는 프로비던스는 생소한 도시였다. 미국의 50주 중에서 가장 작은 주 로드아일랜드는 이름과 달리 섬이 아니라 바닷가에 인접한 여러 섬을 끼고 있는 주였고, 프로비던스는 로드아일랜드의 주도로 아이비리그 8대학 중 하나인 브라운 대학이 있는 곳이다. 어쨌거나, 어차피 올라가는 길이고 보스턴 바로 아래에 있다니, 들르기로 했다.

프로비던스에서 뭔가를 하겠다는 생각은 없었다. 김치 홍보행사 부담도 크지 않았다. 우리는 예정된 40회 이상의 행사를 이미 마친 상태였고, 괜히 섭외되지 않은 장소에서 판을 벌이다 오션시티에서 그랬듯이 경찰의 경고라도 받게 되면 어떻게 될지 모르는 상황이었다. 그렇다고 특별히 하고 싶은 일도 없었다. 그저 한송이나 만나고 헬리팩스까지 가면서 자연경관을 만끽할 생각으로 9월 2일 저녁 프로비던스에 도착했다.

대형마트 홀푸드 앞에서 시간을 보내던 우리는 일을 마치고 돌아온 한송이를 만났다. 한송이는 한국에서도 요리책을 몇 권 출판한 요리사다. 존슨 앤 웨일스 대학원에서 유학하면서 저녁이면 학교와 제휴 관계에 있는 호텔에서 일한다고 했다. 중국 정주에 함께 여행을 다녀온 이후로 얼마 만인지. 만나자마자 홀푸드는 물건 값이 비싼 곳인데 뭘 사려고 하느냐며 꾸중하는 모습이 유학 온 지 1년밖에 안 된 학생이 아니라 영락없는 교민 같았다.

한송이는 제수씨가 몸이 좀 아파 함께 집으로 가기는 어려울 것 같다고 했다. 늦은 저녁에 집으로 가기 어렵다니, 정말 얼굴만 잠깐 보고 헤어져야 하나?

존슨 앤 웨일스 조리대학 건물

만나자마자 헤어져야 하니 몹시 아쉬웠지만, 내색하지 않았다. 일하면서 학교에 다니느라 정신없고 제수씨까지 아픈 한송이에게 부담을 줄 수는 없었다. 그렇게 돌아서려는데 한송이는 자기 친구 집이 근처에 있는데, 일단 그곳으로 가자며 우리를 붙들었다. 그리고 우리는 동갑내기 친구 은호와 민규를 만났다.

  은호네 집 안은 담배냄새에 찌들어 쾌쾌했지만, 주인의 성격만큼은 아주 시원시원했다. 우리는 함께 맥주와 피자를 먹으며 금세 친해졌다. 우리에게 왜 핼리팩스로 가느냐고 묻기에 거기 가야 할 특별한 이유는 없다고 말하자 은호는 선뜻 자기 집에서 지내라고 했고, 우리는 이곳을 베이스캠프 삼아 이곳저곳으로 짧은 여행을 떠나기로 했다. 그리고 마지막 날에는 김치버스를 타고 은호가 단장으로 있는 야구팀이 경기하는 날, 선수들을 대상으로 김치 홍보행사를 하기로 했

한인교포야구단과 함께

다. 그렇게 프로비던스에서 예정에 없던 일주일 일정이 정해졌다.

여행에는 참 신기한 힘이 있다. 전혀 예상하지 못했던 새로운 사람들을 만나고, 그 관계를 통해 새로운 이야기가 생기고 추억이 남는다. 가던 길에 잠시 들렸던 프로비던스가 우리에게 추억의 도시가 된 것은 한송이와 은호, 민규 같은 친구들 덕분이다. 어쩌면 그때 우리는 누군가가 잡아주기를 바랐고 초대해주기를 원했는지 모르겠다. 여행이 길어질수록 고국에 대한 향수는 깊어졌고, 보고 싶은 사람들에 대한 그리움도 짙어졌다. 열정과 도전으로 뭉쳤던 우리가 새로운 도전이 아니라 정해진 틀에서 비슷한 행사만 하다 보니 아무래도 그것이 모험이나 도전이 아니라 해야만 하는 일이나 의무처럼 되어버렸다. 우리에게는 새로운 자극이 필요했고 새로 만난 사람들이 그런 자극이 되어주었다.

일주일 동안 집 뒷마당에 김치버스를 세워두고 그곳에서 생활했는데 식사는 집 안에서 만들어 먹었다. 새 학기를 맞아 존슨 앤 웨일스 기숙사로 들어가는 친구의 이삿짐을 김치버스로 날라주기도 하고 명문 브라운 대학교를 둘러보기도 했지만, 처음 생각대로 이곳을 베이스캠프 삼아 남쪽, 북쪽을 여행하지는 못했다. 온종일 '먹고, 요리하고, 자기'를 반복하는 일상이었지만, 그들 덕에 어디론가 떠나고 싶다는 생각은 들지 않았다.

야구단 행사까지 성공적으로 마치고 프로비던스를 떠나던 날, 친구들과 아쉽게 작별하고 뉴욕을 향해 70킬로미터쯤 달렸을 때 한송이에게서 전화가 걸려왔다.

"너희가 뭘 놓고 갔다며? 지금 민규가 차를 타고 너희를 따라가는 중인데 잠깐 멈춰서 기다려."

우리도 출발해서 한참 달린 다음에야 석범이가 바람막이 재킷을 두고 왔다는 사실을 알았지만 돌아가지 않았는데, 그걸 돌려주려고 70킬로미터를 달려오다니. 그 덕에 우리는 로드아일랜드 주 경계를 벗어나 민규와 다시 한 번 작별인사를 나누었다. 처음에는 생소했지만 마음이 따뜻한 사람들이 있는 프로비던스는 친구들 덕분에 매력적인 도시로 기억에 남았다.

워싱턴 DC에서
만나자는 약속

    출발 전에 반신반의했지만, 우리는 결국 워싱턴 DC에 도착했다. 뉴욕 주 미국요리학교(CIA)에서 100여 명의 학생에게 여러 종류의 김치와 김치브리토를 나눠주는 행사를 성황리에 마치고 밤새 달려 그곳에 도착했다.

    협찬사의 홍보나 노출보다 우리에게 더 중요했던 것은 400일을 무사히 다녀오겠다는 그들과의 약속이었다. 우리는 나태함이나 팀원 간의 불화 때문에 프로젝트가 실패해서는 안 된다고 생각했기에 위험을 감수하면서 엉뚱하고, 패기 있고, 과감한 시도를 하지 못했던 것 같았다. 아쉬움이 남을 때도 있었지만, 후원을 받아 출발했기에 개인 여행이 아니라 미션에 충실해야 했기에 그것을 당연한 의무로 받아들였다.

    그렇게 400일간 약속을 지키는 것은 물론이었지만, 워싱턴 DC에서 지켜야 할 약속에는 또 다른 의미가 있었다. 광주세계김치문화축제와 함께하면서 그 자리에서 구두로 약속한 워싱턴 행사는 당시에는 막연하게만 느껴졌지만, 우리가 한국을 떠난 지 325일 만에 무사히 이곳까지 왔다는 사실은 김치버스의 작은 목표 중 하나를 달성했다는 성취감을 느끼게 했다. 2011년 10월, 광주의 축제 현장에서 늦은 밤 전시장 한쪽 벽을 차지한 김치버스 루트에 명시되었던 '워싱턴 DC

김치축제'라는 글자의 현실은 정말 멀게만 느껴졌는데…. 축제 폐막식에서 관계자들과 '워싱턴에서 만나요.'라고 인사하며 헤어졌는데, 정말 우리가 여기에 와 있다는 사실이 진심으로 감격스러웠다.

뉴욕에서 행사를 마치고 나서 늦은 밤 쉬지 않고 차를 몰아 워싱턴으로 온 이유는 지난날에 대한 그리움, 그리고 '우리가 이렇게 잘해나가고 있다는 것'을 마치 어린아이가 아빠에게 자랑하듯 보여주고 싶은 마음이 간절했기 때문이었다.

늦은 밤 워싱턴 DC에 도착해 정삼조 프로젝트 매니저를 만났다.

"잘 지냈니? 보고 싶었다."

그는 우리 한 명, 한 명을 힘차게 안아주었다.

'정말 우리가 이렇게 미국에서 다시 만나기를 간절히 바랐습니다…'

왠지 모를 감동에 갑자기 목이 메었다. 고향에 돌아온 듯한 편안함이 밀려들었다.

9월 14일부터 3일간 불런파크에서 열리는 김치축제는 전혀 걱정할 것이 없었다. 사흘 중에서 이틀간 진행하는 김치버스 행사는 뉴저지와 뉴욕에서 유명해진 김치타코 트럭 이윤석 씨와 함께 시식판매를 하기로 되어 있었다. 이전에 이와 비슷한 행사를 많이 경험한 데다 든든한 광주의 지원군들이 있어 큰 힘이 되었다. 다음 날 김성훈 전 장관님을 비롯한 광주 시 관계자, 김치 명인도 워싱턴에 도착했다. 우리가 그리워하던, 반가운 얼굴들이었다.

워싱턴 DC의 불런파크에서 열리는 광주세계김치문화축제는 워싱턴 지구 한인연합회의 코러스 축제와 연계한 행사였다. 불런파크는 워싱턴 DC 외곽에 있는 공원으로 수만 명을 수용할 정도로 넓고, 나무 한 그루 없이 휑한 잔디밭이었다. 14일 아침부터 불런파크는 부스를 준비하는 사람들, 무대를 꾸미는 사람들로 북적거리기 시작했다. 대중교통 수단이 다니지 않는 장소였기에 얼마나

김치버스와 타코트럭이 함께 벌었던 수익금을 기부하다

워싱턴의 명사들과 함께 했던 김치 담그기 행사

1. 지르니까 청춘이다   2. 고난의 행군   3. 김치버스 르네상스   **4. 새로운 도전, 북미**   5. 궁금해하는 모든 것

워싱턴 중앙일보에 소개된 김치축제. 홍보대사인 우리의 이야기와 사진도 실렸다

많은 사람이 올지 알 수 없었지만 준비는 제법 그럴싸했다. 우리도 행사장 한가운데에 배정된 김치축제 부스 앞쪽에 김치버스를 세워두었다. 많은 사람이 김치버스를 미국에서 흔히 볼 수 있는 푸드 트럭으로 여기는 듯 별다른 반응을 보이지 않았다.

그러나 축제는 순조롭게 진행되었다. 교민뿐 아니라 수많은 외국인이 찾아와 말로만 듣던 한류를 실감할 수 있었다. 플래시몹을 위해 14일 아침부터 행사장에 울려 퍼지던 싸이의 '강남 스타일'은 행사가 끝나는 16일까지 수백 번은 들은 것 같다. 축제 당시 미국에서 '강남스타일'의 인기는 절정이었고, 지나가는 김치버스를 보면 이스라엘 출신 택시기사까지 손을 흔들며 '강남스타일'을 안다고 자랑할 정도였다. 이틀간 열린 김치버스의 시식행사도 많은 사람의 도움 덕분에

명인이 담근 김치. 역시 고명부터가 다르다

성공적으로 끝났다. 이미 푸드 트럭으로 큰 인기를 누리는 김치타코 트럭과는 비교할 수 없었지만, 우리 나름 차분히 진행한 행사였다.

 워싱턴 DC에서 보낸 일주일간 우리는 오랜만에 보는 그리운 얼굴들과 함께했고 호텔에서 자고 한국식당에서 고기와 소주를 원 없이 먹고 즐겼다. 김치 홍보나 행사의 내용도 중요하지만 우리에게 더 중요했던 것은 사람들이었고 약속이었다. 고향의 정을 느낄 수 있었던 워싱턴 DC에서의 만남은 의무가 아니라 소중한 추억으로 우리 마음 깊숙이 새겨졌다.

"저기 '카네기'라고 적혀 있네?"
"우리가 아는 강철왕 카네기 그 사람인가?"
"설마!"
"저기 '카네기'라고 적힌 건물도 있잖아. 철교도 많고…….".

소가 뒷걸음질하다 쥐 잡은 격으로 우리는 짐작대로 카네기의 고장, 펜실베이니아의 피츠버그에 와 있었다. 앨러게니 강과 머난거힐라 강의 교차점이며 오하이오 강의 시작점인 피츠버그는 우리가 본 대로 카네기의 영향이 곳곳에 남아 있는 도시였다. 누구나 한 번쯤 그의 이름을 들어봤을 앤드루 카네기는 세계 최대의 철강 트러스트를 구축하고 미국 철강 시장의 65퍼센트를 차지하는 US 스틸을 세우고 나서 은퇴하여 교육과 문화사업에 투신한 인물이었다. 그의 명성을 반영하듯 피츠버그는 세계적인 제철공업 지역다웠다. 거리 풍경은 올드타운과 뉴타운이 확연히 구분되었고, 다양한 벽화가 과거 화려했던 시절을 보여주고 있었다. 우리는 피츠버그가 한눈에 내려다보이는 마운틴 워싱턴에 잠시 주차했다.

"경치가 아주 멋진데, 우리 여기서 김치축제에 보낼 영상편지나 촬영할까?"
우리는 그해 10월에 광주에서 열리는 세계김치문화축제에 홍보대사로 위촉되었고, 참석하지 못하는 대신 축제의 성공을 기원하는 영상편지를 촬영하여 보내기로 되어 있었다. 우리는 잠시 풍경을 감상하고 나서 조리복을 차려입고 촬영준비를 했다.

그때 김치버스를 세워두었던 자리 뒤쪽에 있던 맨션에서 한 할아버지가 절뚝거리며 나왔다.

"김치! 아이 노우 김치, 아이 해브 김치!"

혼자 살고 있다는 팬슨 할아버지는 냉장고에서 김치가 떨어지지 않게 사다 놓고 먹는다며 우리에게 자랑하듯 말했다. 우리는 왠지 흐뭇한 기분이 되었다. 역시 미국에는 한국에 대해 알고 있는 사람도, 한국을 방문했던 사람도, 한국인 친구가 있는 사람도 많았고, 한국음식에 관심 있는 사람도 많았다. 마침 김치가 떨어졌다는 팬슨 할아버지의 집에 가보니 냉장고는 김치냄새가 배어 있었고, 깨

비어 있는 김치병을 들고 환하게 웃으시던 팬슨할아버지

마운틴 워싱턴에서 내려다본 피츠버그 시의 전경.

끗하게 씻어둔 빈 유리병에도 '김치'라고 적혀 있었다.

"할아버지, 우리가 빈 병에 김치를 채워드릴게요. 전에 드시던 김치보다 훨씬 맛있을 거예요."

워싱턴 DC 김치축제를 마친 지 얼마 되지 않은 김치버스 냉장고는 갓김치, 배추김치, 묵은지 등이 가득 채워져 있었다. 우리는 할아버지의 빈 병에 잘 익은 배추김치를 가득 담아주었다. 할아버지는 그 보답으로 우리에게 피츠버그 시내 여기저기를 보여주었고 그곳 조리학교에 가서 우리를 소개하기도 했다. 할아버지는 과거에 신문기자로 일했던 터라 아는 곳이 많은 듯했다.

오후가 되어 우리는 피츠버그를 떠나 클리블랜드로 향했다. 사람들은 김치버스를 보고 신기해서 말을 걸어오고, 우리가 김치를 설명하다가 새로운 인연이 생기는 일도 종종 있었다. 팬슨 할아버지를 만난 것은 우리에게 일상적인 사건의 하나였다.

하지만 그로부터 닷새가 지나 팬슨 할아버지가 내게 보낸 이메일은 우리의 만남을 특별한 인연으로 기억하게 했다. 제목도 없는 메일에 할아버지는 '피츠버그를 방문해줘서 고맙네. 나도 김치를 만들었네.'라고 짧은 소식을 전했다. 그리고 김치 재료를 한자리에 가지런히 세워두고 찍은 사진도 첨부되어 있었다. 이틀 후 팬슨 할아버지가 보낸 두 번째 이메일에는 작은 병 두 개에 나누어 담은 김치 사진이 첨부되어 있었고, 병에는 'Mt. Washington에 사는 팬슨의 김치'라는 귀여운 이름표도 붙어 있었다.

김치버스에 호기심을 느끼는 사람들은 결국 김치에 관심을 보이게 된다. 거기서 한 걸음 더 나아가 김치를 직접 만든 팬슨 할아버지의 열정은 우리가 맡은 일을 잘해나가고 있다는 증거였고, 앞으로 더 열심히 하라는 격려였다. 피츠버그에 다시 한 번 들를 수 있다면 할아버지의 김치를 맛보고 싶다는 생각이 들었다.

피츠버그 다음 도시는 클리블랜드와 디트로이트였다. 늘 그랬듯이 지도를 펴고 이름으로 알고 있는 대도시를 선으로 그어 정한 순서였다. 실제로 캐나다의 조지 브라운 칼리지(GBC)에서 예정된 행사 이전에 특별한 계획은 없었다. 디트로이트를 방문한 이유는 향후 귀국 일정 때문이었다.

미국은 비자 문제가 러시아만큼이나 까다로운 나라였고, 관광 비자가 없는 승민이와 석범이는 7월 3일 입국일로부터 미주 지역에서 90일밖에 체류할 수 없었다. 2008년 알래스카에 갈 때 받아둔 내 관광 비자는 6개월 스탬프를 받았지만, 셋이 함께 다니지 못한다면 의미가 없었기에 있으나 마나 한 상태였다. 프랑스에서 배로 오는 김치버스를 50일이나 기다리다 보니 미국 서부에는 갈 수 없는 상황에 놓였다. 김치버스를 찾고 나서 비자 기간이 40일밖에 남지 않은 상태에서 20일을 기다려 워싱턴 김치축제를 마치면 우리에게 남은 시간은 고작 20일이었다. 무의미한 횡단을 시도할 수도 있었지만, 그러고 나면 캐나다 서부밖에 갈 곳이 없었고, 400일은커녕 350일 만에 귀국해야 할지도 모르는 상황이었다. 우리는 미국 동부와 중부에서 최대한 90일을 채우고 캐나다로 넘어가 동부 끝에서 시작하여 서부로 횡단하면서 400일을 채울 작정이었다.

하지만 캘리포니아는 역시 버리기 아쉬운 카드였다. 그래서 비자를 연장할 수 있는지 알아보기 위해 디트로이트 국경으로 향했다. 많은 사람이 안 된다고 했지만, 직접 가서 물어보니 얘기가 달랐다. 미국에서 90일간 체류하고 나서 캐나다나 멕시코 국경을 넘어갔다 돌아와도 미국 비자는 연장할 수 없다고 들었지만, 디트로이트 국경에서는 3개월간 미국에서 체류하고 캐나다에서 한 달 정도 지내다가 미국으로 재입국하면 체류기간이 다시 3개월 연장된다고 했다.

무조건 안 된다는 말만 듣고 포기할 것이 아니라 직접 부딪쳐보면 생각이나 상식과는 다른 상황이 펼쳐지는 것은 김치버스 프로젝트를 진행하면서 매번 확인한 사실이었고, 이번 역시 그랬다. 우리는 왠지 모를 뿌듯함을 느끼며 디트로이트를 벗어나 미시간 호수를 거쳐 시카고로 향했다. '바람의 도시 시카고'라는 명성에 걸맞게 미시간 호숫가를 돌아 시카고로 향하는 동안 김치버스는 무시무

비자 연장을 위해 입국한 미국과 캐나다의 국경. 정말 살벌한 곳이다

시한 바람을 맞았다. 시카고로 향하게 된 이유도 그저 지도를 펴고 이름 알고 있던 도시였기 때문이었을 뿐, 특별한 일정은 없었다. 단지 '시카고'라는 뮤지컬의 배경이 된 도시에 대한 호기심도 있었고, 중학생 시절 선망의 대상이었던 마이클 조던이 속했던 시카고 불스의 경기장에도 가 보고 싶었다.

늘 그렇듯이 아무런 계획 없이 대도시에 가면 막막하긴 하다. 대도시일수록 김치버스 같은 큰 차량은 접근하기가 쉽지 않고, 뭔가 해보려고 하거나 어디를 찾아가려고 해도 시내 주행과 주차가 늘 골칫거리였다.

그렇게 특별한 계획 없이 찾아간 시카고에서 우리는 반가운 초대를 받았다. 시카고에 사는 페이스북 친구 조디 신이 우리가 시카고에 온다는 소식을 들었다며 집으로 초대했다. 온라인에서 알게 된 사람의 초대는 쉽지 않다. 그가 기대하는 모습과 다른 우리를 보고 실망을 주고 싶지 않기 때문이다. 조디는 우리가 시카고에서도 당연히 김치 홍보행사를 하리라고 기대하고 있었기에 초대에 선뜻 응하기가 조금 망설여졌다. 그러나 내게는 새로운 사람을 만나면 예상하지 못했던 상황이 전개되리라는 막연한 믿음이 있었다. 그런 믿음은 때로 무모하고 어리석어 보이기도 하겠지만, 오랜 여행에서 얻은 경험의 산물이었다.

조디 누나는 우리가 여행하면서 방문했던 집과는 달리 대저택에서 남편인 대우 형과 함께 살고 있었다. 내가 '누나', '형'이라고 불렀지만, 사실 나이로 봐서 두 분은 부모님뻘 되는 분들이었다. 그렇지만 어렵지 않게 '형'이나 '누나'라고 부른 것은 그들이 그렇게 불러주기를 원했기 때문이기도 하지만, 그만큼 젊게 살고 있었기 때문이다.

우리가 불쑥 찾아왔음에도 형은 지인들에게 전화를 걸어 김치버스의 행사 장소를 섭외해주었고, 누나도 다음 날 하루를 온전히 우리에게 할애했다. 그곳에서 지낸 이틀간, 무기력했던 우리는 신선한 자극을 받았다. 첫날, 낯선 사람끼리

바람의 도시, 시카고의 스카이라인

만나 분위기가 어색할 수도 있었지만, 형과 누나의 지나온 삶 이야기를 들으면서 분위기는 금세 친밀해졌고, 두 사람의 도전과 열정, 늘 젊은 마음을 충분히 느낄 수 있었다. 즐겁고 행복하게 살고 있는 것 같았기에 메말라가는 내 모습과 더욱 대조되는 듯한 기분이었다.

여행을 60일 남겨둔 시점에서 우리는 새로운 도전을 꺼리고 있었다. 2006년 무전여행을 할 때에도 처음에는 '여행하다 죽어도 좋다'고 생각했는데, 5개월간 다양한 경험을 하고 좋은 사람들을 만나다 보니 몸을 사리게 되었고, 유럽 친구들이 위험하다며 만류하던 불가리아 여행을 포기하고 말았다. 당시에 나는 바로 그런 상태에 있었다. 어느 정도 성과를 냈고, 잘해왔다는 생각이 드는 순간, 처음의 도전정신을 잊어버리고 지금까지 해온 것들을 지키기 위해 몸을 사리게 된다. 도전을 시작하기는 쉬워도, 계속하기는 어렵다. 퀴즈쇼를 봐도 처음에 문제를 맞히고 다음 단계에 도전해서 틀렸을 때 그때까지 확보한 상금을 모두 잃게 된다면 도전하기가 쉽지 않은 것처럼 우리는 마치 말년 병장처럼 몸을 사리고 있었던 것이다. 그런 시기에 조디 누나와 대우 형이 치열하게 도전하며 열정적으로 살아가는 모습을 보는 순간, 나 자신이 부끄럽게 느껴졌다.

안주하지 않는 삶, 새로운 도전, 젊게 살기…. 나는 가슴 깊이 새긴 형과 누나의 조언에 대한 고마움의 표시로 내가 쓴 책『26euro』을 선물로 주었다. 그 책은 여행 떠나며 친구들에게 보여주겠다고 챙겼던 것으로 출판사에서 초판을 인쇄하기 전 최종 검토를 위해 저자에게 준 가책이었다. 나는 그 책의 면지에 첫 책을 받아든 심경을 적어놓았고, 사실 누구에게도 선물할 생각은 없었던 게 사실이었다.

첫날 저녁의 샴페인과 레드와인 세 병, 산삼주는 순식간에 바닥났다. 다음 날 갑작스럽게 섭외한 행사도 성공적으로 마쳤다. 우리는 김치전 100인분을 외

한식을 좋아하는 외국인들이 많이 찾는 H mart 앞에서 행사준비중인 김치버스팀

국인들에게 나누어주었고 세 군데 언론사에서 우리 행사를 취재하고 돌아갔다.

아무런 일정이 없었던 시카고에서 김치도 홍보하고, 관광도 하고, 나이보다 훨씬 젊게 사는 열정적인 두 사람도 만났다. 그리고 우리는 그날, 새로운 도전에 대한 결의를 마음속에 새겼다. 시카고에 오지 않았더라면, 조디 누나의 초대를 부담으로 여겨 거절했더라면, 아마도 우리는 시카고 근처 어느 대형 마트 주차장에서 컴퓨터나 붙잡고 의미 없이 시간을 허비했을 것이다.

뉴욕에서 한가롭게 시간을 보내고 있을 때 토론토에 산다는 희문이 형이 페이스북을 통해 연락했다. 그는 캐나다에서 조리학의 명문으로 알려진 조지 브라운 칼리지(GBC)의 호텔조리과를 졸업했으며 토론토의 리츠칼튼 호텔에 요리사로 근무하고 있었다. 형은 김치버스가 토론토에 온다면 적극적으로 행사를 돕겠다는 의사를 전했다. 물론 우리는 그의 제안을 환영했지만, 그 '도움'이라는 것이 지나칠 정도로 열정적이어서 때로 귀찮을 때도 있었다.

처음 서로 연락이 닿았던 시기는 7월이었고, 우리가 토론토에 가기로 예정된 시기는 10월이었다. 그 3개월 동안 상상하기 어려울 정도로 많은 메일을 주고받았다. 우리는 토론토에서도 이전과 다름없이 하면 된다는 안이한 생각을 하고 있었는데, 그는 달랐다. 엘리자베스 여왕의 영국왕실 조리장을 역임한 GBC의 존 히긴스 총장에게 김치버스에 관한 언론 보도자료들을 직접 번역해서 보여주고 학교에서 최대한의 도움을 받아냈다.

행사의 규모, 진행 방법, 메뉴 하나하나를 꼼꼼하게 신경 쓰는 그의 모습은 가히 '광적'이었다. 메뉴를 선정하는 것부터가 일이었다. 캐나다 사람들은 풍부한 맛과 바삭한 식감을 즐긴다면서 자신이 생각한 메뉴를 제시했고, 그렇게 그의

미국과 캐나다를 이어주는 앰배서더 브릿지

주도로 메뉴가 확정되었다. 재료의 구매도 행사 두 달 전인 8월에 이미 결정되어 있었다. 그가 사는 지역에 있는 한인마트에 김치버스를 소개하고 저렴한 가격에 식자재를 구매할 수 있게 조치해두었던 것이다. 김치버스를 세워둘 주차장의 관리인에게도 미리 통보했고, 자기가 사는 집의 주인에게 부탁하여 비어 있는 방을 빌려두었다.

그가 그렇게 상세한 메일을 보내올 때마다 나는 감탄할 수밖에 없었다. 대체 이 열정은 어디에서 오는 걸까. 호텔 요리사로 일하느라 정신없이 바쁠 텐데 시간은 어떻게 낸 걸까. 그가 주도면밀한 계획을 담은 메일을 보내오면 나는 그저 '네, 그렇게 하죠. 네, 그것도 좋겠네요.'라는 답변만 보냈다. 내가 신경 쓸 일이 정말 단 한 가지도 없었다. 희문이 형과의 만남은 그렇게 세 달 동안 이어진 열정적인 메일 덕분에 더 큰 기대를 품게 했다.

    10월 1일, 우리는 토론토에 도착했다. 희문이 형이 적어준 주소로 찾아가 차를 세우고 기다렸다. 밤 11시, 멀리서 우리를 향해 걸어오는 동양인이 보였다. 이발소에 다녀온 듯이 짧은 스포츠머리에 십여 년 전 잠시 유행한 브랜드의 운동복을 입고 늘어진 가방을 멘 것이 요즘 찾아보기 어려운 모습이었다. 평소에는 걸어 다니지만, 오늘은 일이 늦게 끝나는 바람에 지하철을 타고 왔다고 했다.

    그의 좁은 방에는 그동안 주고받은 메일에서 느껴지던 열정이 고스란히 담겨 있었다. 한쪽 벽에 세워둔 책장에는 구하기 어려운 조리서적부터 최신 트렌드를 주도하는 셰프들의 책이 가득 꽂혀 있었고, 다른 쪽 벽의 선반은 수비드(진공저온조리법)에 필요한 순환식 항온기, 훈제 향을 입히는 스모킹건, 만돌린, 독일제 커터 등 다양한 조리기구로 가득 차 있었다. 방 전체가 요리연구실이라고나 할까.

    '이 사람은 진짜구나. 정말 요리에 미쳤구나!' 하는 생각이 들었다. 처음 만났을 때 그의 가꾸지 않은 외모를 보고 놀랐는데, 알고 보니 외모나 옷차림 따위에 신경 쓸 시간이 없는 사람이었다. 그럴 시간이 있다면 요리를 더 연구하고 공부할 것이 분명한 열정적인 요리사였다.

    행사 일에 맞춰 휴가까지 낸 희문이 형이 있었으니, 조지 브라운 대학 행사는 걱정할 것이 없었다. 아침부터 조지 브라운 대학 학생 세 명과 희문이 형, 그리고 우리 셋은 300인분의 요리를 만드느라 분주히 움직였다. 김장 담그기 시연을 위해 재료를 따로 준비하고, 해물김치전을 부치고, 새로운 스타일의 미니버거와 김치아란치니도 만들었다. 희문이 형의 치밀한 계획에 따라 음식을 만들고, 적절한 도구를 사용하고 동선을 조정하지 않았다면 정해진 시간에 그 많은 양의 음식을 해내기 어려웠을 것이다. 실제로 그는 누구나 함께 일하고 싶은, 아주 성실하

토론토 GBC에서의 행사는 완벽했다. 동선이며, 영상이며, 음식들과 참여 학생들까지 모든 것이 희문이 형의 준비 덕분에 완벽할 수밖에 없었다

고 열정적인 요리사였다.

　　12시부터 시작한 행사에는 300여 명 학생의 줄이 끊이지 않았고, 히긴스 총장님과 셰프 리를 비롯하여 학교에 소속된 셰프들은 우리가 준비한 음식을 계속 먹고, 요리에 대해 물으며 우리 주변을 떠나지 않았다. 레시피 문의가 쇄도했고, 어디에서 한국음식을 먹을 수 있는지 물어왔다. 우리가 만든 음식은 대부분 퓨전이었지만, 김치 고유의 맛이 그들을 사로잡은 듯했다. 뿌듯하게 마무리된 행사였다.

　　오후에 다시 일하러 가야 했던 희문이 형과 작별하고, 토론토에서 정신없이 보낸 나흘이 그렇게 끝났다. 지난 3개월간 토론토 행사를 준비하면서 그토록 꼬치꼬치 모든 것을 묻고, 사소한 결정마저도 채근하던 희문이 형의 메일이 귀찮을 때가 많았는데, 이렇게 행사가 끝나고 나니 마음 한구석이 텅 빈 듯 허전한 기분이 들었다. '이럴 줄 알았더라면 희문이 형에게 좀 더 성의 있게 답장을 보낼걸, 우리도 더 많이 생각해서 더 멋진 행사를 기획할걸…' 하는 생각도 들었다.

　　나는 뒤늦게 희문이 형에게 이런 편지를 썼다.

　　"주객이 전도되었다는 생각이 들 정도로 김치버스 행사에 열정적인 도움을 준 희문이 형, 그땐 정말 고마웠어요. 행사뿐 아니라 형의 집에서 머물게 해준 것, 우리가 온다고 새로 산 슬리퍼 세 켤레, 캐나다에 오면 마셔봐야 한다며 사준 팀 홀튼(Tim Holten) 커피, 한국의 원조보다 더 맛있다며 토론토 한국식당에서 사준 북창동 순두부, 아침부터 든든히 먹고 요리해야 한다며 바쁜 시간 쪼개어 만들어준 수비드한 소고기와 로즈메리 매시드 포테이토…. 하나하나 모두 고마웠어요. 그렇게 즐겁게 요리했던 적이 정말 몇 번 안 되는 것 같아요. 고마워요. 요리하는 것이 그렇게 즐거운 일이라는 걸 다시 알게 해줘서."

잠시만 관광객

김치버스는 '금녀(禁女) 구역'이었다.

여행을 떠나기 전부터 김치버스 프로젝트에 참여하고 싶다고, 김치버스에 잠시라도 타 보고 싶다고 찾아온, 능력도 있고 역마살도 낀 여자들이 제법 있었지만, 나는 '김치버스에 여자는 들어올 수 없다.'는 원칙을 세웠다. 남성우월주의라든지 마초증후군 같은 성적 편견이나 차별의 문제가 아니라 '장기여행'이라는 독특한 조건 때문이었다. 400일간 좁은 차 안에서 남자와 여자가 함께 생활하며 여행한다는 것은, 나로서는 상상할 수 없는 일이었다. 옷을 갈아입는 문제도 그렇고, 자고, 씻는 문제도 그렇고, 의견충돌이 있을 때나 육체적으로 힘든 일이 있을 때 생기는 불편과 갈등은 여럿이 함께하는 장기여행을 실패로 끝나게 하는 원인이 될 수 있었다. 남자와 여자의 차이점은 비좁은 공간에서 함께 생활하며 여행할 때 극명하게 드러나게 마련이었다. 게다가 김치버스의 가장 적합한 탑승 인원은 세 명이었는데, 여자 둘에 남자 하나도, 남자 둘에 여자 하나도 편하지 않은 구성이었다. 그런데 이처럼 엄격하게 세운 내 원칙을 깨고 금녀의 구역 김치버스에서 일주일간 함께 지낸 여자가 있었다.

그 여자는 뉴욕에서 우리를 만나보고 싶다는 메시지를 보낸 진아 누나였다.

패션을 전공한 진아 누나는 한국에서 머천다이저로 일하다가 재도약을 위해 뉴욕에 공부하러 온 상태였는데, 김치버스를 알게 되어 궁금증을 느끼고 연락을 했단다. 내게 메시지가 왔기에 살짝 '튕겼'더니, 누나는 덜 바쁜 팀원이 있으면 아무나 한번 만나서 얘기해보고 싶다고 말할 만큼 저돌적이었다.

사실 그때 나는 일정 때문에 누나와의 만남을 회피했던 것이 아니라 뉴욕까지 가는 차비를 아끼려고 그랬던 것인데, 그토록 당당하고 적극적인 요청을 거절할 수 없어 우리는 뉴욕에서 만나기로 했다. 어색하지도, 어렵지도 않았던 첫 만남 이후 우리는 두 번 정도 더 만났다. 뉴욕을 떠날 즈음 누나와 작별인사를 나누려고 만난 세 번째 자리에서 누나는 휴가를 얻었다며 김치버스의 캐나다 동부 일정에 잠시나마 합류하고 싶다고 말했다.

갑작스러운 일주일간의 동승 제안에 나는 당황했다. 짧은 일정이지만 서로 불편한 상황이 벌어질 것은 불을 보듯 뻔했다. 누나는 관광객이니 가고 싶은 곳, 보고 싶은 것, 먹고 싶은 것도 많겠지만, 우리는 김치홍보 프로젝트 여행을 하고 있으니 관광지를 둘러보며 시간을 보낼 수 없었다. 게다가 우리 셋이 있을 때에는 어디를 가든 차를 세워두고 잠을 잘 수 있지만, 누나가 동승한다면 밤에 숙소를 찾아줘야 하고 다시 태워서 이동해야 하는 등 번거로운 일이 많을 듯싶었다.

하지만 이성보다 감성이 앞설 때가 있다. 고국으로 돌아갈 날이 얼마 남지 않은 시점에서 우리는 출발 전의 비장함, 긴장감에서 많이 벗어나 여유를 보이며 분위기에 휘둘리는 느슨한 상태가 되어 있었다. 즉석에서 우리 셋은 투표로 결정하기로 했다. 승민이는 찬성, 석범이는 반대. 결정은 내 한 표에 달려 있었다.

예전에 돈을 내고 방학 동안만 김치버스에 합류하고 싶다는 남학생이 있었다. 우리가 러시아에서 한창 예산에 쪼들리던 시기에 그런 제안을 받았기에 잠시 흔들렸던 것이 사실이다. 그가 제안한 2~3,000만 원은 뿌리치기 어려운 유혹이

단풍 시즌의 끝물, 날씨가 좋진 않았지만 덕분에 한적한 캐나다의 자연을 마음껏 즐길수 있었다

었던 만큼 꽤 깊이 고민한 끝에 거절했다. 김치버스는 학생들이 방학 때 한번 해보는, 부담 없는 체험 프로그램이 아니라 우리의 꿈이었고 도전이었다. 그러나 이제 우리에게 필요한 것은 그 시절의 자존심이나 비장함보다는 적당한 휴식과 새로운 분위기라는 생각이 들었다. 긴 여행에 지치기도 했고, 매일 셋이 24시간 붙어 있다 보니 대화도 별로 없었다. 우리는 누나와 일주일간 캐나다 동부를 함께 여행하기로 했다.

10월 9일, 몬트리올 공항에 도착했다. 누나와 함께하는 일주일간 우리는 김치홍보의 짐을 내려놓고 관광객이 되기로 했다. 가 보고 싶은 곳에도 가 보고, 가이드북에 나오는 맛있는 음식도 먹어 보면서 350일 만에 우리에게 휴가를 주기로 했던 것이다. 남자들만 있던 공간에 여자가 합류하니 분위기도 많이 달라졌다. 서로 좀 더 배려하게 되어 갈등과 화도 줄었고 게으름도 사라졌다.

몬트리올의 유명한 스모크비프샌드위치와 비버테일 같은 맛있는 음식도 먹고, 유럽풍의 올드 하버, 퀘벡의 캠핑장, 단풍이 세계 최고 수준이라는 로렌센의 몽트램블랑 주립공원, 토론토 시내, 나이아가라 폭포 등 갈 수 있는 데까지 대부분 관광지를 둘러봤다. 그 덕분에 여유 있게 산책하며 사진도 많이 찍었고 서로 이야기도 많이 나누게 되었다.

금녀의 구역에 여자가 들어왔고, 김치홍보도 버려둔 채 관광만 했던 일주일은 우리에게 꼭 필요한 시간이었다. 그동안 우리는 김치버스가 사람들에게 어떻게 인식되는지를 신경 쓰며 '놀러왔다'는 인상을 주지 않으려고 조심했다. 우리의 진정성을 알리고 싶었고, 어려운 상황에서도 열심히 노력하는 모습을 보여주고 싶었다. 하지만 그보다 더 중요한 것은 이 일을 하고 있는 '우리' 자신이었다. 우리가 즐거워하고 재미를 느껴야 하지 않을까. 의무적으로 만드는 음식이나 숙제처럼 하는 홍보가 아니라, 정말로 좋아서 요리하고, 즐거워서 홍보하는 것이 무엇보다 중요하지 않을까…. 우리에게는 잠시 쉬어갈 시간이 필요했고, 누나와 함께했던 일주일이 바로 그런 시간이었다.

인터넷 포털의 검색창에 '김치버스'를 입력하면 연관 검색어로 '비빔밥 유랑단'이 뜬다.

많은 사람이 두 가지 프로젝트를 헷갈릴 정도로 김치버스와 비빔밥 유랑단은 프로젝트는 취지도 서로 닮았다. '전 세계를 여행하며 시식행사를 통해 한국음식을 전 세계에 알린다.' 그러나 음식의 종류도 다르고 여행하는 방식도, 예산도, 인원도 다르다.

비빔밥 유랑단과의 인연은 김치버스 기획단계로 거슬러 올라간다. 아무래도 기획의 성격이 비슷하다 보니 주변에 알음알음 이야기가 들려왔다. 특히 당시 비빔밥 유랑단의 후원사였던 레저업체 밀레에 다니던 친구 희종이가 이런저런 정보를 전해주었고, 그것은 김치버스 기획에 큰 자극이 되기도 했다. 유명한 한국 홍보전문가 서경덕 교수가 단장으로 있는 비빔밥 유랑단 팀은 다섯 명이 자비를 털어(물론 일부 후원도 있었다.) 여행을 떠난 대단한 프로젝트였다. 당시에 돈도, 후원사도, 유명한 단장도 없이 적수공권으로 기획서를 만들던 나는 괜한 상실감마저 들어 더욱 매진했던 기억이 새롭다. 그랬던 비빔밥 유랑단이 어느새 8개월의 여정을 마치고 돌아와 2기를 준비해서 다시 출발한다는 소식은 충격적이었다. 대체 그런 추진력이 어디에서 나오는지 궁금해서 관계자들을 한번 만나보고 싶었다.

비빔밥 유랑단 2기의 팀장 상균이 형은 1기에 이어 잔류하고, 나머지 팀원들은 선발을 통해 구성되었는데, 그중 한 명이 우리와 같은 대학 같은 과 후배인 영주였다. 우리는 영주를 통해 비빔밥 유랑단과 교류를 시작했다. 영주는 이미 유럽 일정을 진행하던 우리에게 현지 상황을 자주 물었고 두 팀은 서로 정보를 교환했다. 우리뿐 아니라 비빔밥 유랑단 팀도 우리를 만나고 싶어 했다. 상균이 형과 나는 온라인으로만 아는 사이였고 묘한 거리감이 있었는데 비슷한 일정 덕분에 캐나다 위니펙에서 만날 수 있었다. 위니펙은 너무도 생뚱맞은 장소였지만, 일정상 우리가 만나기에는 최적의 장소였다. 비빔밥 유랑단은 미국 서부 일정을 마치고 동부로 이동하는 중이었고, 김치버스는 캐나다 동부에서 서부로 이동하는 중이었다. 두 팀은 다른 도시에서 만날 수도 있었지만, 우리가 비자 문제로 캐나다에서 한 달을 보내야 했기에 비빔밥 유랑단은 우리와 만나 공동으로 한식행사를 진행하기 위해 2,000킬로미터를 달려 캐나다 국경을 넘어왔다.

10월 말인데도 날씨가 서울의 한겨울 같은 위니펙, 이곳은 겨울에 기온이 영하 30도까지 내려가는 맹추위와 눈보라로 유명한 곳이라고 한다. 그래서 보닛에는 플러그가 튀어나와 있고, 주차장에는 콘센트들이 준비되어 있다. 세워둔 차의 엔진이 얼지 않도록 전기를 공급해 주는 것이다. 살다 보니 이런 추운 곳에도 와보나 싶었다. 한마디로 신기한 도시였다. 비빔밥 유랑단보다 먼저 위니펙에 도착한 우리는 김치 다큐멘터리를 제작하는 프로덕션 팀을 만나 이틀간 촬영을 마친 상태였고 드디어 말로만 듣던 비빔밥 유랑단 팀을 만나게 되었다.

비빔밥 유랑단은 덩치도 인상도 묵직한 상균이 형, 과묵하고 진지한 분위기의 성엽, 후배 영주와 지애, 그리고 막내 아연이까지 다섯 명이 팀을 이루고 있었

비빔밥 유랑단을 만나기 전에 만난 다큐멘터리 촬영팀

학생회관에서 단연 인기 최고였던 비빔밥 유랑단과의 행사

1. 지르니까 청춘이다   2. 고난의 행군   3. 김치버스 르네상스   **4. 새로운 도전, 북미**   5. 궁금해하는 모든 것

다. 지애는 미국 서부와 영국 일정을 마치고 자우가 떠나자, 뒤늦게 합류한 우리 과 후배였다. 위니펙에 머무는 5일간 우리는 유랑단 팀이 알고 있는 현지 한인 목사의 소개와 지원으로 한국 교민이 운영하는 작은 호텔 방 두 개를 빌려 함께 숙소를 사용하게 되었다.

첫날의 어색함은 역시 한잔 술이 녹여버렸다. 서둘러 도착하기 위해 저녁도 거른 비빔밥 유랑단 팀에게 우리가 묵은지로 김치찌개를 끓여주면서 흥겨운 만남이 시작되었다. 우리가 지나온 여정, 그들이 경험한 일들을 모두 풀어놓기에 하룻밤은 너무 짧았다. 첫날 대화하면서 느낀 점은 두 팀이 매우 다르다는 사실이었다. 1기의 경험을 자산으로 삼은 2기 비빔밥 유랑단은 프로젝트 수행에 매우 충실해서 일과 여행의 경계가 분명하게 나뉘어 있었다. 그들은 행사 이외의 시간에는 자유롭게 보내며 여행도 즐겼지만, 우리는 경계가 모호한 자유로운 여정을 계속해온 셈이었다. 우리는 서로 경험을 나누며 많은 것을 느끼고 깨달았다.

다음 날부터 우리는 행사장소를 찾아 나섰다. 추진력이 강한 상균이 형은 야외에서라도 행사를 강행하려고 했지만, 일주일째 오락가락하는 비와 추운 날씨, 드센 바람 때문에 나는 실내를 고집했다. 우리는 몇 차례 접촉했던 매니토바 대학교에 찾아가고 교민들에게 도움을 청하는 등 바쁘게 시간을 보냈다. 영어가 유창한 아연이와 상균이 형의 추진력 덕분에 결국 매니토바 대학교에서 학생들이 가장 많이 모이는 장소를 빌리게 되었다. 행사장소에 대한 걱정도 덜었고, 한인교회 주방을 빌려둔 덕에 음식준비도 문제없었다.

행사 당일 아침부터 비빔밥 유랑단 팀은 능숙하게 음식을 준비했고, 교회가 오래된 건물이라 갑자기 전원이 나가버려 밥을 몇 번이나 다시 지은 수고를 빼고는 모든 것이 완벽해보였다. 우리도 김치햄버거와 김치를 열심히 만들었다. 비빔밥 자체가 이미 한 끼 식사로 충분했기에 버거는 작게 만들고, 김치는 재료를 보여주고 현장에서 직접 만드는 과정을 시연할 생각이었다. 물론 행사는 성공적이었다. 음식이 떨어질 때까지 학생들의 행렬은 끊이지 않았고, 행사를 마치고 정리할 때까지도 한식에 대해 묻는 학생들이 많았다. 우리로서는 비빔밥 유랑단에게 많은 것을 배운 행사였다.

비빔밥 유랑단과 함께 보낸 닷새 동안 우리는 생각했던 대로 그들이 대단한 친구들이라는 것을 알게 되었다. 그들을 더 일찍 만났더라면 김치버스가 어떻게 얼마나 달라졌을까. 우리가 머물던 한인 호텔에 민폐만 끼치지 않았더라면 완벽한 시간이었다. 사실, 우리는 매일 저녁 파티를 했고, 그때마다 외국인 손님들이 음식 냄새 때문에 불만을 토로했던 것이다. 첫날은 방 안에서 음식을 만들었으니 그렇다 쳐도, 다음 날부터는 주차장에 세워둔 김치버스에서 요리를 했는데도 불평은 계속 이어졌다. 그리고 마지막 날에는 욕실에서 설거지를 하다가 욕조에 홈집을 내면서 우리의 민폐는 절정에 달했다. 결국, 주인아저씨에게 '앞모습만 생각하지 말고 뒷모습도 생각하라.'는 따끔한 훈계를 들었다. 그러나 지나고 보면 그것도 즐거운 추억이었고, 비빔밥 유랑단과의 만남은 우리에게 깊은 의미를 남겼다.

그리고 나중에 일어난 일이지만, 그때의 인연으로 승민이는 김치버스 일주를 마치고 비빔밥 유랑단 3기가 되어 미국 전역을 누비고 돌아왔다.

힐링 국립공원, 옐로스톤과 그랜드캐니언

10월 25일, 우리는 추위에서 벗어나 남쪽으로 달리고 있었다. 캐나다에서 한 달을 채우지는 못했지만, 더 있다가는 차에서 얼어 죽을 것만 같았다. 우리의 목표는 캘리포니아 LA까지 가장 빠른 길로 가는 것이었다. 이제는 행사를 진행할 시간도, 머물고 싶은 곳도 없었다. 위니펙을 벗어난 지 한 시간 만에 도착한 미국 국경에서 우리는 차를 세우고 절차에 따라 대기실로 이동했다. 얼핏 봐도 제3세계 사람들만 모여 있는 대기실에는 알 수 없는 긴장감이 감돌고 있었다. 다들 어두운 표정으로 자기 나라 언어로 이야기를 나누고 있었다. 디트로이트 국경에서 이미 확인했지만, 한 달을 채우지 못한 우리 역시 긴장한 것은 사실이었다. 입국 심사관의 재량에 달린 일이 많기에 혹시라도 문제가 생길까 봐 몹시 걱정스러웠다. 그러나 한 시간이 채 지나지 않아서 우리는 여권에 새로운 90일의 비자 스탬프를 받고 풀려났다.

캘리포니아로 향하는 길에는 우리를 유혹하는 대자연이 있었고 우리도 그 장관을 마다할 이유는 없었다. 국경을 넘어서니 마음이 한결 가벼워졌다. 우리가 가는 길은 옐로스톤 국립공원과 그랜드캐니언 국립공원, 브라이스캐니언 국립공원, 자이언 국립공원, 네바다의 라스베이거스 등 그동안 꿈꾸었던 미국의 광활

한 자연과 인상적인 풍경을 맘껏 즐길 수 있는 루트였다. 동부와 중부의 대도시와 아스팔트로 포장된 고속도로만 달리다가 오랜만에 기대되는 드라이빙 코스에서 우리는 하루라도 더 자연을 즐기기로 했다.

행사 후에 남은 삼겹살과 햄버거 패티, 오이소박이 등을 먹어치우며 달린 지 3일이 지났다. 며칠 동안 추위에 떨었더니 옐로스톤이고 뭐고 곧바로 캘리포니아로 직행하고 싶었지만, 그곳은 우리가 택한 경로의 길목에 자리 잡고 있었다. 내년이면 문을 닫는다는 소문을 몇 년째 우려먹고 있다는 옐로스톤 국립공원, 길이 얼어붙어 일부 구간은 출입을 통제하고 있었는데 다행스럽게도 우리가 가는 길에는 큰 위험이 없었다. 알래스카의 데날리 국립공원과 랭겔 세인트 국립공원, 그리고 샌프란시스코 근처의 요세미티 국립공원을 돌아본 경험이 있기에 미국의 국립공원이 크다는 것은 잘 알고 있었다. 옐로스톤은 그곳보다 규모가 훨씬 작았지만, 이틀은 둘러봐야 어느 정도 윤곽을 파악할 정도로 넓은 곳이었다.

첫인상은 터키의 파묵칼레나 중국의 신비한 온천지 같았다. 여기저기서 수증기가 솟아오르고 있었고 어떤 온천혈에서는 뜨거운 물이 솟구치기도 했다. 사방이 온통 누런빛을 띠고 회색의 자연 폐허로 변해버린 듯한 느낌이 드는 곳이었다. 살아 있는 화석을 보는 기분이랄까. 미국 최초의 국립공원답게 매우 다양한 모습을 보여주는 옐로스톤은 수십만 년 전 화산 폭발로 형성된 고원지대라고 한다. 수증기와 함께 물을 뿜어대는 간헐천을 포함하여 온천이 1만 군데가 넘는다고 할 정도로 그런 현상은 어디서나 볼 수 있었다. 얼마나 뜨거운지 조심조심 구멍에 손을 넣어보았지만, 생각보다 뜨겁지는 않았다. 그저 따뜻한 정도? 날씨가 워낙 추웠기에 온천욕이라도 하고 싶은 마음이 굴뚝같았지만, 한편으로는 언제 뜨거운 물이 확 뿜어져 나올지 알 수 없어 가까이 가지도 않았다.

우리나라에서는 볼 수 없는 자연경관에 감탄하며 우리는 시간 가는 줄 모르

옐로스톤 국립공원은 곳곳에서 저렇게 증기가 뿜어져나온다. 언제 터질지 모르는 무서우면서도 신비스러운 곳

고 국립공원 곳곳을 돌아다녔다. 페인트처럼 걸쭉한 진흙이 끓는 간헐천도 있었고, 집 마당에 있으면 딱 좋을 자쿠지처럼 신비한 푸른빛을 띠며 부글거리는 온천도 있었다. 하루 이틀 더 머무르면서 야생동물도 보고 싶었지만, 국립공원 안에서는 지정되지 않은 지역에서 숙박이 금지되어 있었고 특별히 예약하지 않은 우리는 하루만 그곳을 둘러보고 떠날 수밖에 없었다.

불빛 하나 없는 도로, 스산한 산골마을에서 하루를 보낸 뒤 헤리티지 하이웨이 89를 달려 이틀 후 그랜드캐니언 국립공원에 도착했다. 워낙 유명한 곳이어서 기대도 컸고 11월이 다 되었지만, 애리조나 주는 제법 남쪽이라 추위가 덜했기에 그곳에서만큼은 하루를 머물기로 했다. 누군가 그랜드캐니언이 가장 아름다운 때는 일출과 일몰 때라고 말해주었던 기억이 났다. 우리는 마침 일몰 때 도착하여 멋진 장면을 놓칠세라 단체 관광객들처럼 재빨리 움직였다. 여유 있게 풍경을 감상하기보다는 해가 지기 전에 정해진 뷰 포인트만을 둘러볼 생각이었다. 후다닥 사진만 찍고 다음 포인트로 이동하려고 했는데 첫 번째 포인트에 도착해 눈앞에 펼쳐진 광경을 보고는 그만 온몸이 굳어버렸다. 사진으로 자주 봤던 곳이라 감흥이 덜하지 않을까 했는데 그 웅장함에 입이 다물어지지 않았다. 자린고비 같은 우리도 경비행기든 헬기든 투어를 하고 싶다는 생각까지 들었으니….

여름에는 위에서 경치만 보는 것이 아니라 아래로 내려가서 트레킹을 하고 하루 캠핑할 수 있는 코스가 있다고 들었는데 충분히 그럴 가치가 있는 곳이었다. 일몰을 기점으로 사우스림의 뷰 포인트만 몇 군데 둘러보고 국립공원을 빠져나와 잠을 잘 생각이었는데 두 번째 포인트를 지났을 때 이미 해는 떨어졌고, 우리는 아쉬운 마음에 일정을 바꿔 주차장에 차를 세워두고 하루를 기다려 일출을 보고 떠나기로 했다. 국립공원에서 예정에 없었던 숙박을 하는 것이 역시 문제였는데, 이곳 주차장에는 캠핑을 할 수 있는지, 아닌지 모호하게 표시되어 있었다.

텅 빈 주차장에 김치버스만 덩그러니 서 있었는데, 우리는 파크 레인저가 찾아와서 내쫓을까 노심초사하며 밤을 보냈다.

늦은 밤, 잠시 공원 화장실로 가다가 발견한 야생 무스. 엘크인가? 어쨌거나, 어둠 속에서 몸집이 우리의 두 배쯤 되는 야생동물이 늠름하게 앞을 지나갈 때 우리는 혼비백산했다. 야생동물을 보호하는 미국의 제도는 배울 점이 많다는 생각이 들었다. 인간이 주인이 아니라 자연을 주인으로 생각하고 도로나 건물, 시설 등을 자연에 해가 되지 않게 연구하고 개발하고 있었다. 그런데 우리는 자연을 관광상품으로 개발하여 수익을 올리려고 혈안이 되어 있지 않은가.

다음 날 아침 해뜨기 직전, 나는 자연스럽게 눈을 떴다. 그토록 기대하던 그랜드캐니언 국립공원의 일출을 보았다. 아침산책이 그토록 신 나고 즐겁게 느껴졌던 적은 없었다. 구름 아래 은은히 펼쳐진 협곡의 단면들은 정말 대단했다. 씻지도 않은 채 일출을 놓칠세라 나온 보람이 있었다.

옐로스톤 국립공원과 그랜드캐니언 국립공원은 위니펙에서 캘리포니아로 향하는 지루한 여정을 알차게 채워주었고, 긴 여행에 지친 우리에게 '힐링'의 효과를 충분히 발휘했다. 미국 동부에서는 경험하지 못했던 자연 속에서 하루를 보내면서 우리가 바로 이런 미국 여행을 꿈꾸고 있었음을 깨달았다. 처음에는 멋모르고 어서 따뜻한 남쪽으로 갈 생각뿐이었는데, 지나고 나니 짧은 일정으로 국립공원들을 스치듯 돌아본 것이 너무도 후회스럽다. 언젠가 자유로워진다면 꼭 한번 다시 찾고 싶다.

김치버스를 한국으로 보내다

우리가 귀국을 준비하던 즈음, 밴쿠버 현대해운에서 메일이 도착했다.

"지난번에 견적을 요청하신 메일에 따르면 귀국하실 때가 된 것 같은데 일정이 어떻게 되는지 궁금하여 연락합니다."

짧은 내용의 메일이었다. 당시 우리는 미국 비자가 연장될지를 몰랐기에 여행의 종착지를 밴쿠버로 정해두었고, 귀국 몇 달 전부터 밴쿠버의 해운회사 몇 군데에 견적을 문의하는 메일을 보내두었던 터였다. 김치버스가 한국으로 운송되는 기간, 가격 등의 답변 메일을 보내주었던 곳 중의 하나가 현대해운이었는데 우리에게서 오랫동안 회신이 없자 고맙게도 먼저 연락해준 것이다. 우리는 짧은 답변을 보냈다.

"신경 써주셔서 고맙습니다. 밴쿠버에서 김치버스를 보내려다 미국 재입국이 가능해져서 LA에서 보내게 되었습니다."

그러자 회신이 왔다.

"저희 회사는 LA에도 지사가 있으니, 필요하면 문의해주십시오."

이렇게 몇 차례 메일이 오갔고, 우리는 다른 운송회사와 가격 차이도 별로 없고, 여러모로 관심을 보인 현대해운에 김치버스의 운송을 맡기기로 했다.

라스베이거스에 들렀다가 다음 날 도착한 LA는 김치버스의 종착지였다. 명성에 걸맞은 캘리포니아의 화창한 날씨는 11월에도 낮에 반팔을 입고 다닐 정도로 따스했다. 우리는 LA 여러 곳을 다니며 쇼핑을 즐겼다. 실제로 귀국 직전 우리의 관심사는 쇼핑이었다. 여행을 떠나며 짐을 정리해 입던 옷도 많이 버린 데다가 의류가 저렴한 미국인지라 400일간 쓰지 않고 있던 돈으로 옷을 사는 데 열을 올렸다. 그제야 정말 한국으로 돌아간다는 기분이 들었다. 김치버스 안은 새 옷으로 가득 찼고, 그 옷가지들을 볼 때마다 여정이 정말 끝나간다는 실감이 났다. 미묘한 감정이었다.

11월 5일, LA의 캘리포니아 주립대학(CSULA)에서 열리는 마지막 행사를 위해 한국문화원에서 미팅을 마치고 현대해운으로 향했다. 이번 역시 유럽에서 미주로 이동할 때처럼 김치버스 안에 있던 짐들을 따로 포장해서 보내야 했지만, 한국으로 배송되는 터라 번거로움은 훨씬 덜했다. 우리 개인 짐은 '드림백'이라는 속칭 '이민가방'에 담았고 나머지 짐들은 박스로 포장되어 우리가 원하는 장소에서 택배로 받을 수 있게 되었다.

이틀 후 짐을 내리러 다시 오기로 하고 우리는 이민가방을 몇 개씩 챙겨 우연히 발견해 아지트로 삼은 롱비치 주변의 카브릴로비치로 이동했다. 해변에 샤워시설도 잘 갖춰져 있고 한적한 길가에 어렵잖게 주차할 수도 있는 최적의 장소였다. 그날 저녁, 우리는 길가에 돗자리를 펴놓고 각자 한국으로 보낼 짐을 챙겼다. 필요 없는 옷과 짐을 버리고, 당장 돌아가서 입을 옷만 배낭에 넣고, 한 달 후에 받을 짐을 구분하는 일은 상당히 성가신 작업이었다. 이민가방에 넣어 배편으로 보내는 짐은 운송비가 저렴했지만, 도착할 때까지 한 달이나 걸렸다. 짐을 배낭과 이민가방에 나누어 담는 동안, 거기 깃든 추억이 하나하나 떠올랐다.

유럽에서 짐을 챙기던 때와는 기분이 많이 달랐다. 이제 짐이 한 곳으로 가는 것이 아니라 각자의 집으로 보내진다는 것이 가장 큰 이유였던 듯싶다. 오랜 시간을 함께했던 짐들이 이제는 뿔뿔이 흩어져 각자가 속한 곳으로 돌아갈 참이었다. 선선히 불어오는 바람, 멀리서 들리는 파도 소리…. 공연히 감정이 솟구쳐 한참 동안 해변을 산책한 뒤에야 짐 정리는 끝났다.

이민가방을 먼저 보내기 위해 다시 찾은 현대해운에서 반가운 소식을 전해줬다. 현대해운 LA지사를 통해 김치버스 이야기를 전해들은 현대해운 대표님이 김치버스의 드림백과 이삿짐 보내는 비용을 후원하기로 했다는 기분 좋은 소식이었다. '좋은 일을 하는데 미리 알았더라면 더 많이 도와주었을 텐데.'라며 시원하게 후원하기로 결정한 대표님이 무척이나 고마웠다. 늘 돈 걱정을 하며 지내온 400일간의 설움과 그런 배려를 해준 따스한 마음에 대한 고마움이 뒤섞여 눈물이 왈칵 쏟아졌다. 김치버스 프로젝트를 진행하면서 우리는 정말 많은 분에게서 도움을 받았다. 항상 받기만 하는

우연히 발견한 롱비치 근처의 카브릴로비치, 영화촬영도 할 정도로 제법 한적하면서 분위기 있었던 곳

1. 지르니까 청춘이다   2. 고난의 행군   3. 김치버스 르네상스   **4. 새로운 도전, 북미**   5. 궁금해하는 모든 것

CSULA에서의 마지막 행사. 후련한 기분과 더불어 정말 끝났다는 생각에 아쉬움이 밀려들었다

많은 도움을 줬던 현대해운, 이때까지도 우리의 여행이 끝났다는 것이 실감나지 않았다

언제나 함께였지만 이제는 서로 갈 길이 다른 세 개의 짐

것 같아 더 열심히 해야겠다는 생각으로 지금까지 달려왔지만, 이제 모든 것이 끝나가는 마당에 더 잘할 것도 없었기에 마음이 울컥했던 것 같다.

김치버스는 CSULA에서의 김장 담그기 행사를 끝으로 모든 시식행사를 마쳤고 산타바버라 근처 항구에서 선적되어 한국으로 향했다. 오랜 기간 우리에게 집이자 일터였고, 휴식처이자 주방이었던 김치버스. 늘 노심초사하며 고난과 기쁨을 함께했던 김치버스를 떠나보내고 나니 한편으로 무거운 짐을 내려놓은 듯 시원하면서도 마음 한구석이 짠하게 아려왔다.

이제 정말 돌아갈 날이 머지않았다.

돌아오다

　　11월 24일, 샌프란시스코 국제공항에서 UA893 한국행 직항 비행기를 기다리며 우리는 마지막 단체사진을 찍었다. 캘리포니아의 뜨거운 태양은 여전히 우리를 유혹하고 있었지만, 이제는 한국으로 돌아갈 시간이었다. 카메라를 가방에 넣었다. 탑승 시각이 되자, 승객들이 게이트 입구에 줄을 서기 시작했다. 나는 자리에 앉은 채 조용히 눈을 감았다. 온 세상이 하얗게 변했다.

　　김치버스를 한국으로 떠나보낸 뒤 나는 교민이 많이 모여 사는 가든그로브의 학교 선배 집에 머물면서 여유롭게 시간을 보냈다. 그리피스 천문대에 올라 야경을 촬영하고, 디즈니랜드와 산타모니카 비치를 구경했다. 버스를 타고 가서 돌아본 샌프란시스코에서도 나는 한가한 관광객이었다. 자전거를 타고 시내를 관광하고, 군대 동기와 학교 동문들도 만나 함께 시간을 보냈다. 하지만 묘하게도 그런 시간이 허전하게만 느껴졌다. 그것은 여행 중의 짧은 휴식과 달리 긴 여행을 끝내고 귀향을 기다리는 사람이 느끼는 여백과 같은 감정이었다. 다시는 돌아오지 않는 시간에 대한 안타까움일까?

　　익숙함은 여행자에게 독이다. 끊임없이 이동하며 만남과 헤어짐이 이어지는 시간을 살아가는 여행자가 어느 공간에 익숙해지면 떠남이 두려워지고, 그러

해변을 거니는 내내 복잡미묘한 감정이 교차했다

1. 지르니까 청춘이다   2. 고난의 행군   3. 김치버스 르네상스   **4. 새로운 도전, 북미**   5. 궁금해하는 모든 것

한곳에 머물지 못하는 여행자, 우리의 모습 같았다

다가 멈춰 서면 모든 것이 끝나버린다. 그러나 나는 지도에 표시된 어느 공간이 아니라, 마치 타임캡슐처럼 수많은 공간을 가로지른 '김치버스'라는 한정된 공간에서의 생활에 너무 익숙해져 있었다. 그래서 왠지 내일도 김치버스를 타고 어디론가 가야 할 것만 같은 강박과 비슷한 기분이 들었다. 그렇게 김치버스 생활에 익숙해진 내가 느끼는 허전함은 이제 다시는 그 공간에서 존재할 수 없음을 확인하면서 느끼게 된, 슬픔을 닮은 어떤 강렬한 감정이었다.

그런 상실감과 허탈감은 샌프란시스코 공항에서 절정에 달했다. '익숙한 것과 이별하기'가 이토록 어려운 걸까. 그러나 나는 이날을 얼마나 기다렸던가. 김치버스 세계일주를 꿈꾸고, 기획하고, 후원을 받고, 떠나와 수많은 사건을 겪고, 수많은 사람을 만나면서도 무사히 끝나는 날만을 고대해오지 않았던가. 그런데 막상 그날이 오니 이별을 받아들이지 못하는 이 야릇한 심정의 정체는 무엇인가. 이제 저 비행기를 타고 한국으로 돌아가면, 나는 한 달 후에 서른한 살이 되고, 또다시 현실의 압박을 받으며 살아가겠지. 당장 돈 한 푼 없으니 아르바이트라도 구해야 할까. 무슨 일을 해서 먹고 살아야 하나. 김치버스만을 꿈꾸고, 생각하며 이 긴 여행이 무사히 끝나기만을 기다려왔는데 막상 꿈을 이루고 나니 성취감 끝에 오는 공허감이 절절히 느껴졌다. 현실에 대한 두려움과 성취 후의 공허함이 어쩌면 김치버스에 대한 익숙함으로 위장된 것인지도 몰랐다.

승객들은 모두 탑승했고 우리만이 남아 있었다. 비행기에 올라 짐을 정리하고 다시 눈을 감았다. 그동안 일어났던 모든 일이 꿈처럼 느껴졌다. 정말 돌아가는구나. 출발 일주일째부터 집에 가고 싶다고 했던 석범이는 아쉬워하면서도 한국에서 새롭게 펼쳐질 삶에 마음이 설레는 듯했고, 미국에 남고 싶다고 했던 승민이는 여전히 미국 생각에 푹 빠져 있었다.

11월 25일 오후 4시.

인천공항에는 트론헤임에서 함께 시간을 보냈던 상록이가 마중을 나와 있었다. 그리운 가족과 친구들이 보고 싶었지만, 김치버스 출발 400일째 되는 날은 여행 중 만났던 몇 사람과 함께 우리 셋이 조촐하게 저녁을 함께 먹으며 보내기로 했다. 공항에서 곧바로 헤어지면 왠지 또 눈물이 날 것만 같았다. 그렇게 영등포의 한 식당에서 여행지에서 만났던 친구들과 함께 밤늦도록 여행의 후일담을 나누며 귀국 첫날을 보냈다.

다음 날 아침, 우리는 영등포역 앞에 섰다. 나와 승민이는 계룡과 마산으로 떠나고, 석범이는 서울에서 하루 더 머물겠다고 했다. '조심해서 돌아가'라며 서로 작별인사를 나누는 것이 그렇게 어색할 수가 없었다. 400일간 늘 붙어 있었는데 이별이라니. 티격태격했던 지난날은 까마득히 멀어 보였고, 가슴은 애틋함으로 가득 찼다.

400일간 정말 즐거웠다고, 고마웠다고, 함께 꿈을 이룰 수 있어 행복했다고 말하려는데 또 주책없이 눈물이 터져 나올 것 같았다. 생각만으로도 목이 메었다. 말은 못하고 돌아서서 손을 들어 '이제 그만 갈게!'라고 말하고 영등포역으로 향했지만 승민이도 석범이도 내 마음을 알았을 것이다.

그렇게 못생기고 뚱뚱하고 키 작은 우리 셋은 긴 여행을 마쳤다.

제5부 | 당신이 궁금해하는 것

김치버스 추천 레시피

1. 김치피자

18회 광주세계김치문화축제에 참가하며 우린 다양한 김치 퓨전 요리를 만들었다. 한참을 고심해서 만들었다기보다는 즉흥적인 아이디어들이 주를 이루었는데, 김치피자 역시 그런 메뉴이다. 보통 생각하는 토핑으로 얹어지는 김치가 아닌 도우 위에 바르는 페이스트 소스에 김치를 활용한 요리로, 김치의 맛이 그렇게 강하지 않으면서도 약간은 매콤하고 느끼한 것을 잡아주는 것이 특징이다. 김치피자는 만드는 데 시간이 오래 걸리고, 또 많은 사람에게 나눠주기에 적절하지 못해 축제 때 한 번, 그리고 피자의 본고장 이탈리아 로마에서 한 번 만들었던 메뉴이다.

만들었던 나라 24번 째 이탈리아 로마 근교의 와이너리 행사

재료 토르티야 1장, 김치 60g, 토마토 페이스트 30g, 설탕 30g, 양송이 버섯 2개, 피망 1/2개, 베이컨 3장, 대파 15g, 모짜렐라 치즈 80g, 식용유

만드는 법
1. 김치를 잘게 다지고 양송이 버섯과 피망은 길게 채를 썰어준다.
2. 베이컨은 5mm 크기로 자르고 대파는 채를 썰어준다.
3. 팬에 기름을 두르고 잘게 다진 김치와 설탕, 토마토 페이스트를 넣고 볶아서 피자 페이스트를 만든다.
4. 토르티야에 피자 페이스트를 바르고 양송이 버섯, 피망, 베이컨, 대파를 토핑으로 얹고 모짜렐라 치즈를 뿌려준다.
5. 180도 오븐에서 약 10~15분간 구워서 완성한다.

*토핑은 자유롭게. 중요한 포인트는 김치와 토마토 페이스트가 적절히 잘 섞이도록 볶아주어야 한다는 것이다. 피자 반죽을 하는 것은 김치버스 안에서 하는 것이 번거로웠기에 토르티야나 식빵 등을 이용했다.

2. 김치브리토

김치브리토는 석범이의 장기를 살린 메뉴였다. '타코벨'에서 일했던 경험이 있던 석범이에게 이미 미국 지역에서 유명한 김치타코와 김치퀘사디아 등을 재현할 수 있는 브리토를 만들어 보자고 제안했고, 석범이의 경험을 토대로 탄생했다. 언제나 그랬지만 우리가 만들었던 요리들이 다 계량을 통한 정확한 레시피를 준수한 것은 아니었다. 그때그때 있는 재료에 따라, 상황에 따라 유연하게 만들었고, 그런 면에서 브리토는 아주 활용도가 높았다. 토르티야는 보관하기가 쉬웠고 장을 볼 시간 없이 즉흥적으로 행사하는 경우가 많았기 때문에 가장 애용했던 행사요리였다.

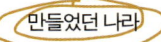 만들었던 나라

총 10회 (7번째 우크라이나 키예프 외국어대학교, 9번째 폴란드 바르샤바 문화원, 11번째 체코 프라하 예술대학교, 27번째 프랑스 마르세유 레스토랑 앞 길가, 30번째 프랑스 파리 89길거리, 33번째 프랑스 루앙 현대자동차 판매점, 39번째 오스트리아 도른비른 대학교, 46번째 미국 몽고메리 시장님과, 48번째 미국 보스턴 야구장, 50번째 미국 워싱턴 DC 블러파크 축제)

 재료

김치 30g, 쇠고기 30g, 양상추 30g, 양파 10g, 김치마요 15g, 체다 치즈 10g, 토마토 15g, 사워크림 10g, 토르티야 1장, 소금, 후추, 올리브유

 만드는 법

1. 김치와 쇠고기는 각각 잘게 다진다.
2. 토마토와 양파는 다이스로 자르고 양상추는 씻어서 준비한다.
3. 팬에 기름을 두르고 다진 김치와 쇠고기를 소금, 후추 간을 하며 볶는다.
4. 토르티야에 김치마요를 바르고 그 위에 잘게 찢은 양상추를 깔아준다.
5. 그 위에 볶아둔 김치와 쇠고기를 얹고 다이스로 썰어 둔 양파와 토마토, 잘게 썰은 체다 치즈도 얹는다.
6. 재료 위에 사워크림을 적당히 뿌려주고 둘둘 말아준다.

*역시 재료를 자유롭게. 우리도 할 때마다 바뀌었던 것이 브리토이다. 밥이나 베이크드빈을 넣는 방식은 우리나라 사람들이 썩 좋아하지 않는 방식이지만 외국인들은 오히려 그런 것을 더 자연스럽게 느낀다. 그래서 김치볶음밥과 돼지고기를 넣고 말아내기도 했고, 베이크드 빈을 사용하기도 했다. 특히 처음엔 칠리소스로 만들었던 브리토를 나중엔 직접 만든 김치마요를 소스로 활용해보기도 했다. 쇠고기의 경우도 불고기처럼 간을 하기도 했고 김치 역시 묵은지였기에 볶아서 사용한 적도 있지만, 물에 살짝 헹궈 참기름과 설탕, 깨를 조물조물 버무려 활용하기도 했다. 어떤 재료를 사용하든 그만의 맛을 낼 수 있지만 재료들의 밸런스가 중요하다.

*김치마요 – 묵은지와 기름에 저온으로 익힌 마늘, 마요네즈와 꿀, 설탕, 올리브유 등을 넣어 만든 김치마요네즈는 활용도가 높았다. 생 채소부터 익힌 고기까지 어울리지 않는 곳이 없을 정도로 맛있는 김치버스 마법의 소스, 역시 여행 중에 만들어졌다.

3. 김치보르시

출발 당시 우리가 생각했던 김치 요리의 방향은 각국의 전통 음식과 결합하는 형태였다. 현지의 전통음식에 활용도가 높은 김치를 결합한 건강한 음식을 만드는 것이 하나의 방법이었다. 그래서 만들게 된 것이 김치보르시이다. 사워크라우트나 다른 채소들을 줄이고 같은 발효식품인 김치를 넣었을 때 그 궁합은 환상적이었다. 하지만 실제 현장에 가 보니 외국인들도 자기 나라 전통음식을 그리 즐기지 않는 경우가 많다는 것을 알게 되었고, 우리도 브리토나 버거 같은 세계적인 대중음식으로 타깃을 바꾼 것이다. 그래서 기가 막힌 맛을 자랑하는 김치보르시였지만 초반에만 잠시 등장하게 되었다.

만들었던 나라: 총 2회(6번째 러시아 모스크바 현대자동차 법인, 7번째 우크라이나 키예프 외국어대학교)

재료: 돼지고기 100g, 당근 10g, 비트 10g, 양파 10g, 토마토 5g, 김치 10g, 감자 10g, 월계수 잎 3장, 마늘 1톨, 소금, 후추

만드는 법:
1. 냄비에 물 5컵을 넣고 돼지고기, 양파, 마늘을 넣고 육수를 만든다.
2. 당근, 비트, 양파, 김치, 감자는 한입에 먹기 좋은 크기로 자른다.
3. 토마토는 잘게 으깨어 준다.
4. 냄비에 기름을 두르고 감자, 비트, 당근, 양파, 김치 순으로 볶아준다.
5. 적당히 익은 후, 냄비에 돼지고기 육수를 붓고 끓인다.
6. 월계수 잎과 토마토를 넣어 끓이고, 소금, 후추로 간을 해서 완성한다.

*스메타나(사워크림의 일종)는 기호에 따라 넣어도 좋다.

4. 김치아란치니

김치아란치니는 출발 전부터 거론되어 왔던 이탈리아 음식으로 김치볶음밥을 먹기 좋게 라이스볼로 만들어 치즈와 함께 섞어 튀겨내는 요리이다. 원래 방식처럼 안에 치즈를 넣어 썰었을 때 치즈가 녹아내리는 것을 보여주지 않고 그냥 김치볶음밥과 치즈를 섞어 튀겨냈다. 많은 사람에게 나누어주다 보니 미리 튀겨둬야 했고, 그럴 경우 치즈가 너무 한 군데 모여 있으면 녹아내리는 것이 아니라 '떡'처럼 되어버렸기에 섞어서 그 식감을 분산시켰다. 튀김이라는 조리방법 때문에 김치버스 안에서는 만들기 귀찮고 어려운 메뉴였기에 주방이 완벽히 갖추어져 있던 조지 브라운 칼리지에서 만들게 되었다. 피자와 마찬가지로 출발 전 생각했던 몇 가지 메뉴들은 실용성이 떨어지는 것이 많았다. 김치버스는 푸드트럭이 아니어서 물이 잘 나오는 싱크대가 있었던 것도 아니고 화구가 여러 개 있었던 것도 아니었다. 그렇다고 전력을 마음 편히 사용할 수 있는 것도 아니었기에 김치버스의 주방만을 활용한 행사에서는 자연스럽게 조리의 과정을 간소화시킨 요리들을 선보이게 되었다.

 만들었던 나라 : 52번째 캐나다 토론토 GBC(조지 브라운 칼리지)

재료 : 밥 200g, 김치 100g, 모짜렐라 치즈 30g, 계란 1개, 밀가루, 빵가루, 튀김기름, 참기름, 깨, 설탕 등 적당량

 만드는 법
1. 팬에 기름을 두르고 다진 김치와 약간의 설탕을 넣어 볶다가 밥을 함께 볶아 김치볶음밥을 완성한다.
2. 밥이 식기 전에 모짜렐라 치즈를 골고루 섞어준다.
3. 한입 크기의 동그란 볼 형태로 만들어 밀가루, 계란, 빵가루 순으로 묻혀 튀겨낸다.

* 김치볶음밥을 만들 때 고기나 참치, 양파 등의 다양한 재료를 넣어 만들어도 좋다. 앞서 말했듯이 바로 만들어 먹는다면 라이스볼의 가운데에만 치즈를 넣어 한입 베어물었을 때 치즈가 녹아내리는 것이 좋겠지만 그렇지 않다면 골고루 분산시키는 것이 좋다. 많이 만들어 냉동실에 넣어두었다가 먹고 싶을 때 꺼내어 튀겨 먹어도 된다.

5. 김치카포나타

카포나타는 이탈리아 시칠리아식 요리이다. 가지와 셀러리, 양파, 그린올리브 등이 들어가는 것이 보통이지만 우린 현지에서 구할 수 있었던 채소들, 다양한 견과류, 그리고 김치를 넣어 재해석했고, 사람들이 먹기 좋게 얇게 썬 바게트 위에 얹어 한입 크기의 카나페 형태로 나누어 주었다. 미리 만들어둘 수 있는 데다가 한 사람당 한 개씩 주다 보니 많은 사람에게 시식의 기회를 줄 수 있었던 요리였다. 실제 카포나타와는 조금은 다르지만 프랑스 파리의 어린아이가 가던 길을 멈추고 계속 달라고 할 정도로 맛과 영양은 최고인 요리이다.

만들었던 나라: 총 3회 (41, 42번째 프랑스 파리 아클리마타시옹, 44번째 미국 뉴욕 take 3!)

재료: 김치 40g, 베이컨 12g, 당근 20g, 양파 40g, 호박 40g, 토마토 40g, 토마토 퓨레 36g, 가지 40g, 월계수 잎 1장, 건포도 10g, 잣 10g, 바게트 3조각, 버터, 마늘 2쪽, 소금, 후추, 올리브유

만드는 법:
1. 바게트는 1cm 두께로 썰어서 준비하고 실온에 녹인 버터에 다진 마늘을 섞어서 바게트에 바른다.
2. 팬이나 오븐에서 바게트를 바싹 구워서 준비한다.
3. 김치, 베이컨, 당근, 양파, 호박, 토마토, 가지는 스몰 다이스로 자른다.
4. 팬에 다이스로 자른 김치, 베이컨, 당근, 양파, 가지, 호박, 토마토, 토마토 퓨레, 잣, 건포도, 월계수 잎을 소금, 후추로 간을 하며 볶는다.
5. 구운 바게트 조각 위에 볶은 카포나타를 얹어서 완성한다.

* 닭 육수를 약간 넣어도 좋고 올리브나 케이퍼를 넣는 정통 방식으로도 색다른 맛을 즐길 수 있다.

6. 김치햄버거

처음 김치버스의 이름을 지을 때 'Bus' 라는 단어를 썼던 것처럼 전 세계 어딜 가도 알아 듣는 요리 '햄버거'. 이미 미국에서는 비빔밥버거가 요리대회 1등을 차지할 정도로 한식과 햄버거의 조합은 많이 알려져 있었다. 고기의 지방과 잘 어울리는, 치즈나 버터의 느끼함을 잡아줄 수 있는, 단조로운 맛에 감칠맛과 매콤함을 더해주는 김치는 햄버거와 잘 어울린다. 김치햄버거를 만들며 김치를 고기 위에 얹어보기도 했고, 볶아서 올리기도, 소스로 만들어 뿌려보기도, 고기와 섞어서 패티를 만들어보기도 했을 정도로 다양한 시도를 했고, 여러 가지를 겸했을 때 최상의 맛을 보여준다는 사실을 알게 되었다.

만들었던 나라: 총 4회 (16번째 포르투갈 리스본 누누네 광고회사, 45번째 미국 뉴욕, 52번째 캐나다 토론토 GBC, 53번째 캐나다 위니펙 매니토바 대학교)

재료: 모닝롤 5개, 쇠고기 70g, 돼지고기 30g, 김치 50g, 체다 치즈 2장, 양파, 양상추, 계란 1개, 김치마요, 소금, 후추, 설탕, 버터, 올리브유

만드는 법:
1. 모닝롤은 반으로 갈라서 준비한다.
2. 양상추는 빵 크기에 맞게 찢고 양파는 통째로 길게 썰어서 물에 담가둔다.
3. 체다 치즈는 빵의 크기에 맞게 4등분해서 준비한다.
4. 김치는 작은 크기로 썰어 약간의 설탕과 함께 볶아준다.
5. 잘게 다진 쇠고기, 돼지고기에 계란 노른자를 섞고 소금, 후추 간을 한 후 믹싱 볼에서 20분 가량 치댄다.
6. 반죽이 된 쇠고기를 빵의 크기에 맞게 빚은 후 비닐 랩에 씌워 냉동시킨다.
7. 재료 준비가 끝나면 팬에 버터를 두르고 모닝롤을 앞뒤로 구워서 준비하고 반죽된 쇠고기를 굽는다.
8. 빵 위에 김치마요를 바르고 양상추, 양파, 볶은 김치, 쇠고기 패티와 체다 치즈, 빵 순서로 쌓아서 완성한다.

*모닝롤을 사용한 이유는 시식행사에 맞는 적당한 크기의 버거를 만들기 위함이었고, 상황에 따라 햄버거 번을 사용하거나 식빵을 더 작은 크기로 잘라 만들기도 했다. 생김치보다는 볶은 김치가 더 잘 어울렸고 다른 소스보다 김치마요 소스를 사용하는 것이 맛이 좋다.

Epilogue

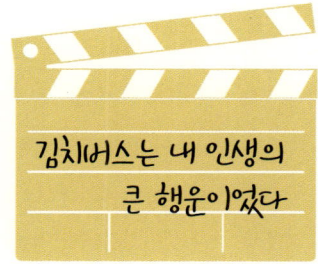
김치버스는 내 인생의 큰 행운이었다

사실, 처음에 나는 이 프로젝트를 친구들과 함께하는 긴 세계여행 정도로 생각했다. 그래서 외국인들에게 김치를 널리 알리겠다는 각오보다는 처음 떠나는 장기 해외여행에 대한 기대감으로 가슴이 설렜다. 하지만 세상은 절대로 호락호락한 곳이 아니었다. 프로젝트를 시작하기까지 수많은 어려움과 시련을 겪었고, 전혀 예측하지 못했던 장애물을 만날 때마다 불확실한 미래가 두렵고 걱정스러웠다. 그러나 우리는 끝까지 포기하지 않았다. 주변에서는 김치버스를 실현할 수 없는 허황된 꿈이라고 말하는 사람도 많았지만, 우리는 마침내 출발했다.

김치버스가 달리기만 하면 모든 근심이 한꺼번에 날아가리라 믿었지만, 우리는 긴 일정 내내 끊임없이 크고 작은 사건과 부딪혔고, 예상하지 못했던 수많은 일이 복병처럼 숨어 있다가 우리를 덮쳤다. 우리 힘으로 해결할 수 없을 것 같은 큰 문제가 생기면 '여기가 끝이구나!' 하고 생각했던 적도 많았다. 오죽 힘들었으면 주저앉고 싶을 때가 한두 번이 아니었을까? 하지만 우리는 400일 동안 세계인들에게 김치를 소개하고 한국의 문화를 알리겠다는 약속을 잊지 않았고, 포기하지 않고 달렸다.

가끔 이런 생각을 했다. 우리가 아닌 다른 사람들이 김치버스를 했다면, 더 나은 결과를 얻게 되지 않았을까? 김치에 대한 전문 지식이 풍부하고, 애국심이 특별한 사람들이 했다면 어땠을까? 그럴 때마다 내린 결론은 항상 똑같았다. 비록 부족한 점도 많고 실수도 많았지만, 우리 셋이었기에 이 프로젝트를 할 수 있었다고. 우리 셋이었기에 어려운 순간도 극복할 수 있었다. 키 작고 뚱뚱하고 못생긴 대한민국의 평범한 청년들이 뜨거운 열정과 청춘이라는 무모하고도 강력한 무기를 가지고 있었기에 가능했던 이야기, 그것이 바로 김치버스다. 김치버스는 나에게 새로운 활력을 주었다. 도전하고 싶은 용기를 주었고, 그 도전으로 인해 미래에 대한 명확한 꿈을 꾸게 만들었다. 인생의 큰 행운이었던 김치버스를 함께할 수 있게 해준 류시형, 조석범에게 감사하고 도움을 주신 많은 분께도 감사의 인사를 전한다.

2013. 9. 김승민

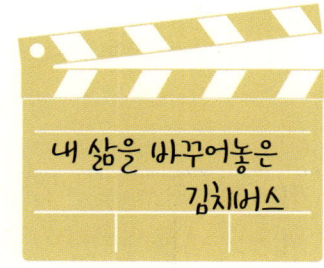

내 삶을 바꾸어놓은
김치버스

2012년 11월 25일.
우리는 김치버스 프로젝트를 400일 만에 마치고 한국으로 돌아왔다.
일상으로 복귀한 것이다.
다음 날 집으로 돌아가 오랜만에 혼자 누워 자는 잠자리가 몹시 어색했고, 시형, 승민 두 형의 빈자리가 새삼 크게만 느껴졌다.
그러나 그동안 보지 못했던 지인들과 함께 만나 회포도 풀고, 김치버스 해단식을 비롯해서 여러 행사가 이어졌기에 이후에도 두 형을 종종 만나며 지냈다.
학교에 복학하여 재학 중인 나에게 인생의 가장 소중한 경험이 된 김치버스는 기대하지 않았던 수많은 기회를 선사하고 있다.
우선 김치버스는 요리사로서의 내 삶에 큰 영향을 미쳤다. 세계김치문화축제를 계기로 알게 된 김치명인 김은숙 선생님, 김호옥 선생님 댁에서 가르침을 받을 수 있었고, 또한 광주김치 팀에 소속되어 한국국제요리경연대회에 전시 출품하여 금상과 국무총리상도 받았다. 그리고 대한민국평화대상을 받고, 대한민국한식협회의 운영위원으로서 활동하는 영광도 얻었다.

사람들이 김치버스를 타고 세계를 돌아다니며 과연 무엇을 얻었느냐고 물을 때, 나는 언제나 이렇게 대답한다.

"저는 김치버스를 통해 넓은 세상과 아름다운 경치와 건축물을 보았고, 신기하고 새롭고 맛있는 요리를 먹었으며, 낯설고 매력적인 문화를 탐험했고, 세계 곳곳에서 좋은 사람들을 만나 서로 마음을 주고받았습니다. 그 모든 경험에서 가르침을 얻었고 이전보다 더 나은 인간이 되어가고 있습니다."

내 인생의 한 '시대'가 된 김치버스. 그것은 내게 시간의 터널과도 같았다. 터널에 들어가기 전과 후의 경치가 사뭇 달라지듯이 내 삶의 반전을 가져다 준, 내게 찾아온 가장 소중한 기회였다. 그 기회를 함께 만들어간 류시형, 김승민 두 형에게 늘 감사한다.

2013. 9. 조석범

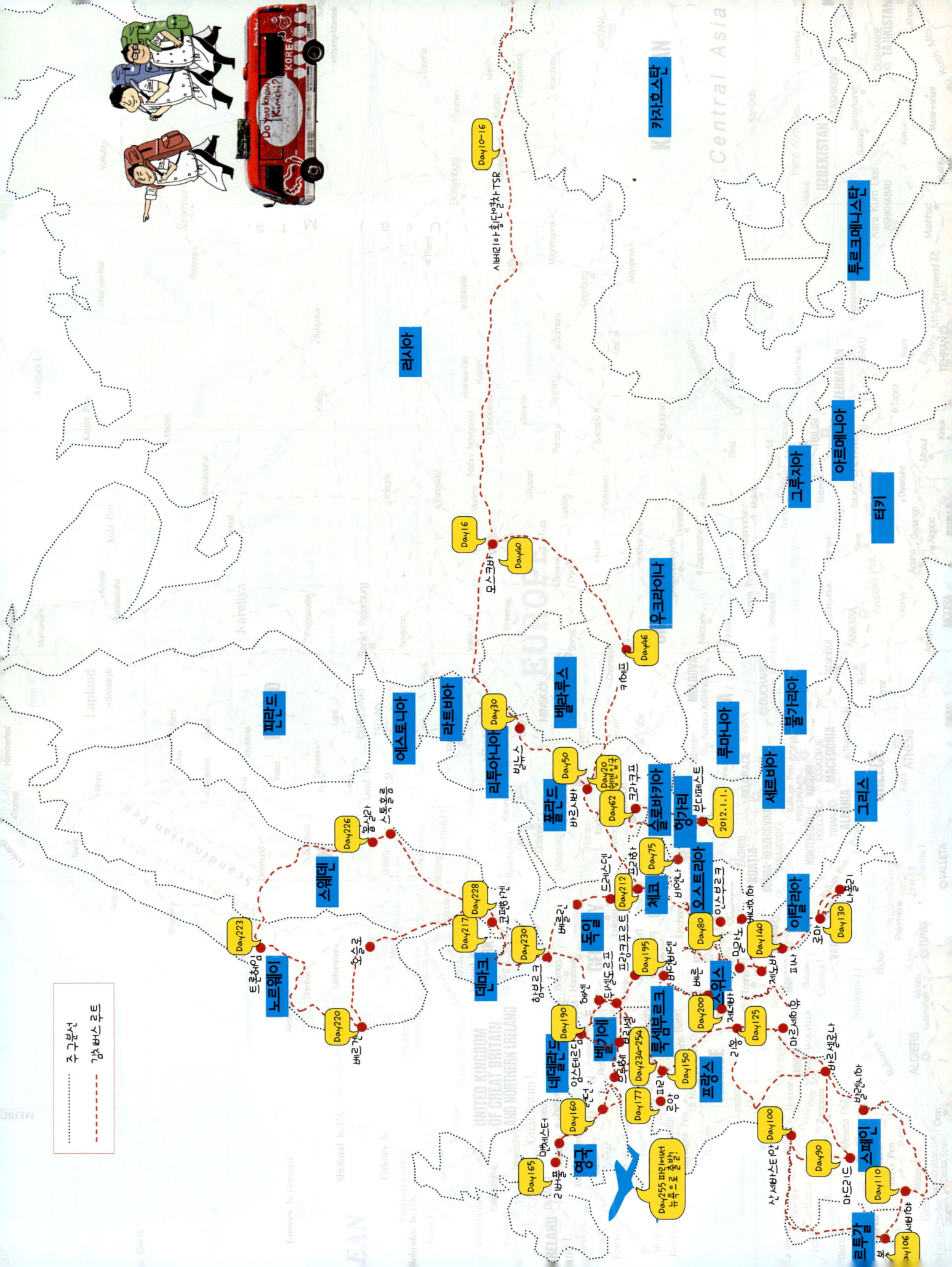

400일간의 김치버스 룬트라이제
Day 1 ~ Day 255
- 유럽 편 -

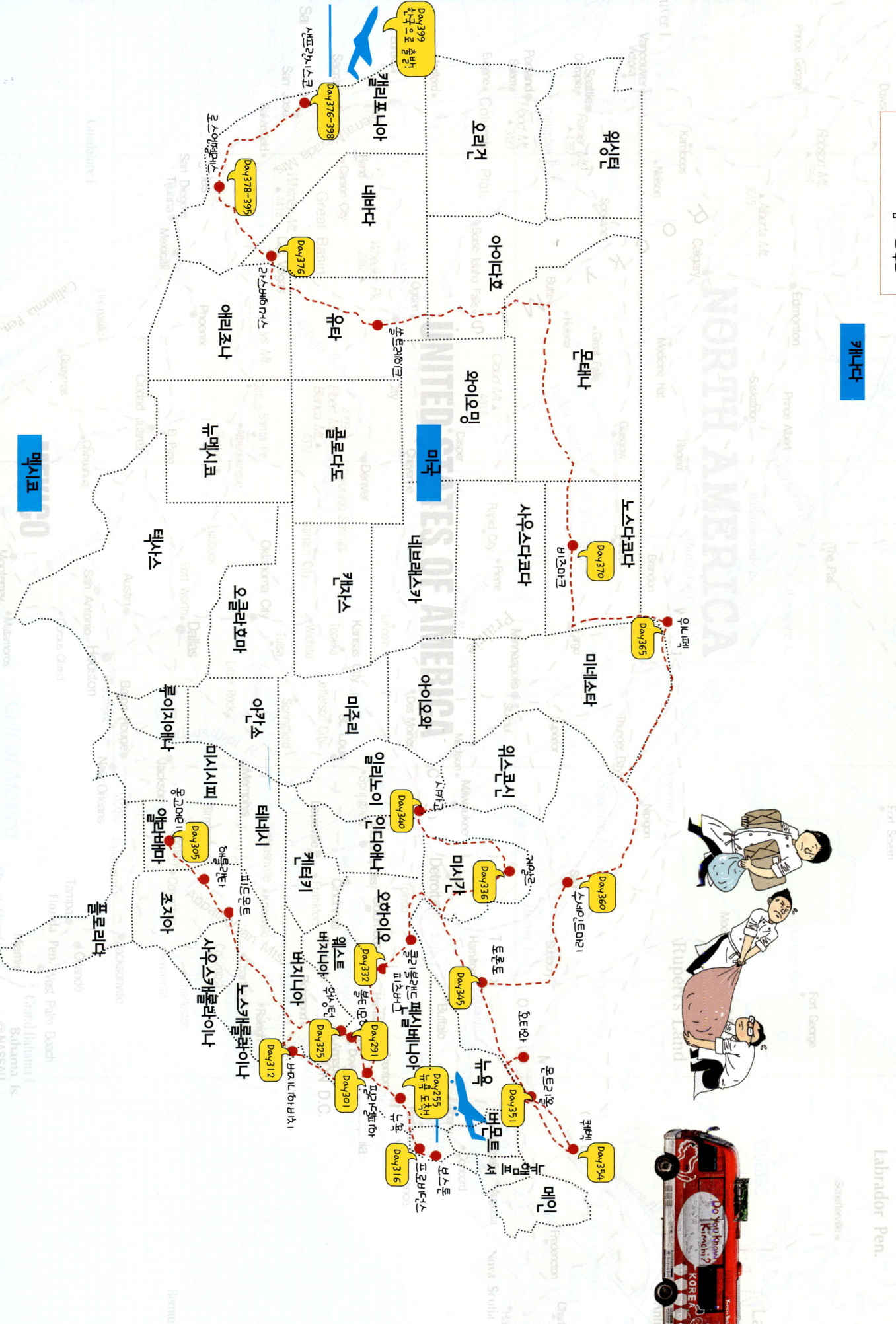